SONJA DISTLER
MÜTTER, AMAZONEN & DREIFÄLTIGE GÖTTINNEN

SONJA DISTLER

MÜTTER, AMAZONEN & DREIFÄLTIGE GÖTTINNEN

Eine psychologische Analyse der
feministischen Matriarchatsdebatte

PICUS VERLAG WIEN

Gedruckt mit Unterstützung des Fonds zur Förderung der
Wissenschaftlichen Forschung in Österreich

CIP-Titelaufnahme der Deutschen Bibliothek

Distler, Sonja:
Mütter, Amazonen & dreifältige Göttinnen:
eine psychologische Analyse des feministischen Matriarchatsmythos /
Sonja Distler. — Wien : Picus Verl., 1989
ISBN 3-85452-209-6

Copyright 1989 © Picus Verlag Ges.m.b.H., Wien
Alle Rechte vorbehalten
Graphische Gestaltung: Dorothea Löcker, Wien
Satz: Fotosatz Rizner, Salzburg
Druck und Verarbeitung: Wiener Verlag, Himberg bei Wien
Printed in Austria
ISBN 3-85452-209-6

INHALT

	VORWORT	11
	EINLEITUNG	15
1.	VORÜBERLEGUNGEN	21
1.1.	TERMINOLOGISCHE VORBEMERKUNGEN	21
1.2.	METHODOLOGISCHER ANSATZ	23
2.	DIE PARALLELITÄT DES PARADIGMENWECHSELS DES RADIKALEN FEMINISMUS UND DER FEMINISTISCHEN MATRIARCHATSDISKUSSION	27
2.0.	EINLEITUNG	27
2.1.	ENTWICKLUNG DER NEUEN FRAUENBEWEGUNG: AKTIONEN UND POSITIONEN	28
2.1.1.	Vorbemerkung	28
2.1.2.	Entstehung und Entwicklung der Neuen Frauenbewegung	29
2.1.2.1.	Die Zeit der Weiberräte (1968/1972)	29
2.1.2.2.	Entstehung und Entwicklung der autonomen Frauenbewegung bis 1977	30
2.1.2.3.	Die autonome Frauenbewegung ab 1977	34
2.1.3.	Theoretische Positionen der Neuen Frauenbewegung	35
2.1.3.1.	»Sexualpolitik« oder Marxismus versus Feminismus	35
2.1.3.2.	Der Kulturelle Feminismus	36
2.2.	NEUE FRAUENBEWEGUNG UND MATRIARCHATSBEGRIFF: ENTWICKLUNG, INHALTE, ZIELSETZUNGEN	38
2.2.1.	Vorbemerkung	38
2.2.2.	Erste Annäherungen (bis 1976/77)	38
2.2.3.	Matriarchat und Kultureller Feminismus	41

2.2.3.1.	Das »befreiende Lachen« oder: »Am Anfang war die Frau«	41
2.2.3.2.	Die gynozentrische Welt und die Verehrung der Göttin	45
2.2.3.2.1.	Im historischen Bereich	45
2.2.3.2.2.	»Gynozentrische Kulturen« als utopisches Modell der Gegenwart	54
2.3.	ZUSAMMENFASSUNG	55

MYTHOS UND MUTTERRECHT: DIE QUELLEN DER FEMINISTISCHEN MATRIARCHATSDEBATTE ... 57

3.0.	EINLEITUNG	57
3.1.	DIE »ENTDECKUNG« DES MUTTERRECHTS: JOHANN JAKOB BACHOFEN	60
3.1.1.	Darstellung	60
3.1.1.1.	Mythos und Religion	60
3.1.1.2.	Bachofens »Drei-Stufen-Modell« der Entwicklung der Weltgeschichte oder: sein Frauenbild	62
3.1.2.	Besprechung	65
3.1.2.1.	Bachofens ambivalentes Frauenbild	65
3.1.2.2.	Remythologisierung des Mythos	66
3.1.2.3.	Gynaikokratie?	67
3.2.	AMAZONEN UND MAGISCHE MENSCHHEIT: BERTA DIENER-ECKSTEIN	68
3.2.0.	Vorbemerkung	68
3.2.1.	Darstellung	68
3.2.1.1.	Die magische Menschheit	68
3.2.1.2.	Die »zeitlose« Frau als Rettung für die Gegenwart	70
3.2.2.	Besprechung	70
3.3.	GÖTTIN UND SAKRALKÖNIG: ROBERT VON RANKE-GRAVES	72
3.3.1.	Darstellung	72
3.3.1.1.	Matriarchale Kulturen und der »echte Mythos«	72
3.3.1.2.	Der »sakrosankte Dichter«	73
3.3.1.3.	Dichter/Sakralkönig und Dreifältige Göttin/Frau	74

3.3.1.4.	Konkret gesellschaftliche Auswirkungen der Göttinnenverehrung und notwendige Veränderungen für die Zukunft	75
3.3.2.	Besprechung	76
3.4.	DAS GROSSE WEIBLICHE UND DIE NATUR DER FRAU: ERICH NEUMANN UND ESTHER HARDING	81
3.4.1.	Darstellung	81
3.4.1.1.	Erich Neumann	81
3.4.1.2.	Esther Harding	83
3.4.2.	Besprechung	85
3.5.	ZUSAMMENFASSUNG	87
	EXKURS: MYTHOS UND AUFKLÄRUNG ...	90
3.6.	NACHTRAG: ZUR KONVERGENZ FEMINISTISCHER UND ROMANTISCHER MUTTERRECHTSTHEORIEN	96
4.	DIE INTEGRATION »MATRI-ARCHALEN BEWUSSTSEINS« UND »MATRIARCHALER PRAXIS« IN DIE GEGENWART	101
4.0.	EINLEITUNG	101
4.1.	MATRIARCHALES NATURRECHT ALS KONKRETISIERUNG KOSMISCHER PRINZIPIEN ODER: GOLDENES ZEITALTER VERSUS APOKALYPSE	104
4.1.0.	Vorbemerkung	104
4.1.1.	Das »Goldene Zeitalter« oder: das feministische Matriarchatsbild (historisch)	108
4.1.2.	»Töchter der Erde« oder: Frauenalltag im Spannungsfeld »matriarchalen« und »patriarchalen« Denkens ..	116
4.1.2.1.	Allgemeine Überlegungen und Tendenzen	116
4.1.2.2.	Alltag und Natur: Anna Dinkelmanns Frauenrituale und Feste	120

4.1.2.3.	Alltag und Kosmos: Luisa Francias »Astralreisen«	126
4.1.3.	Zusammenfassung und abschließende Überlegungen	134
4.2.	»WIDER DEN URAKT VON FRAUENMORD« — FRAUENBEZIEHUNGEN AUF DER BASIS »MATRIARCHALEN BEWUSSTSEINS«	137
4.2.0.	Vorbemerkung	137
4.2.1.	Die »Rebellion der Töchter«	138
4.2.2.	Die Versöhnung von Mutter und Tochter	144
4.2.3.	Zusammenfassung und abschließende Überlegungen	154
4.3.	MÜTTER UND SÖHNE: DIE BEZIEHUNGEN ZWISCHEN MÄNNERN UND FRAUEN AUF MATRIARCHALER BASIS	157
4.3.0.	Vorbemerkung	157
4.3.1.	Allgemeine Tendenzen	158
4.3.2.	Die Göttin und ihr Heros: Heide Göttner-Abendroths matriarchale Kunstutopie	161
4.3.3.	Zusammenfassung und abschließende Überlegungen	174
4.4.	DIE »ENTTABUIERUNG« WEIBLICHER KÖRPERFUNKTIONEN MIT HILFE »MATRIARCHALEN BEWUSSTSEINS«: DARGESTELLT AM BEISPIEL DER MENSTRUATION	176
4.4.0.	Vorbemerkung	176
4.4.1.	Das »utopische Potential« der Menstruation und der Göttinnenrituale	177
4.5.	ZUSAMMENFASSUNG	184
5.	SCHLUSSBEMERKUNGEN	187
	ANHANG	191
	Anmerkungen	192
	Bibliographie	223

VORWORT

Die Matriarchatsdebatte, so wie sie hier verstanden wird, ist auf das Innigste verwoben mit der Entwicklung der Neuen Frauenbewegung. Jene stellt dieser das »utopische Bildmaterial« zur Verfügung, bietet Bilder, Mythen starker und mächtiger Frauen und Mütter; bietet Identifikationsfiguren und Ideale. Im Rahmen der Matriarchatsdiskussion schaffen manche Feministinnen sich eine »Gegenmythologie« und nicht eine »Gegengeschichte«, wie man fälschlicherweise geneigt ist anzunehmen. Sie verschmelzen Reales, Erahntes, Erwünschtes und Erhofftes und bauen darauf eine ebenso komplexe »Zukunftsvision« — komplex im Sinne der Verschmelzung verschiedener Realitätsebenen, einer Verschmelzung, die rational nicht mehr nachvollziehbar ist und es auch nicht mehr sein soll. Genau dieser Punkt — der ständige Wechsel von Phantasie und Realität — stellt eines der zentralen Probleme der folgenden Arbeit dar: er erfordert eine differenzierte Herangehensweise an das Thema, soll es sowohl in seiner ihm eigenen, immanenten Logik als auch als Ausdruck einer spezifischen gesellschaftlichen Logik — vermittelt über die psychische Verarbeitung derselben bei verschiedenen Frauen — verstanden werden. Um dem Thema in seiner Vielschichtigkeit zumindest in Ansätzen gerecht zu werden, werde ich mich von zwei Ausgangspositionen annähern: einerseits indem ich versuche, textimmanent Logik und Dynamik der analysierten Texte und der durch sie dargestellten Tendenzen im zeitlich-chronologischen Verlauf zu eruieren und andrerseits indem ich von einem »textfremden«, also außerhalb der Texte stehenden Standpunkt aus versuche, mir darüber Klarheit zu verschaffen, welchen Gesetzen von genau diesem Standpunkt aus die feministische Matriarchatsdebatte unterliegt und folgt.

Und diesen »textfremden« Standpunkt möchte ich nun vorweg präzisieren, weil er auf theoretischer Ebene das von mir vertretene »Realitätsprinzip« verkörpert: ich gehe aus von den Grundsätzen der psychoanalytischen Theorie und hier im speziellen von den Bereichen, die von Mitscherlich treffend charakterisiert werden: »Aber erst das Durchleiden der ödipalen Erlebnisse mit ihrer voll entwickelten Ambivalenz der Gefühlsbeziehungen ein und derselben Person gegenüber schafft die Voraussetzung für die Entfaltung der Sekundärprozesse, durch die wir Kulturmenschen werden.«[1] Und wenn man die feministischen Texte zu Matriarchaten und »gynozentrischen Kulturen« unter diesem Gesichtspunkt betrachtet, der die Ambivalenz der Gefühlsbeziehungen als wesentliche Voraussetzung weiterer persönlicher Entwicklung erachtet, so kommt man konsequenterweise zu einem dritten Ansatzpunkt der Analyse, nämlich dazu, die Position des Verdrängten einzunehmen und dieses so weit als möglich bewußt zu machen und zu den ursprünglichen Texten wieder hinzuzufügen.[2] Konkretisiert heißt das, daß neben der unumschränkten Idealisierung der Mütter und der mit ihnen identifizierten Welt, der Matriarchate (jenseits von Raum und Zeit), auch die gleichzeitige Fäkalisierung des Vaters und »seiner« Welt, des Patriarchats (auch als Verkörperung der Gegenwartsdimension), in der Analyse betrachtet und erst unter diesem doppelten Aspekt nach der Bedeutung der Idealisierung zum Beispiel gefragt wird.

Vorwegnehmend sei gesagt, daß ich mich auch bei der abschließenden Bewertung der feministischen Matriarchatsdebatte und vor allem ihres »utopischen Charakters« am hier skizzierten psychoanalytischen Realitätsmodell orientiere und die unreflektierte Idealisierung von primärprozeßhaftem Geschehen (die sich auf die Verschmelzung der Realitäts- und

Phantasieebenen ebenso bezieht wie auf die Aufhebung der Kategorien Zeit und Raum und die Verleugnung jeglicher Vermitteltheit) als Regression und Flucht aus der Auseinandersetzung mit der Gegenwart und den »patriarchalen Institutionen« deutete. Dies ist meines Erachtens vom dargelegten Standpunkt aus legitim und wird von mir auch als das zentrale Ergebnis aufrechterhalten. Andrerseits besteht die Möglichkeit — dies möchte ich an dieser Stelle zum Ausgleich und zur Relativierung der Gegenübertragungsverzerrung der Analyse aufgrund der persönlichen Intentionen der Interpretin hinzufügen — daß ich durch die alleinige »Regressionsdeutung« die Abwehrseite der Matriarchatsdiskussion überbetont und deren ambivalenten Charakter zu wenig wahrgenommen habe. Denn als »Gegenmythologie« bringt die feministische Matriarchatsdebatte nicht nur einige Sehnsüchte zum Vorschein, sondern gleichzeitig auch gesellschaftlich verdrängte und tabuierte Formen von Weiblichkeit. Diese grundsätzlich befreiende Tendenz — die von den Anhängerinnen der Matriarchatsdebatte immer wieder betont wird — wird jedoch meines Erachtens überschattet durch die häufig unreflektierte Gleichsetzung von Mythos und mythischen Inhalten mit weiblicher Realität, von einer Identifikation der Frauen mit negativen patriarchalen Weiblichkeitsmythen und deren Propagierung als verdrängte weibliche Realität. Und dies erinnert — mich zumindest — an die von Memmi beschriebene »Selbstakzeptanz« des Kolonisierten, der die vom Kolonisator ihm aufgezwungene Position des mysteriösen Anderen endlich annimmt und dadurch der belastenden Konfliktsituation entgeht: »Indem er die Herausforderung des Ausgeschlossenseins annimmt, akzeptiert sich der Kolonisierte als getrennt und anders, aber *seine Eigenart ist die, die der Kolonisator begrenzt und definiert hat.* (...) Er gewinnt sich wieder, aber *er stimmt weiterhin der Mystifikation des Kolonisators zu.*«[3]

Aus dem bisher Gesagten, so glaube ich, wird auch meine weltanschauliche Position jenseits wissenschaftlicher Prämissen deutlich. Ich sympathisiere stärker mit den Bestrebungen der ersten Zeit der Neuen Frauenbewegung, die den Ausbruch aus der engen und mystifizierten Frauenwelt versuchten und Weiblichkeitsmythen — positiver wie negativer Art — als Herrschaftsinstrument erkannten und einen Moment lang die Ahnung von sich selbst behauptenden Frauen in einer ihnen bislang verwehrten Welt vermitteln konnten. Von daher gesehen ist meine Bilanz der Entwicklung der Neuen Frauenbewegung, soweit sie der Matriarchatsdebatte analog verläuft, eher resignativ und geprägt von dem Bewußtsein, daß der Umgang der Frauen mit institutioneller Macht wohl eines der Hauptprobleme für die Zukunft der nun nicht mehr so neuen Frauenbewegung darstellen wird.

Zuletzt sei noch Prof. Sepp Schindler mein herzlichster Dank ausgesprochen. Durch den Freiraum, den er mir bei der Bearbeitung zugestand und seine umfassende Kritik bot er mir ideale Bedingungen für die Erstellung der nachfolgenden Arbeit. Gleichfalls zu Dank verpflichtet bin ich D. D. für seine freundschaftliche Unterstützung.

EINLEITUNG

»Jedoch bringt es der Fähigkeit zur Reife nicht näher, wenn an die Stelle des Männlichkeitswahns der Weiblichkeitswahn gesetzt wird und wenn die Errungenschaften vernünftigen Denkens, nur weil Männer sie hervorgebracht haben, von Frauen zugunsten vorrationaler Menschheitsetappen über Bord geworfen werden. Die Sippe, der Clan, Blut und Boden: Dies sind nicht die Werte, an die Mann und Frau von heute anknüpfen können; daß diese Schlagworte Vorwände für schreckliche Regressionen bieten können, sollten gerade wir wissen. (...)

Autonomie ist eine Aufgabe für jedermann, und Frauen, die sich auf ihre Weiblichkeit als einen Wert zurückziehen, handeln im Grunde, wie es ihnen adressiert wurde: Sie reagieren mit einem großangelegten Ausweichmanöver auf die Herausforderung der Realität an ihre ganze Person.« [1]

»Entstellung des Weltbildes durch das Vorurteil der Paternität kann im Bewußtsein der Menschheit zwanglos kompensiert werden, wenn ihr genügend reine Frauenreiche mit ihren matriarchalen Grundgesetzen aufs neue bildhaft von der Seele auferstehen. Und der Frau sollen sie die Tradition geben, auf daß sie sich mit dem, was sie auf einmal kann und tut, nicht abkunftlos erscheine.« [2]

Diese Anschauung, in den zwanziger Jahren dieses Jahrhunderts von einer »gefeierte(n) Dame der Wiener Gesellschaft« niedergeschrieben, nahm im Zuge der Neuen Frauenbewegung wieder Gestalt an. »Sir Galahad« alias Diener-Eckstein³ spricht bereits jene zwei Bereiche an, die auch für die späteren Feministinnen in bezug auf Matriarchate bedeutsam werden: als Gegenmodelle gesellschaftlicher Praxis, damit als bereits einmal realisierte und dadurch auch wieder realisierbare Utopie und als identitätsstützende Modelle weiblichen Lebens.

Die Geschichte der allgemeinen Matriarchatsforschung ist voller Widersprüche, vor allem was die Zielsetzungen der jeweiligen Autoren betrifft.⁴ Das Verbindende beinahe aller namhaften Matriarchatsforscher jedoch ist deren Zeichnung der Matriarchate — oder wie es vor allem zu Beginn des 20. Jahrhunderts hieß: mutterrechtlicher Kulturen — als konkretnatürlichen Gesellschaftszustand, der noch nicht von Dualismen durchzogen war und damit als Prototyp nichtentfremdeter Verhältnisse (sowohl zwischen den Geschlechtern als auch der Besitz- und Produktionsbedingungen) gesehen wurde. Leicht überspitzt könnten die jeweiligen bestimmenden Gegensätze der einzelnen Verfechter von Matriarchatstheorien als folgende formuliert werden: Geist als Widersacher der Seele (Klages) hielten die Vertreter der romantischen Tradition den Aufklärern entgegen und fanden im Mutterrecht den diese Gegensätze vereinigenden »gebärenden Schoß«.⁵ Für sozialistische Autoren bieten »matristische Kulturen« das Bild der Zeit vor der Entstehung der Klassengegensätze, des Privateigentums und des Staates.⁶ Für manche Feministinnen haben sich die Gegensätze der Geschlechter durch die Negierung des »männlichen Prinzips« in »gynozentrischen Kulturen«, die nur mehr als von Frauen gebildet gedacht werden, problemlos aufgelöst.⁷

Dennoch — und dies soll der zentrale Gegenstand der vorliegenden Untersuchung werden — bietet die »feministische Matriarchatsdebatte« ein von den anderen hier erwähnten Diskussionsforen völlig abweichendes Bild. Wurde etwa Diener-Eckstein von ihren frauenrechtlerischen Zeitgenossinnen kaum wahrgenommen, so erscheint heute kaum ein sich als feministisch verstehendes Buch, das sich nicht in irgendeiner Form auf Matriarchate bezieht — und sei es auch nur »formelhaft« in einer kurzen Kontrastierung des innerhalb patriarchaler Verhältnisse besprochenen Themas mit dessen matriarchalen Möglichkeiten. Das kollektive Aufgreifen des Themas »Matriarchat« setzte im eben beschriebenen Ausmaß ab etwa 1976 innerhalb der deutschsprachigen Frauenbewegung ein, gleichzeitig mit dem Anwachsen des Interesses für Magie, Astrologie, Mystik und Esoterik. In den USA begann dieser Prozeß zeitlich vorversetzt. Das den Matriarchaten vorhergehende mythische Thema feministischer Auseinandersetzung und Identifikation waren die »Hexen«, die »Weisen Frauen« des Mittelalters: »Die Aufnahme der Hexe ins Sprach- und Bildrepertoire verdankt sich keinem Plan, vollzog sich eher spontan, atmosphärisch, situativ.«[8]

Dasselbe »vorbegriffliche Verhältnis«[9], das Bovenschen für das Aufgreifen des Hexenbildes postuliert, möchte ich hier auch für die Auseinandersetzung mit Matriarchaten annehmen. Die reflexive Bearbeitung des Themas hinkt hinter dessen bildhafter Repräsentanz, hinter dem spezifisch feministischen Mythos: »Matriarchat« nach. Der utopische Kampfbegriff absorbiert demgemäß reale und erahnte Geschichte — oder in radikalfeministischen Begriffen: »There was a time when you were not a slave, remember that. You walked alone, full of laughter, you bathed bare-bellied. You say, you have lost all recollection of it, remember. (...) Make an effort to remember. Or, failing that, invent.«[10] Gerade die Dringlichkeit der Erinnerung einer Frauengeschichte, die auch die Erfindung einer solchen nicht ausschließt — jenseits patriarchaler Verhältnisse, jenseits von Unterdrückung und Ohnmacht — wie dies in dem angeführten Zitat sehr deutlich wird, verweist auf tieferliegende, bisher in der feministischen Diskussion noch nicht explizit erörterte Bedürfnisse, Wünsche und — meines Erachtens auch Abwehrhaltungen verschiedenen, in diesem Buch noch zu definierenden, Bereichen gegenüber, die ebenfalls in den feministischen Matriarchatsmythos miteingehen und diesen unreflektiert mitstrukturieren.

Das Ziel dieses Buches sehe ich darin, die Entstehungsbedingungen der feministischen Matriarchatsdiskussion nachzuverfolgen, sie sowohl auf gesamtgesellschaftliche Tendenzen als auch auf frauenbewegungsinterne Paradigmenwechsel in den Argumentationen und Aktionen nach außen hin rückzubeziehen. Weiters sollen unter Berücksichtigung dieses Kontexts die Bereiche, die innerhalb von Matriarchatsdarstellungen thematisiert werden, näher auf ihre Abwehr- und Stabilisierungsfunktion hin untersucht werden. Ausgehend von den Ergebnissen dieser Analyse soll als letzter Schritt versucht werden zu bestimmen, wie weit der utopische Anspruch an Matriarchate als »praktisch-konkrete Neubestimmung von Weiblichkeit«[11] unter Antizipation des magisch-therapeutischen Wissens der »matriarchalen Frauen« in der gegenwärtigen Gesellschaft bewußt als das Bestehende transzendierender Entwurf tatsächlich verwirklicht werden kann: »Die Gebundenheit utopischer Entwürfe an die jeweilige gesellschaftliche Wirklichkeit, der sie sich als Alternative empfehlen, ist zudem oft allzu offenbar gewesen. Je bunter die Bilder von deren besseren Zukunft, desto gefangener sind sie im Horizonte ihrer Gegenwart, desto ferner ist ihnen das Bewußtsein von der Historizität ihrer Vorstellungen. Solche Bilder sind in Wahrheit gerade in ihrer detaillierten Ausführung abstrakt und durch den Mangel an Bewußtsein von ihrer historischen Bedingtheit unhistorisch.«[12]

An dieser Stelle möchte ich noch kurz auf die verschiedenen Probleme, die sich bei der Bearbeitung dieses Themas ergaben, hinweisen. Die Matriarchatsforschung umfaßt die verschiedensten wissenschaftlichen Disziplinen – von ethnologischen Felduntersuchungen und der Kulturanthropologie bis hin zur Archäologie. Aufgrund der Fülle und der Vielschichtigkeit des Materials und der dadurch möglichen Interpretationen bleibt hier sehr viel Raum für Spekulationen, was eines der zentralen Probleme der Matriarchatsforschung darstellt. In der vorliegenden Arbeit soll es nun aber nicht darum gehen, Existenz oder Nicht-Existenz von Matriarchaten zu beweisen oder zu widerlegen, sondern darum, in einer sozialpsychologischen Untersuchung Bedeutung und Funktion eines sozialen Phänomens — nämlich der feministischen Verarbeitung von Matriarchatstheorien — innerhalb eines bestimmten soziohistorischen Kontexts herauszuarbeiten. Daher möchte ich mich, soweit es sich nicht um die Überprüfung der feministischen Quellen handelt, von der Verpflichtung einer allzu detaillierten ethnologischen und archäologischen Argumentation entbinden.

Abschließend möchte ich noch, um Mißverständnisse zu vermeiden, darauf hinweisen, daß die feministische Matriarchatsdebatte nicht gleichsetzbar ist mit dem Gesamt der Neuen Frauenbewegung allgemein. Jene stellt, gerade ab 1976/77, durch ihre enge Verwobenheit mit dem Kulturellen Feminismus *einen* Aspekt derselben dar, sie ist ein Teil derselben, aber natürlich nicht vollständig mit der Neuen Frauenbewegung deckungsgleich.

1. VORÜBERLEGUNGEN

1.1. TERMINOLOGISCHE VORBEMERKUNGEN

Ebenso widersprüchlich wie die Inhalte und Intentionen der Matriarchatsforschung, die bereits angedeutet wurden, ist die Verwendung von Bezeichnungen für die jeweils unter »Matriarchat« dargestellten Kulturen und Geisteshaltungen. Um die Sprachverwirrung möglichst gering zu halten, sollen die Begriffe hier kurz besprochen werden.[1]

»*Mutterrecht*« und »*Gynaikokratie*«: beide Begriffe wurden von Bachofen gleichsinnig verwendet. Dem Begriff »Mutterrecht« haftet allerdings stärker die Betonung des von Bachofen »entdeckten« Rechtssystems an, das eben dadurch gekennzeichnet war, daß es keinerlei abstrakt ausformulierte Rechtsgrundsätze enthielt, sondern primärstes Naturrecht war, gestaltet durch den »Religionscharakter des Weibes«.[2]

Vor allem diese im »mütterlichen Prinzip« fundierte Naturrechtsethik wurde von den zur romantischen Tradition zählenden Philosophen aufgenommen und sehr anschaulich von Diener-Eckstein formuliert: »Männliches jus civile braucht Rechtssuchung und Rechtsfindung, weibliches jus naturale ist selbst das Recht, spendet es aus sich, und gegen dieses Urteil gibt es keine Appellation.«[3] »Gynaikokratie« ist die griechische Bezeichnung für Frauenherrschaft (gyne=Frau, kratein=herrschen)[4]. Bachofen — und vor ihm bereits der französische Jesuitenpater Lafitau, der bei den amerikanischen Huronen und Irokesen gearbeitet hatte — übernahmen diesen Begriff von antiken Schriftstellern, die damit in eher geringschätziger Art die Verhältnisse in Ägypten und Lykien als »Weiberherrschaft« bezeichnet hatten.[5]

Obwohl Bachofen beide Begriffe nicht explizit unterschied, glaube ich ihn nicht überzuinterpretieren, wenn ich feststelle, daß für ihn »Gynaikokratie« bereits den im Wort enthaltenen Herrschaftscharakter der Frau über den Mann beziehungsweise des weiblichen über das männliche Prinzip enthielt, mit all den sozialen und ethischen Implikationen.

Beide Begriffe wurden im späteren Verlauf der Matriarchatsdebatte nicht mehr verwendet. An ihrer statt setzte sich das im 19. Jahrhundert neugebildete Wort »*Matriarchat*« durch, das ganz allgemein definiert, »die politische Herrschaft von Frauen in der Gesellschaft und ihre Dominanz in der Familie« bezeichnet.[6]

Bachofen entdeckte bis zu seiner Zeit unbekannte Abstammungs-, Erbschafts- und Wohnsitzregelungen: »*Matrilinearität*« bezeichnet die einlinige Abstammungsfolge nach der Mutter, »*ultima genitur*« eine Vererbungsregel, nach der die jüngste Tochter »Haupterbe« ist und »*Matrilokalität*« meint die Wahl des Wohnortes bei der Familie und Sippe am Ort der Frau. Diese Strukturierungs- und Organisationsprinzipien des sozialen Zusammenlebens sind natürlich vor allem für die ethnologische Forschung bedeutsam. Wie weit aus dem Vorhandensein dieser Prinzipien auf »Matriarchate«, also auf politische Macht von Frauen geschlossen werden kann, ist bis heute eine der am heftigsten diskutierten Streitfragen der Matriarchatsforschung.

In den siebziger Jahren wurde ein neuer Begriff in die Diskussion eingeführt, nämlich: »*Matristische Gesellschaften*«, womit ein soziales Übergewicht der Frau, allerdings ohne politische Herrschaftsfunktionen, welche in frühesten Gesellschaftsformationen nach Ansicht mehrerer Autoren (z. B. Borneman[7]) nicht vorkommen sollen, bezeichnet wird.

Mit dem Erstarken des feministischen Interesses an Matriarchaten wurden auch im Zuge des patriarchalen Bildersturzes neue, rein feministische Begriffe geprägt: »*gynozentrische Kulturen*« oder »*Frauenidentifizierte Kulturen*«, deren primäres Charakteristikum die Verehrung der Frau »in ihren verschiedenen Aspekten (...)(war), wobei der stärkste Aspekt der mütterliche war; als die Verehrung der Göttin vorherrschte und als der Mythos starke und ehrwürdige Frauen hervorbrachte.«[8]

»*Amazonengesellschaften*« bezeichnen nach antiken Darstellungen ein kiegerisches Frauenvolk (beziehungsweise verschiedene Völker), die entweder ganz ohne Männer oder nur mit bewußt verkrüppelten Knaben lebten. Ihre historische Existenz ist umstritten.

1.2. METHODOLOGISCHER ANSATZ

»Der *Gegenstand* also muß die Methode bestimmen, nicht umgekehrt; die wissenschaftliche Fragestellung muß der Ausgang sein, nicht die Methode.«[9] Nach diesem hermeneutischen Grundsatz soll die vorliegende Arbeit strukturiert werden. Es geht darum, den Sinn und die Bedeutung des bereits oben beschriebenen kollektiven Aufgreifens des Bildes vom Matriarchat durch die Neue Frauenbewegung und für diese — in einem bestimmten historischen Kontext — herauszuarbeiten. Wobei »Sinn« in zweifacher Hinsicht verstanden werden soll: neben dem manifesten Sinn, der sich aus der genetisch-deskriptiven Analyse erfahren läßt, soll auch der latente Sinn eines Textes, derjenige Inhalt also, der gerade zum Beispiel vermittels eines Gesprächs aus der Kommunikation ausgeschlossen werden soll, in der Untersuchung mit Hilfe psychoanalytischer Erkenntnisse herausgearbeitet werden.

Nach Leithäuser und Volmerg wird der latente Sinn konstituiert durch die Interaktionspraxis und die »Thema-Horizont-Struktur« der jeweiligen Gruppen. In Begriffen der Kritischen Theorie bedeutet dies, daß die Thematisierung potentiell möglicher Problembereiche gebunden ist an das Alltagsbewußtsein: »Der Aufbau der Thema-Horizont-Struktur des Alltagsbewußtseins folgt einem situations- und gruppenspezifischen inneren unbewußten Zwang, der sich leicht der Reflexion entzieht.«[10]

Diese Bestimmung des Alltagsbewußtseins aus dem Reflexionsvermögen der Gruppensituation heraus, eröffnet die Möglichkeit, utopische Konzeptionen auf ihre Funktion im Gruppengeschehen hin zu hinterfragen und im weiteren Sinne das »kollektive Unbewußte« nicht als »ontologische Größe sondern (...)(als) Ergebnis einer regressiven Interaktionspraxis«[11] zu einem bestimmbaren Zeitpunkt herauszuarbeiten.

Der latente Sinn, dessen Freisetzung Ziel dieser Arbeit ist, ist also konstituiert durch den »Zeitgeist«, dessen Selbstverständlichkeiten viele Bereiche von vornherein aus der Thematisierungsmöglichkeit ausschließen und in den der Interpret ebenso eingebunden ist und eingebunden sein muß wie die »Textproduzenten«, weil erst dadurch Verständigung möglich und gleichzeitig hinterfragbar wird. Dies verweist im übrigen auch auf die Problematik der »Objektivität« des Interpreten.[12] Der zweite Bereich, der die Sinnproduktion konstituiert, ist das bereits angesprochene Alltagsbewußtsein einer bestimmten Gruppe, der spezifische angestrebte Gruppenkonsensus. Dieser steht im Spannungsfeld von individueller Entwicklung und Lebensgeschichte, bestimmt durch »systematische Brechungen« und »Desymbolisierungen«[13], die den dritten Bereich der Sinnkonstitution angeben, den je individuellen Thematisierungsrahmen. Diese hier praktizierte idealtypische Trennung der drei Sinn-Determinanten ist realiter nicht machbar; alle drei Bereiche beeinflussen und strukturieren einander wechselseitig.

In diesem Buch soll vor allem versucht werden, den gruppenspezifischen Bereich zu analysieren, das heißt also auf der »Ebene des Typischen«[14] zu Ergebnissen zu kommen. Konkretisiert für das zu bearbeitende Thema heißt das, daß Einigungs- und Abwehrformen verschiedener Gruppen der Neuen Frauenbewegung, soweit sie aus der Literatur eruierbar sind, bezogen auf die Matriarchatsdarstellungen analysiert werden sollen. Die jeweilige Darstellung der Matriarchate wird hierbei als »Übertragungsschirm« betrachtet, an dem Konflikte aus anderen Lebensbereichen in kompromißartiger Form abgehandelt werden.[15]

2. DIE PARALLELITÄT DES PARADIGMENWECHSELS DES RADIKALEN FEMINISMUS UND DER FEMINISTISCHEN MATRIARCHATSDISKUSSION

2.0. EINLEITUNG

Eingangs wurde bereits auf die immer größer werdende Diskrepanz zwischen der feministischen Geschichtsaufarbeitung — im Speziellen natürlich bezogen auf Matriarchate — und der bildhaften Repräsentanz des Matriarchatsbegriffs im feministischen Denken hingewiesen. Die in erster Linie emotional gefärbte Auseinandersetzung mit matriarchalen Kulturen wird auch aus dem Wechsel der Zentralthemen, das heißt dem sich verändernden Bild des Matriarchats, ersichtlich. Hatte die Erwähnung von Matriarchaten zu Beginn der Neuen Frauenbewegung eher sekundären Charakter, etwa als Kontrastbild zu den herrschenden patriarchalen Verhältnissen, so erlangte ab etwa 1976, mit dem verstärkten Aufgreifen okkulter, mystischer und esoterischer Gedanken durch Feministinnen, das »weibliche Prinzip« und damit stärker das naturphilosophisch-animistische Moment, das Frauenkulturen zugeschrieben wird, an Bedeutung. Weniger wichtig wurde die Frage nach der tatsächlichen Existenz historisch oder ethnologisch fixierbarer von Frauen beherrschter Kulturen.

»Es ist von keinerlei Einfluß auf die Schlußfolgerung, daß das Matriarchat nun in einer bestimmten historischen Periode existiert hat, was ich glaube, oder aber nur in der Mythologie.«[1]

Diese Veränderung des Interesses spiegelt sich natürlich auch im wissenschaftlichen »Forschungsansatz« und in der Quellenwahl wider.

Auf ein Problem, das sowohl bei der Darstellung der Entwicklung der Frauenbewegung als auch der Matriarchatsdebatte sich ergibt, möchte ich an dieser Stelle aufmerksam machen: Zwischen dem Erscheinen amerikanischer Literatur und deren Rezension im deutschsprachigen Raum liegen oft einige Jahre Zeitdifferenz. Diese Diskrepanz wird vor allem bei der Besprechung des Kulturellen Feminismus — der nebenbei gesagt auch am stärksten von allen feministischen Tendenzen durch die amerikanische Frauenbewegung »Women's Lib« geprägt ist — deutlich. Dieser Kulturelle Feminismus entstand in den USA in Ansätzen bereits zu Beginn der siebziger Jahre, wurde im deutschprachigen Bereich aber erst im Zuge der »Neuen Weiblichkeit« ab etwa 1977/78 kollektiv aufgegriffen. Ich habe mich daher entschieden, ungeachtet des Erscheinungsjahrs mancher Bücher sie im »Trend« der deutschsprachigen Rezension zu bearbeiten, weil auch beim Rückbezug auf gesellschaftliche Verhältnisse der »American exceptionalism«[2] nur falls explizit angeführt berücksichtigt werden soll, das heißt auch, daß die gesamten folgenden Interpretationen nur für den deutschsprachigen Raum Geltung haben können.

2.1. ENTWICKLUNG DER NEUEN FRAUENBEWEGUNG: AKTIONEN UND POSITIONEN

2.1.1. VORBEMERKUNG

Die Neue Frauenbewegung ist bisher von drei größeren Entwicklungsphasen bestimmt, die ich nun kurz skizzieren möchte, um den Hintergrund zu umreißen, auf dem die feministische Matriarchatsdebatte fußt.

Vorwegnehmend kurz zusammengefaßt möchte ich sie beschreiben als die »Zeit der Weiberräte«, das heißt der Entstehung eines neuen Frauenbewußtseins im Kontext der Neuen Linken, zweitens die Konstituierung der »Autonomen Frauenbewegung«, die einerseits mit dem theoretischen Verständnis und den Organisationsformen der Neuen Linken bricht, verstärkt an Aktionsformen der antiautoritären Bewegung anschließt und andrerseits versucht, ein völlig neues Politikverständnis — basierend auf der Reflexion weiblicher Betroffenheit — zu entwickeln. Anschließend an diese bewußte Selbstdefinition der Neuen Frauenbewegung als eigenständige soziale Bewegung kam es natürlich zu einer Ausdifferenzierung derselben, wobei verschiedene inhaltliche Schwerpunkte und Hauptlinien sichtbar wurden. Im Kontext der Analyse der feministischen Matriarchatsdebatte wesentlich wurde diejenige Richtung, die mit dem Oberbegriff »Kultureller Feminismus« zusammengefaßt werden konnte.

2.1.2. ENTSTEHUNG UND ENTWICKLUNG DER NEUEN FRAUENBEWEGUNG

2.1.2.1. DIE ZEIT DER WEIBERRÄTE (1969/1972)

»Die typische Institution der Bewegung besteht aus einem oder mehreren Männern, die als charismatische Sprecher auftreten, die im Namen einer Organisation auftreten, für sie verhandeln und sie gegenüber anderen Stellen innerhalb oder außerhalb der Bewegung repräsentieren und die Verhältnisse innerhalb so manipulieren, daß sie ihre Position aufrechterhalten — daneben besteht die übliche Institution der Bewegung aus denen, die die Arbeit faktisch machen, meistens aus Frauen.«[3]

Diese Darstellung der internen Struktur der linken amerikanischen Studentenorganisationen läßt sich auf die Situation innerhalb des Sozialistischen Deutschen Studentenbundes (SDS) übertragen. Die Tätigkeit der Frauen beschränkte sich auf subalterne Bereiche, der emanzipatorische Anspruch der Linken machte vor dem Chauvinismus in ihren eigenen Reihen halt. Daher organisierten die »Bräute der Revolution«[4] sich separat in Weiberräten[5], in denen sie die bürgerliche Trennung von »privat« und »politisch« innerhalb der Studentenbewegung angriffen und die klassenmäßige Aufteilung der Familie, innerhalb der der Mann die objektive Funktion des Klassenfeindes innehabe[6], analysierten und gleichzeitig vehement eine Veränderung der Haltung der Genossen forderten. Dennoch war die Grundtendenz anfangs in den Weiberräten »freundlich () und durchaus kollaborationsbereit()« – was sich aber durch die starre Haltung der Männer ändern sollte.[7]

2.1.2.2. ENTSTEHUNG UND ENTWICKLUNG DER AUTONOMEN FRAUENBEWEGUNG BIS 1977

Der Beginn der Neuen Frauenbewegung in der BRD wird allgemein mit dem ersten Bundesfrauenkongreß 1972 in Frankfurt angesetzt, bei dem es zur Spaltung zwischen Sozialistinnen und autonomen Frauen kam und damit zur endgültigen Abgrenzung gegenüber der Linken.[8] Vorangegangen war diesem Kongreß die von Alice Schwarzer initiierte Selbstbezichtigungskampagne zum § 218, die viele im traditionellen Sinne »unpolitische Frauen« mobilisierte und die Frauenbewegung zu einer Massenbewegung werden ließ. Im Anschluß an die Abtreibungskampagne wurden Frauenberatungszentren errichtet, aus dem Slogan »Mein Bauch gehört mir!« wurde »Mein Körper gehört mir!«, womit gegen die Entfremdung und Vermarktung des weiblichen Körpers protestiert wurde. Frauengesundheitszentren und Selbstuntersuchungsgruppen wurden gegründet. Die Frauen versuchten, sich kollektiv wieder den weiblichen Körper anzueignen.

Gleichzeitig entwickelte sich ein, von den traditionellen Organisationen unabhängiges Politikverständnis, das das Private als politisch und das Politische als privat ansah, weil es sich auf die subjektive Lage der Frauen als Frauen auswirkte. Konsequenterweise wird eine neue Definition der Politik gefordert: »1. müssen wir in unserem Umdenkungsprozeß lernen, daß selbst die linken Kategorien von links und rechts, fortschrittlich und reaktionär vom Frauenstandpunkt aus sich verschieben.«[9]

In den USA wurde dieser Standpunkt als »pro-women-line« bezeichnet, bei dem als ausschlaggebendes Kriterium galt: »Nützt es den Frauen?«[10]

Das neue Politikverständnis erforderte auch neue Organisationsstrukturen, die die hierarchische Untergliederung der Gruppen mit unterschiedlicher Prestigezuschreibung und Machtverteilung an einzelne unterbinden sollten. Dies wurde aber durch das Anwachsen der Bewegung und die von den »Neuen« mitgebrachte Erwartungshaltung problematisch; die bis dahin existierenden Gruppen konnten den Zustrom oft nicht verkraften, die vorher informellen Kontakte zwischen den einzelnen Städten reichten nicht mehr aus, beziehungsweise überforderten die einzelnen: »Schließlich wird auf Dauer auch der Energieverschleiß in organisatorischer Arbeit als frustrierend erlebt; die älteren Feministinnen wollen nicht ständig nur Angebote für die Neuen bereitstellen, sondern wieder etwas für sich selbst tun. So treten auch sie — wenngleich aus anderen Motiven als die neuen Frauen — den Rückzug nach innen, in Selbsterfahrungs- und Theoriegruppen an; es kommt nicht zum Aufbau einer formalen Organisationsstruktur.«[11]

Die öffentlichkeitswirksamen Aktionen der Frauen, die ebensoviel »Kopf wie Bauch«[12] hatten, flauten nach dem Scheitern der Aktion 218 im Jahr 1975 etwas ab. Der oft zitierte »Rückzug nach innen« begann, zum Teil auch mitinitiiert oder forciert durch die vermehrt am deutschsprachigen Buchmarkt erscheinende amerikanische Literatur. In den »Consciousness-Raising Groups« sollte über das Mitteilen der persönlichen Betroffenheit und der gegenseitigen akzeptierenden Anteilnahme der Frauen untereinander zur allgemeinen Reflexion über die gesamt-gesellschaftliche Situation der Frauen und ihrer Unterdrückung gelangt werden. Die zentralen Themen lagen in den Bereichen Kindheit, Sexualität, Beruf, Familie, zwischenmenschliche Beziehungen, Identitätsfindung.[13] Über die persönliche Entlastungsfunktion hinaus wurden Selbsterfahrungsgruppen einerseits als »Kampfbegriff gegen abstrakte Gesellschaftsanalyse, eine Abstraktion, bei der im wesentlichen von Frauen abstrahiert wurde«[14] und andrerseits als Mittel, sich gegen die Identifikation mit dem Unterdrücker[15] zu wehren, gesehen.

Dennoch scheint der selbstbewußte Aufbruch wenige Jahre zuvor, der gleichzeitig Ausbruch aus den traditionellen Frauendomänen und Einbruch in die »Männerwelt« bewirken sollte, bereits seine ursprüngliche Kraft und Vehemenz verloren zu haben. Nach einer Einschätzung Krechels konnte sich durch die oft ausschließliche Betonung der Subjektivität unter Vernachlässigung der theoretischen Reflexion der Lage der Frau in den Selbsterfahrungsgruppen dieser Anspruch nicht mehr durchsetzen: »Manchmal hat es den Anschein, die Frauen arbeiten nicht daran, diese Unterdrückung aufzuheben, sondern sie wie in einem Reservat zu pflegen, um sie immer wieder triumphierend vorzuzeigen. (...) Diese Solidarisierung bestätigt Frauen zwar verbal, wo sie sich zur Wehr setzen; sie verallgemeinert aber die Situationen, in denen sie sich zur Wehr setzen müssen. Subjektiv fühlen sie sich deshalb in einem permanenten Kriegszustand.«[16]

Die Vermeidung von Spannungen und Aggressionen innerhalb der Gruppen, die Kultivierung der den Frauen oft vorgeworfenen Aggressionsvermeidungstendenz, wirkte sich teilweise nivellierend auf die Gruppenstruktur aus, wie zum Beispiel Mitscherlich betont: »Tatsache ist, daß eine Frau, die Einfluß zu gewinnen versucht, um verhärtete Gesellschaftsstrukturen aufzubrechen, damit rechnen muß, auch in der Frauenbewegung abgelehnt zu werden. Sie identifiziere sich mit männlichen Verhaltensweisen und erweise damit der Frauenbewegung keinen Dienst, hört man oft.«[17]

Die Lebensdauer der Selbsterfahrungsgruppen war sehr unterschiedlich, aus manchen entwickelten sich Frauenprojekte, die vor allem im gesundheits-, sozialpolitischen und kulturellen Bereich angesiedelt sind.

So wurden der feministischen Thematisierung entsprechend weitere Frauengesundheitszentren, Frauenhäuser, die die ganz alltägliche Gewalt gegen Frauen im familiären Bereich endlich publik machen sollten, Notrufgruppen für vergewaltigte Frauen[18] und im Sinne der Gestaltung einer feministischen Gegenöffentlichkeit Frauenbuchläden, Kneipen, Zeitschriften und Frauenverlage gegründet. 1976 wurde die erste Frauensommeruni in Berlin nach dem Vorbild der amerikanischen »women studies« abgehalten.

Als zentrale Tendenzen in dieser ersten Phase der autonomen Frauenbewegung lassen sich für das Selbstgefühl der Frauen folgende zusammenfassen: Es entwickelt sich einerseits verstärktes Selbstbewußtsein — »Frausein ist powerful!«[19] — mit dem Wunsch, aus den engen Frauenbereichen auszubrechen, Rollenklischees aufzuweichen, Tabus zu brechen. Außerdem Solidarität unter Frauen, ein neues Gefühl anderen Frauen gegenüber, insbesondere thematisiert bei der Integration der Lesbenbewegung in die Frauenbewegung (ab 1974).

Andrerseits formiert sich massiver Widerstand von antifeministischer Seite, der sich etwa in der Lesbenhetze Ausdruck verschafft, ebenso in der allgemeinen sexuellen Abwertung von Feministinnen: »Die bloße Andeutung der sexuellen Verweigerung oder der sexuellen Autonomie von seiten der Feministinnen wird offensichtlich als eine so extreme Bedrohung empfunden, daß sie mit einer Gegenattacke abgewehrt werden muß: die Emanzen sind unansehnlich, unattraktive Frauen, frustrierte Tucken, (...)«[20]

2.1.2.3. DIE AUTONOME FRAUENBEWEGUNG AB 1977

Die Einschätzung und Darstellung der Entwicklung der Neuen Frauenbewegung ab 1976/77 gestaltet sich aufgrund der vielen verschiedenen Richtungen und Gruppen, die sich der Neuen Frauenbewegung zugehörig fühlen und die teilweise einander völlig widersprechende Ansichten vertreten, relativ schwierig. Dennoch läßt sich — und dies ist für die Besprechung der feministischen Matriarchatsdebatte wesentlich — vom amerikanischen Raum ausgehend innerhalb der Diskussion vieler Gruppen ein Paradigmenwechsel in der Argumentation nachvollziehen. Das vorher zumindest idealtypisch im Bewußtsein vorherrschende Androgynitätsideal, das unter der Parole »Biologie ist nicht Schicksal!«[21] und unter einer Fülle von Literatur zum Nachweis der sozialisationsbedingten geschlechtsspezifischen Eigenschaften vertreten wurde und das den theoretischen Hintergrund zur Aufhebung der sozialen und politischen Auswirkungen der Geschlechtsrollenzuschreibung bildete, wurde überlagert von den Thesen der »Neuen Weiblichkeit« und der »Neuen Mütterlichkeit«. Im Gegensatz zur kritischen Infragestellung der Institution Mutterschaft und der weiblichen Gebärfähigkeit allgemein[22] in den Anfängen der Frauenbewegung, wobei die Mutterschaft als primäres Unterdrückungsmoment gesehen wurde, wird nun vor allem das Geburtserleben und die Gebärfähigkeit der Frau als Stärke und »Grenzerlebnis«[23] gepriesen. Haus- und Hebammengeburten, sanfte Geburtsmethoden werden im Gegensatz zu den sterilen, die Frauen entmündigenden und Geburt als Krankheit implizierenden Praktiken der Krankenhausgeburten gefordert.[24]

Parallel zu diesen — meines Erachtens sehr positiven Veränderungen — im Bereich der Geburtsmethoden und Einstellungen entwickelte sich ein neuer Kult der Weiblichkeit: »Kernstück dieser neuen, alten Weiblichkeit ist die Annahme vom natürlichen ›Anderssein‹ der Frau, von der ›Frau als Naturwesen‹.«[25] Kernstück dieser neuen Argumentationslinie sind — innerhalb der Frauenbewegung bereits totgeglaubte — Biologismen, wie sich etwa an den Ausführungen zum »genetischen Friedensprogramm des weiblichen Geschlechts«[26] nachvollziehen läßt. Mit der Wiederentdeckung der »Natur« der Frau wuchs auch das Interesse an Okkultismus und den Mystikern. Der »männlich-destruktiven Rationalität« sollte der »weiblich-ganzheitliche Erkenntnisweg« entgegengesetzt werden. Beispielhaft für diese Bestrebungen ist Anne Kent Rushs Darstellung der Inhalte spezifisch weiblicher Wissenschaft: »Zur Frauenwissenschaft bzw. zum Studium und zur Praxis der Lehre des Mondes gehören unter anderem: Magie, Hexerei, Göttinnenreligionen, alte Astrologie, frühe Agrikultur und Feminismus.«[27] Im Zuge dieser »Neuen Weiblichkeit«, die vor allem im amerikanischen Raum die momentan scheinbar stärkste Tendenz der Frauenbewegung darstellt, sind Bestrebungen eine »Thealogie«, neben den »Hexencovens«[28] zur Göttinnenverehrung und zur spirituellen Stärkung der Frauen bereits relativ weit entwickelt und werden unter dem Oberbegriff »Kultureller Feminismus« zusammengefaßt.[29]

2.1.3. THEORETISCHE POSITIONEN DER NEUEN FRAUENBEWEGUNG[30]

2.1.3.1. »SEXUALPOLITIK« ODER MARXISMUS VERSUS FEMINISMUS[31]

Dieser theoretische Ansatz steht noch deutlich im Zeichen der Auseinandersetzung der Frauenbewegung mit der Linken. Es wird versucht, mit den Kategorien der Marxschen Klassenanalyse die Sozialanalyse der Situation der Frau zu erstellen. Der Hauptwiderspruch wird nicht mehr zwischen Kapital und Arbeit, sondern zwischen männlich und weiblich, also in den biologischen Geschlechtsunterschieden und deren gesellschaftlichen Überformungen gesehen. Entsprechend dient der Aufrechterhaltung der Herrschaft nicht mehr das Kapital, sondern der Phallus: »Unter anderem dient der Koitus als Modellfall für Sexualpolitik auf intimster Basis.«[32] Entsprechend hat die ökonomische Revolution hinter der sexuellen sekundäre Bedeutung. Es wird der feministische Weg zum Sozialismus propagiert: »Das feministische Bewußtsein sei die Erkenntnisebene, von der aus die politische Arbeit gemacht werden soll.«[33]

Die spezifische Situation des feministischen Ansatzes zur Aufhebung der Unterdrückung der Frau ergibt sich aus dem Paradoxon der starken affektiven Bindung der Frau an ihren jeweiligen Unterdrücker, den Mann als Vertreter des patriarchalen Herrschaftssystems, des Sexismus einerseits und der verinnerlichten »Untertanenmentalität« der Frau, die oft zu ihrer zweiten Natur wurde, andrerseits.[34]

2.1.3.2. DER KULTURELLE FEMINISMUS

Vorweg möchte ich bemerken, daß diese Position des Kulturellen Feminismus, die konstitutiv verbunden ist mit der Integration der Lesbenbewegung in die Neue Frauenbewegung, zentrale Bedeutung erlangen wird bei der Analyse der feministischen Matriarchatsdebatte.

Um das Modell der »Sexualpolitik« zu durchbrechen, wird nun die exklusive Bindung von Frauen an Frauen als zentrales politisches Moment betrachtet: »Lesbischsein bedroht die männliche Vorherrschaft im Kern. In politisch bewußter und organisierter Form bildet es den Mittelpunkt der Zerstörung unseres sexistischen, rassistischen, kapitalistischen, imperialistischen Systems.«[35] Nur bei völliger Konzentration der Frauen auf Frauen bleibe die wesentlich »biophile Frauenenergie«[36] im Lebensbereich der Frauen und könne für die Errichtung einer auf Frauen beschränkten Kultur verwendet werden.

Gleichzeitig würde der »Vampir« — das ist das patriarchale System[37] — durch den Entzug der für ihn lebensnotwendigen Frauenenergie zur letzten großen »Energiekrise«[38] und damit zum Zusammenbruch gezwungen werden.

Dieses energetische Modell der Gesellschaftsanalyse und -veränderung wird ergänzt durch biologistisch-archetypische Bestimmungen des Wesens der Frauen und Männer, und unter Berufung auf die apokalyptische und katastrophale Situation des »Planeten« wird die Alternative: »Frau« als letzte Rettung vor dem drohenden Untergang gesehen. Die okkulten und neoreligiösen Praktiken, die als Wiederentdeckung der weiblichen Spiritualität — Wiederentdeckung seit der Zeit der Matriarchate einerseits und der Hexenverbrennungen andrerseits — gefeiert werden, erhalten eine kosmische Dimension und werden als politische Strategie der Machtübernahme gesehen. Verbunden mit diesem Modell ist die massive Kritik an der Rationalität der Aufklärung, die als »männlich-nekrophile« den Frauen wesensfremd sei.[39]

Der Kulturelle Feminismus strebt also an, eine völlig neue Wirklichkeit zu schaffen, »eine neue Weise zu sein, tun und denken, außerhalb der Grenzen männlicher Konstrukte und Bezugsrahmen.«[40] Damit einher geht ein epochales Selbstverständnis des Kulturellen Feminismus, der sich nicht mehr mit dem politologischen Terminus »soziale Bewegung« beschreiben lassen will.[41] Eine deutliche Ausprägung dieser Tendenz findet sich in der neoreligiösen Gleichsetzung der Neuen Frauenbewegung im »Zweiten Kommen der Frauen« mit dem »Kommen des Antichristen«: »Das zweite Kommen ist nicht eine Rückkehr Christi, sondern die Wiederkunft einer weiblichen Seinsform, die einmal stark und mächtig war, seit den Anfängen des Patriarchats aber in Ketten gelegt worden ist.«[42]

2.2. NEUE FRAUENBEWEGUNG UND MATRIARCHATSBEGRIFF: ENTWICKLUNG, INHALTE, ZIELSETZUNGEN

2.2.1. VORBEMERKUNG

In diesem Kapitel soll die feministische Bearbeitung von Matriarchaten dargestellt sowie die gleichzeitige Mystifizierung derselben nachgewiesen werden. Aus dem wechselseitigen Spannungsverhältnis von feministischer Argumentation und Aktion in den von der Frauenbewegung thematisierten Bereichen und der Einführung, Weiterentwicklung und Funktionalisierung des Matriarchatsbegriffs und -bilds soll die auf historischer Dynamik beruhende Struktur desselben gezeigt werden. Dabei wird klar, daß der Bezug auf Matriarchate nicht nur »im Trend liegt«, etwa dem wachsenden Interesse am »bon sauvage« und an okkult-mysteriösen Bereichen, sondern daß das Bild frauenbewegungsinterne Abwehr- und gleichzeitig Entthematisierungsfunktionen erfüllt und erfüllte.

2.2.2. ERSTE ANNÄHERUNGEN (BIS 1976/77)

DARSTELLUNG

Mit der Wiederentdeckung zweier Autorinnen der zwanziger Jahre dieses Jahrhunderts begann die feministische Matriarchatsdebatte.

1973 wurde in einem Raubdruck das Werk Mathilde Vaertings »Frauenstaat — Männerstaat« vom Frauenzentrum Berlin wiederveröffentlicht.[43] Vaerting vertritt die These, daß bis auf die biologischen Unterschiede der Geschlechter keine natürlichen Geschlechtsunterschiede existieren. Alle Differenzen, die festgestellt werden könnten, seien die Konsequenz der unterschiedlichen Machtverhältnisse zwischen Männern und Frauen und daher über geschlechtsspezifische Sozialisation erworben.

»Die eingeschlechtliche Vorherrschaft weist dem herrschenden Geschlecht stets die gleiche Stellung an, ob es weiblich oder männlich ist. Dadurch aber, daß einmal der Mann, einmal die Frau herrscht, erscheinen die Verhältnisse, die, an sich genommen, gleiche Gestaltung zeigen, durchaus umgekehrt.«[44]

Vaerting entwickelt eine »Pendeltheorie« der weltgeschichtlichen Machtverschiebung zwischen den Geschlechtern. Das heißt, die Machtverhältnisse innerhalb ein und derselben Gesellschaft könnten sich zugunsten des unterdrückten Geschlechts verändern, wenn die Machtvollkommenheit des einen, herrschenden Geschlechts zu extrem werde. Mit dem Machtwechsel verbunden sei auch der Wechsel der primären Eigenschaften der Geschlechter.[45] Vaerting, wie auch Diener-Eckstein, die Vaertings Pendeltheorie mit dem simplen Argument anzweifelte, daß bisher keine Beweise für die Aufhebung einer einmal institutionalisierten Männerherrschaft gefunden worden waren[46], beschreiben hochentwickelte Kulturen — wie etwa Kreta und Ägypten — als unter Frauenherrschaft stehend.

An Diener-Ecksteins Ausführungen interessierte zusätzlich noch ihre Schilderung der Amazonen, die als Zwischenstufe vom Mutterrecht, der extremen Ausprägung des Lebens in Immanenz, zum Vaterrecht, der Revolution der Söhne, gesehen wurde. Die moralischen Grundsätze der Amazonen werden wie folgt geschildert: *»immer auf Ehe verzichten, kein männliches Kind aufziehen, über alles die Herrschaft des Mannes fürchten, daher ohne seelische oder sinnliche Bindung den Geschlechtsakt wahllos mit einem zufälligen Fremden, nur um der Fortpflanzung willen, üben, jeden Tag in Schweiß und Gefahr sich die Mahlzeiten selbst erarbeiten oder erjagen, nur den Befehlen derer folgen, die durch Wahl oder königliche Abstammung auf den Thron gelangt sind.«*[47]

BESPRECHUNG

Diese Ausführungen der beiden Forscherinnen stimmten genau mit den Interessen der Feministinnen der siebziger Jahre überein. Es waren damit Beweise geliefert dafür, daß Frauen stark und mächtig sein konnten, daß Geschlechtsunterschiede sozialisatorisch bedingt sind, daß Frauen auch über hochentwickelte Kulturen geherrscht hatten und daß sie sehr wohl in der Lage gewesen waren, sich selber zu verteidigen und von Männern unabhängig zu sein.[48] In diesem Zusammenhang kann gesagt werden, daß die erste Funktion von Matriarchaten darin bestand, Argumentationshilfe zu sein.

Ich habe oben beschrieben, daß die autonome Frauenbewegung in ihren Anfängen durch die Abgrenzungsdiskussion zur Neuen Linken wesentlich mitbestimmt war. Die Emotionalität, mit der gerade Vaerting gegen Engels und Bebel und deren Mutterrechtstheorien ins Feld geführt wurde, scheint diese Problematik — auf die theoretische Ebene verlagert — widerzuspiegeln. Damit könnte als zweite Funktion des Aufgreifens von Matriarchaten die mögliche Distanzierung von den »Vätern« der Neuen Linken mit Hilfe der »Mütter« gesehen werden.[49]

Psychodynamisch gesehen erscheint dieses erste Aufgreifen des Bilds »Matriarchat« als Übergangsphänomen im Sinne Winnicotts.[50] Das Übergangsphänomen, das der Vermittlung äußerer und innerer Realität dient, ist am Beispiel des Matriarchats einerseits äußere Realität (da es bereits einmal existiert hatte, also real nachweisbar ist und damit die dadurch symbolisierten Verhaltensweisen und Eigenschaften) und andrerseits innere Realität (weil die Eigenschaften zwar angestrebt, aber noch nicht als reale Persönlichkeitsanteile wahrgenommen werden können). Der intermediäre Erfahrungsbereich »Matriarchat« diente also sowohl der Illusion als auch der vorstellbaren Realisation der starken und mächtigen Frau — mit weitreichenden gesellschaftlichen Funktionen; und er war notwendig geworden durch die emotionale Unsicherheit diesbezüglich und die bereits teilweise Infragestellung dieses Bilds.[51]

2.2.3. MATRIARCHAT UND KULTURELLER FEMINISMUS

2.2.3.1. »DAS BEFREIENDE LACHEN« ODER: »AM ANFANG WAR DIE FRAU«

DARSTELLUNG

Die nun folgenden Beiträge gehören insgesamt der Bewegung des Kulturellen Feminismus an, sollen jedoch getrennt behandelt werden, weil dadurch die zeitbedingten inhaltlichen Verschiebungen und die unterschiedlichen Herangehensweisen an das Thema Matriarchat ersichtlich werden können.

1977 wurde Elizabeth Gould Davis' Buch »Am Anfang war die Frau« ins Deutsche übersetzt, gleichzeitig mit der Schwerpunktverschiebung innerhalb der Frauenbewegung, mit dem Auftreten der »Neuen Weiblichkeit«.[52] Davis' zentrale These ist, daß die Frau die Kulturbringerin war, daß sie aufgrund ihrer natürlichen Überlegenheit zur Göttin und zur weltlichen Regentin bestimmt sei: »Die Männer konnten nicht anders als glauben, daß die Frau dem Göttlichen näher war als der Mann und daß sie ein besseres Verständnis der Naturgesetze besaß, von Gesetzen, die seine schwächere Auffassungsgabe verblüfften und ihn von der Frau als Vermittlerin zwischen den Menschen und zwischen Menschen und Gottheit abhängig machte. ›Die Frau übt Gerechtigkeit unbewußt, aber vollkommen sicher. Sie ist von Natur aus gerecht und weise.‹«[53] Im Gegensatz zur ethisch hochstehenden Frau ist das Bild des Mannes der Vorzeit weniger schmeichelhaft: »Tatsächlich zogen die Frauen den wild um sich schlagenden und schreienden Mann aus dem Zustand der Wildheit in die Neusteinzeit.«[54]

Diese grundsätzliche »Richtigstellung« des natürlichen Verhältnisses der Geschlechter zueinander wird von Davis auf verschiedensten Argumentationsebenen — von biologistischen Vorurteilen beziehungsweise durch Verzerrung realer Fakten[55] über an Däniken gemahnende Ansätze einer aus dem All kommenden Herrenrasse, welche die Jungfrau Maria auf Erden zurückläßt[56] und relativ willkürliche Neuinterpretationen der Mythologie, Archäologie und Anthropologie — verfolgt. Ihren Aussagen mißt sie die Bedeutung einer Wahrheit zu, die eine »kognitive Minderheit« immer um ein oder zwei Generationen vor deren gesellschaftlicher Akzeptierung erfasse: »Die kognitive Minderheit ist eine Gruppe von Menschen, deren Weltanschauung sich wesentlich von der in der Gesellschaft allgemein für selbstverständlich gehaltenen Auffassung unterscheidet.«[57]

BESPRECHUNG

Davis' Werk wurde insgesamt beinahe euphorisch aufgenommen: »Elizabeth Gould Davis zeigt mit Mut und Witz das ungeheuerliche Ausmaß der patriarchalen Geschichtsfälschung auf, und läßt uns nach einer Reise durch die Vergangenheit, Gegenwart und Zukunft verändert und mit einem befreienden Lachen zurück.«[58] Distanzierungen bezogen sich meist auf Einzelaspekte — etwa den Zitierstil — oder hatten die Form eines Kompromisses — »Sie schlüpft in die Rolle der Märchenerzählerin eines eroberten Volkes, die die Legenden der Vergangenheit rezitiert und wieder in Erinnerung bringt, daß die Mütter einst Königinnen und Göttinnen waren, starke und mutige Anführerinnen.«[59] — und dienten eher der Fixierung ihrer Aussagen als der kritischen Reflexion. Hier wird nun eingeleitet, was die nächsten Schritte der feministischen Auseinandersetzung mit Matriarchaten sein werden: in erster Linie Rekurs auf Phantasie und »märchenartige Traumwelten«.[60]

Inhaltlich stellt Davis die Frauen beziehungsweise die Mütter an den »natürlichen« Platz und definiert Männer als Geschöpfe, die sich unrechtmäßig in den heutigen Machtpositionen befinden. Im Grunde sind sie Mutationen des weiblichen Geschlechts, das »kleine und verdrehte Y-Chromosom (ist) ein genetischer Irrtum«[61]. Mit Davis »im Handgepäck« sozusagen fordern nun Feministinnen, daß Männer sich ihrer Position als Geschöpfe besinnen und diese als ihnen adäquate akzeptieren: »Sie haben keine lebensspendende Kraft: sie befinden sich gesellschaftlich auf dem falschen Platz. (...) Wir erwarten nicht, daß sie auf dem Bauch kriechen, sie sollen nur im Kopf behalten, daß sie Geschöpfe sind.«[62]

Mit dieser Argumentation wird die aktuelle gesellschaftliche Machtverteilung als weltgeschichtlicher Irrtum herausgestrichen. Von »Natur aus« müßte alles ganz anders sein. Damit wird die Frauenbewegung zum Anwalt der Natur, sie arbeitet an der Richtigstellung naturhafter Verhältnisse. Demgegenüber möchte ich mit Caruso betonen: »Hier liegt anscheinend die Wurzel des *menschlichen Paradoxons*. Das spezifisch angeborene Schema des menschlichen Verhaltens, gleichsam das ›natürliche‹ Schema — besteht *paradoxerweise* darin, daß der Mensch (für sich selbst und für die Mitmenschen), nie in einem ›natürlichen‹, sondern immer in einem ›kulturellen‹, ›gesellschaftlichen‹ Zustand zugänglich ist. So trägt die Natur des Menschen das Kennzeichen, *unnatürlich* zu sein, denn die ›Natur ist keineswegs die natürliche Welt des Menschen; (...)‹«[63] Hier liegt also der erste Ansatz des feministischen Mythos vom Matriarchat, der eigentlich ein utopischer Kampfbegriff sein sollte.[64] Denn das Wesen, das erste Prinzip des Mythos ist es, »Geschichte in Natur«[65] zu verwandeln und damit, wie Barthes es ausdrückt, »eine Welt ohne Widersprüche, weil ohne Tiefe, eine in der Evidenz ausgebreitete Welt, (...) eine glückliche Klarheit« zu begründen.[66]

Wenn das befreiende Lachen, das ich oben zitierte, in Betracht gezogen wird zu dieser Richtigstellung und Aufdeckung des Irrtums, so ergibt sich der Eindruck einer Spannung, die durch Davis' Buch gelöst werden und im Lachen abgeführt werden konnte.[67] Die »verpönte Vorstellung«, für die vorher die Besetzungsenergie verwendet wurde und die nun offenbar ist, scheint die Vorstellung der mächtigen Frau, der Frau als Regentin und Göttin zu betreffen. Daß diese Problematik, die seit Beginn der Frauenbewegung im Zentrum der Auseinandersetzungen steht, nun in die Natur (und gleichzeitig in die Mutterschaft) verlegt wird, scheint ein weiteres Indiz dafür zu sein, daß dieses Bild und vor allem dessen Realisation gegen die Widerstände gesellschaftlicher Institutionen zu bedrohlich ist, als daß es ohne Verzerrung wahrgenommen und akzeptiert werden könnte — und damit eingefordert ohne Einschränkungen als gesellschaftliche Praxis.

Davis' Arbeit, die das »›O möchte doch‹ — durch ein: Es ist«[68] ersetzt und den Wunsch zur Realität erklärt hatte, wobei der Widerstand der kritischen Realitätsprüfung des Ichs durch Pseudowissenschaftlichkeit umgangen wurde[69], schuf eine alle Ängste und Widersprüche auflösende — das heißt hier: naturalisierende — Theorie und entthematisierte dadurch die oben angesprochenen konfliktträchtigen Bereiche. Das befreiende Lachen bedeutet hier Rückzug aus der konkreten Gesellschaftsanalyse. Konnte die erste Phase der feministischen Matriarchatsdebatte noch als Übergangsphänomen betrachtet werden, wobei die Vermittlung innerer und äußerer Realität angestrebt wurde, so bahnt sich hier bereits der Rückzug aus der »äußeren Realität«, das heißt aus der Auseinandersetzung mit patriarchalen Institutionen, an.

2.2.3.2. DIE GYNOZENTRISCHE WELT UND DIE VEREHRUNG DER GÖTTIN

2.2.3.2.1. IM HISTORISCHEN BEREICH

DARSTELLUNG

Die Tendenz, die sich mit der Akzeptierung des Werks von Davis ankündigte, entfaltet sich in der weiteren Auseinandersetzung mit Matriarchaten. Projektionen von Wünschen und Phantasien gestalten die nun folgenden Konzepte, die in erster Linie auf Mythenanalysen beruhen. Wobei Mythen meist als reale Abbildungen früherer — genauer: matriarchaler Kulturen gesehen werden und in deren wahrer Essenz in die gegenwärtige Praxis integriert werden sollen: »*Recognizing myth as ›the pattern to which growth may aspire‹, we value its power as a spiritual force. It offers multi-faceted answers to ›What is our true nature?‹ ›What is possible?‹*«[70] Bei den Mytheninterpretationen macht sich eine gewisse Abschottungsstrategie bemerkbar: Mythen, die vom deskriptiven Gehalt her nicht in das Deutungsschema integrierbar sind, werden als patriarchale Verzerrungen des ursprünglich »echten Mythos« gesehen.[71]

Gleichzeitig wird meist der Begriff »matriarchal« durch »gynozentrisch«[72] ersetzt, denn die Suche nach einem in historischer Zeit existierenden und damit überprüfbaren Matriarchat lenke ab von wesentlicheren Bereichen: der Entdeckung der Verehrung der Frau in frühester Zeit, ihrer Verehrung als Mutter und Schöpferin, dargestellt in frühesten Figurinnen, in Schöpfungsmythen, die die reproduktive Fähigkeit der Frau betonen. Die Bedeutung dieser Verehrung (aus heutiger Sicht) schildert Rich: »Versuchen wir uns einen Moment lang vorzustellen, welches Selbstgefühl das Leben inmitten solcher Bilder einer Frau geben mußte. (...) Sie sagten den Frauen, daß ihnen Macht, Ehrerbietung und Zentralität von Natur aus zu eigen sind und nicht auf Grund von Wundern oder Privilegien.«[73]

In scheinbarem Gegensatz zur Absage an historische Forschung steht die Suche nach Wahrheit, die dieselbe Autorin ausdrückt: »Der Wunsch nach einer eindeutig bestätigten Vergangenheit, die Suche nach einer Tradition der weiblichen Macht, entspringt auch dem intensiven Bedürfnis nach Wahrheit.«[74] Wobei Wahrheit aber bereits definiert ist: die weibliche Biologie soll als Quelle der sozialen und politischen Macht bewiesen werden.[75] Wahrheit wird also gefordert gegenüber der »patriarchalen Lüge«[76], nicht aber innerhalb des Systems des Kulturellen Feminismus. Die hier anerkannten Wahrheiten werden nicht mehr hinterfragt; Rückbezug auf sozio-ökonomische Verhältnisse etwa, soweit erschließbar, ist nicht die Aufgabe der »weiblichen Spiritualität« — weder im historischen noch im gegenwärtigen Kontext. Denn per definitionem gibt es keinen sozio-historischen Kontext weiblicher Entwicklung, da die weibliche Evolution unterbrochen wurde durch die Machtübernahme des Patriarchats. Erst jetzt, mit dem Aufkommen des Kulturellen Feminismus, knüpfen die Frauen wieder an ihre Evolution an: »Es ist, als seien wir aus einem langen Exil nach Hause gekommen.«[77] Oder anders ausgedrückt: »Living under patriarchy, then, women have had to cope with prevailing attitudes that are alien to us.«[78]

Die Macht der weiblichen Biologie wird in kosmische Dimensionen transzendiert beziehungsweise dort scheinbar repräsentiert durch die Göttinnen- und Mond(innen)verehrung wiedergefunden. Es entwickelt sich eine gewisse »Neo-Religiosität«. Die Hauptinteressenspunkte in bezug auf kosmische und mythische Darstellungen des Weiblichen sind die drei Aspekte der Göttin und das Herosprinzip[79] einerseits und die Eleusinischen Mysterien mit der Inszenierung des Demeter-Kore-Mythos andrerseits[80]. Die drei Aspekte der Göttin, die die drei Phasen des weiblichen Lebens repräsentieren und analog den drei Phasen des Mondes gesehen werden, werden auch im Jahreszeitenzyklus wiedergefunden. »Da der Jahresablauf der Sonne in ähnlicher Weise an den Anstieg und Abfall ihrer Kräfte erinnert — Frühling das Mädchen, Sommer die Nymphe und Winter das alte Weib — wurde die Göttin mit den jahreszeitlich bedingten Veränderungen in Tier- und Pflanzenreich identifiziert.«[81] Die Transzendierung der weiblichen Reproduktionsfähigkeit bedeutet »die kreative Fähigkeit überhaupt« und die kosmische Kraft der Integration.[82] Das »männliche Prinzip«, das ebenfalls kosmische Dimensionen hat, wird symbolisiert durch die Sonne und ist nur in Verbindung mit der dreigestaltigen Göttin denkbar.[83] »Denn die matriarchalen Religionen sind Bilder, die Frauen sich zur Weltdeutung schufen. Mit ihrem zweiseitigen Göttin-Heros-Aspekt, welcher in keine Verabsolutierung des einen oder anderen verfällt, verhelfen sie uns zu einer neuen, doppelten Selbstidentifikation. Dies ist ein erlösendes Erlebnis, denn es bricht den Bann unserer patriarchalen Verbannung aus der Welt. In diesem Sinne können die Göttin und ihr Heros für uns eine utopische Leitidee sein.«[84]

Der zweite Schwerpunkt, den ich oben ansprach, ist die Bezugnahme auf die Eleusinischen Mysterien, die den Mythos vom Raub der Kore Persephone durch Hades von ihrer Mutter Demeter, sowie deren Klage um ihre Tochter und das »Arrangement«, daß Persephone die eine Hälfte des Jahres bei ihrer Mutter und die andere bei ihrem Mann bleibt, zum Inhalt haben. Diese enge Beziehung zwischen der Mutter und der Tochter gegen den »Eindringling«, den Mann, wird vor allem von Lesben als mythisches Vorbild der idealen Mutter-Tochter-Beziehung gesehen. Sie ist das Paradigma der gynozentrischen Zeit vor dem »Urakt von Frauenmord«, der »Urverstümmelung«, der »ontologische(n) Trennung der Mutter von der Tochter, der Tochter von der Mutter, der Schwester von der Schwester.«[85] Denn dieser Mythos verkörpert den »psychologischen Urtyp der Wiedervereinigung von Frauen. (...) Persephone ist die ursprüngliche Jungfrau. Ihre Rückkehr zur Mutter ist die Rückkehr zur Mutter ihrer ursprünglichen

Jungfrauenschaft, ihrer Ganzheit, ihrer Integrität als Frau oder als totales Wesen.«[86]

Gemäß der im Kulturellen Feminismus praktizierten Verschränkung biologischer, kosmischer und mythologischer Argumentation findet sich die Idee des »verhinderten Eindringlings« auch auf biologischer Ebene wieder: »Die frühen matriarchalen Zivilisationen entwickelten sich sicher aus einem einst reineren Zustand, in dem die Menschheit eingeschlechtlich war — männlich und weiblich vereint in einem einzigen, sich selbst verewigenden weiblichen Körper. (...) Wenn der Mann tatsächlich eine spätere Mutation von einem ursprünglich weiblichen Lebewesen ist, dann könnte die uns nun einleuchtende frühere gesellschaftliche Entwicklung vom Matriarchat zum Patriarchat die jetzige feministische Revolution zu einer verständlichen instinktiven Reaktion in der evolutionären Bestimmung zur (Wieder-)Vereinigung machen.«[87] Die im Mythos vorgebildete Idee der Mutter-Tochter-Beziehung wird zur Beschwörung der »Tochterzellen«[88] und zur Vorstellung der Frauenbewegung als »Tausende von Zellen, die herausfinden, daß sie ein Körper sind«[89] verwandelt.

BESPRECHUNG

Die Übernahme dieser in den USA bereits längere Zeit zentralen Gedanken erfolgte im deutschsprachigen Raum erst ab 1978/79. Dies betone ich deshalb, weil dem der Selbsterfahrungsboom, das Scheitern vieler Projekte der Neuen Frauenbewegung und die »Neue Weiblichkeit« als erster Rückzug aus der Konfrontation mit den patriarchalen Institutionen voranging.[90]

Der Rückzug, der Wandel war bereits in der Rezeption von Davis bemerkbar, nun aber konstituiert sich ein anderes, neues Bild. Auf die »Pseudowissenschaftlichkeit« einer Davis, die ein paar Jahre zuvor noch notwendig gewesen war, um kritische Ichfunktionen auszuschalten, kann nun bereits völlig verzichtet werden. Geschichtsforschung als theoretische Disziplin wird ersetzt durch die Vereinigung von Theorie und Praxis, das heißt durch erahnte, erfühlte, aus dem »kollektiven Unbewußten«[91] erinnerte Geschichte, inszeniert in Ritualen, um auf kollektivem Wege Frauengeschichte zu (er-)finden. »Herstory« wird nun gleichgesetzt mit unterbrochener Evolution, und die gegenwärtige Besinnung auf Frauenvergangenheit wird erklärt als genetische Mutation, wobei die »wirklichen« Inhalte der Vergangenheit in scheinbar kosmischen Mythen erhalten blieben. Frauengeschichte wird daher behandelt als eine Tradition, die keinem historischen Prozeß unterlag, sie erscheint in dieser Darstellung als statisches Bild. Ein scheinbares Paradoxon? Dennoch findet gerade hier Bovenschens Warnung vor der Gefahr der Vernachlässigung der Geschichte der weiblichen Geschichtslosigkeit[92] Gestalt — letztere wird verwandelt in außer-historische Ereignisse und als »Makro-Mutation«[93] aufgehoben.

Genau dies ist auch das Prinzip des Mythos, das bereits bei der Aufnahme von Davis erwähnt wurde: die Mystifikation weiblicher Geschichte und gleichzeitig Geschichtslosigkeit verläßt den Bereich der anschaulichen Essenzen nicht — historischer Mythos als unvermitteltes Abbild einer Kultur; Kultfigurinnen als Abbild und Ausdruck weiblicher Macht in einer Kultur.[94] Das heißt, sowohl der historische Mythos wird remystifiziert, indem ihm Bedeutungsgehalte zugeschrieben werden, die eindeutig aus dem aktuellen Lebenszusammenhang stammen und damit als Projektion bezeichnet werden können[95], als auch weibliche Geschichte wird jenseits reflexiver Auseinandersetzung und Forschung als statische Wesenheit (neuerlich) mystifiziert. Die Vermittlung, die Brechung zwischen Gegenstand und dessen Bedeutung, zwischen Subjekt und Objekt, zwischen historischem Ereignis und Mythos, die reflexive Identitätsbestimmung weicht der Seinssetzung in Natur und Ewigkeit — unveränderlich, scheinbar »kosmogenetisch«[96] bestimmt. »Der Konkretismus der Seinssetzung entspricht einer infantilen Entwicklungsstufe des individuellen Bewußtseins, auf der Subjekt- und Objektrepräsentanzen noch nicht ausdifferenziert sind.«[97] Diese »Seinssetzung« — hier beschränkt auf den historischen Bereich — findet ihr Pendant auf umfassendster Ebene in der »Systembildung« des Kulturellen Feminismus.

Diese Systembildung, die die Wahrheitssuche bestimmt — als geforderte Wahrheit gegen »außen«, nicht jedoch innerhalb des Systems — beruht ebenso auf essentiellen Dichotomien, auf der unvermittelbaren Spaltung von »männlich-nekrophil« und »weiblich-biophil«[98]. Verständnis und Verständigung zwischen beiden Prinzipien kann es nicht geben.[99] Auch auf Systemebene wiederholt sich die fehlende Ausdifferenzierung von Subjekt und Objekt. Die radikale Abspaltung und »Fäkalisierung« der »väterlich-nekrophilen« Welt mit gleichzeitiger Idealisierung der mütterlichen verzerrt die Realitätswahrnehmung, daher die Wahrheitssuche und ist — an dieser Stelle pauschal gesagt[100] — Konsequenz einer schlecht integrierten Ich-Identität beziehungsweise einer durch noch konkret zu bestimmende »widrige« Umstände provozierten Regression in archaische Wahrnehmungsformen. Die Wahrheitssuche, die die Tradition der weiblichen Macht eruieren soll, bewegt sich in dem dichotomen Schema (überspitzt formuliert): »Weiblich ist, was gut ist.« Und auf Matriarchatsforschung umgelegt: »Matriarchal ist, was gut ist.«

Ich möchte das eben Gesagte anhand eines Beispiels exemplifizieren: Sjöös Anliegen ist es zu beweisen, daß »Alles was in der Kunst der Griechen anmutig und schön ist, (...) sie von den frühen Kretern gelernt (haben)«[101]

Um die »frühen Kreter« als Paradigma einer hochentwickelten matriarchalen Kultur, als Wiege der griechischen Zivilisation beweisen zu können, kommt es zu massiven geographischen und zeitlichen Verschiebungen und Verlagerungen: »Die eleusinischen Mysterien waren im frühen Kreta in heiligen Hainen streng im Geheimen ausgeübte Riten.«[102] Das patriarchale Babylon findet sich plötzlich in Griechenland wieder — als aggressiver Gegenpol zum friedlichen Kreta, und das Gebirgsmassiv Cithaeron (Citheron), in dem Kultriten zu Ehren der Großen Göttin/Mutter — das heißt also Fruchtbarkeitsrituale — veranstaltet wurden, findet sich nun ebenfalls auf Kreta. Abgesehen von der zeitlichen Differenz zwischen den einzelnen beschriebenen Ereignissen, die solch eine unvermittelte Gleichsetzung nicht zulassen, sind die geographischen Fehlangaben gravierend.[103]

Die historische Forschung — soferne sie überhaupt noch historische Angaben macht — steht also in erster Linie unter dem Primat des Wunsches, der Illusion: »Wir heißen also einen Glauben eine Illusion, wenn sich in seiner Motivierung die Wunscherfüllung vordrängt, und sehen dabei von seinem Verhältnis zur Wirklichkeit ab, ebenso wie die Illusion selbst auf ihre Beglaubigungen verzichtet.«[104] Im weiteren haben damit die feministischen Aussagen zu Matriarchaten den Charakter religiöser Vorstellungen, die eben nicht das Ergebnis von Denkprozessen, sondern der Sehnsucht nach einer Wunscherfüllung sind.[105] Dem entspricht auch die Transzendierung der historischen Forschung und von deren Inhalten in den kultisch-religiösen Bereich, wie dies bei Göttner-Abendroth und Daly zum Beispiel sichtbar wird. Sowohl die Darstellung des Göttin-Heros-Prinzips als auch diejenige der Eleusinischen Mysterien greift die Themen auf, die in früheren Phasen der Matriarchatsdebatte bereits angesprochen wurden und verlagert sie in kosmische und religiöse Bereiche. Weiters wird nun nur noch pauschal von »matriarchalen Zivilisationen« oder »gynozentrischen Kulturen« gesprochen. Diese werden nicht mehr auf konkret definierbare und überprüfbare historische Gesellschaften bezogen, stehen gewissermaßen jenseits von Zeit und Raum.

Für die Besprechung des historischen und gesellschaftlichen Zeitpunktes, an dem die Systembildungen nach dem Prinzip der Illusion kollektiv bedeutsam wurden, erscheint mir Erdheims und Maya Nadigs Konzept des »sozialen

Todes« wesentlich: »Der soziale Tod ist jener Prozeß, in welchem die sozialen und kulturspezifischen Rollen zerfallen, die unbewußten Werte und Identitätsstützen ins Wanken kommen und damit auch die diesen Verhältnissen angepaßten Wahrnehmungsformen.«[106]

Dem Erleben des sozialen Todes stehen zwei mögliche Entwicklungsformen offen: die Wahrnehmung ist nicht mehr an die ehemals verinnerlichten gesellschaftlichen Tabus gebunden, es können neue Wahrnehmungsformen gefunden werden. Dies wäre die dem Erleben des sozialen Todes innewohnende utopische Möglichkeit. Um sie zu verwirklichen, ist jedoch bewußte Trauerarbeit notwendig, die die verworfenen Ideale und Objektbeziehungen in ihrer Ambivalenz erkennt und akzeptiert. Dies führt dann zu einer, durch den sozialen Tod und die vorübergehende Ichverarmung durch den Rückzug der libidinösen Besetzung des Ichideals weitestgehenden Integration der freigesetzten Größen- und Allmachtsphantasien und zu einer bewußteren Realitätswahrnehmung. Kann diese Trauerarbeit aber nicht geleistet werden und können die Größenphantasien nicht in gesellschaftlich sanktionierter Form — etwa über Teilnahme an Machtpositionen — auf sublimierte Art und Weise ausgelebt werden, besteht die Gefahr einer aus der narzißtischen Position heraus verzerrten Realitätswahrnehmung, die in erster Linie von der Abwehr der Wahrnehmung des bedrohlichen Ich-Verlusts, der inneren Leere — durch das Auseinanderklaffen von Ich und Ichideal — bestimmt ist.[107] Mögliche Abwehrformen des sozialen Todes sind nach Erdheim und Maya Nadig »Elitarismus, Exotik, Melancholie«.[108]

Feministinnen erfuhren den »sozialen Tod« durch die völlige Infragestellung der gesellschaftlich akzeptierten Rolle und Identität der Frau einerseits und durch die relativ machtlose Position gesamtgesellschaftlich andrerseits. Die Forderung nach der »ganz neuen Frau«[109], die ihre Identifikation mit dem Unterdrücker und ihre introjizierten repressiven Normen und Werte überwinden konnte, sollte in Frauenselbsterfahrungsgruppen verwirklicht werden. Diese zeigten jedoch früh die Tendenz, Ambivalenzen eben nicht zu verarbeiten — zum Beispiel in bezug auf das Bild des Mannes oder in bezug auf Stärke und Schwäche der Frau — sondern regressive Ideale zu fördern, die die Gruppenmitglieder durch die zwar freigesetzten, aber nicht mehr durchgearbeiteten Scham- und Schuldgefühle noch enger an die »gewährende« Gruppe banden.[110] Sowohl die Aufspaltung der Welt in männlich und weiblich, also eine extreme Dichotomisierung und ein Freund-Feind-Schema als auch die dazugehörenden psychischen Abwehrmechanismen Idealisierung und Projektion sind die Konsequenz eines Gruppenprozesses, der auf der Illusion der Heilung der narzißtischen Wunden durch die »allmächtige« Gruppe der Gleichen besteht.[111]

Die freigesetzten Größenphantasien konnten ebensowenig in politischer Arbeit kanalisiert und sublimiert werden, weil diese einerseits durch sich verschärfende restaurative Tendenzen des gesamtgesellschaftlichen politischen Klimas (Terrorismusbekämpfung) schwieriger wurde und andrerseits durch die Regression auf das »Körper-Ich«[112] auch innerhalb der Frauenbewegung in einem Circulus vitiosus gefangen war.

Die »bio-mystische« Ausformung dieser Gruppenprozesse findet sich in der Rezeption der Eleusinischen Mysterien und des Göttin-Heros-Mythos. Die Vorstellung eines »einzelligen Frauenkörpers« der Frauenbewegung, die natürlich auch verleugnete ödipale Komponenten hat, die hier noch nicht beachtet werden können, wird von Chasseguet-Smirgel für eine andere Gruppensituation sehr treffend charakterisiert: »Die Mitglieder der Gruppe gleichen allmählich Ameisen oder Termiten, und dieser Verlust der persönlichen Eigenarten ist umso notwendiger, als der Verlust zur Homogenisierung der Masse in ihrer Gesamtheit beiträgt. Sie erlaubt so jedem Mitglied, sich nicht als ein undifferenziertes winziges Teilchen in einer großen Gesamtheit zu fühlen, sondern sich im Gegenteil mit einer globalen Gruppe zu identifizieren und sich dadurch ein allmächtiges Ich, einen kolossalen Körper zuzuschreiben.«[113]

Für die feministische Matriarchatsdebatte heißt das, daß sie erstens die Prozesse der Neuen Frauenbewegung widerspiegelt, durch sie strukturiert wird (Inhalte und Art der Behandlung) und daß sie zweitens diese Prozesse durch den mystifizierenden Rekurs auf kosmische, mythologische und biologische Bereiche fixiert und deren illusionären Charakter scheinbar aufhebt.

2.2.3.2.2. »GYNOZENTRISCHE« KULTUREN ALS UTOPISCHES MODELL DER GEGENWART

Das Nachlassen des Interesses an der historisch nachweisbaren und damit nachprüfbaren Existenz von matriarchalen Kulturen korreliert mit dem wachsenden Bewußtsein, die mythischen Vorbilder weiblicher Existenz und Realitätsdefinition in die Gegenwart zu integrieren, sie den Frauen als utopisch-konkretes Potential zugänglich zu machen: »It is, therefore, important to stress that, contrary to many assumptions, feminists are viewing the idea of matriarchy as a complex one and that their creative use of matriarchy as *vision* and *ideal* would in no way be compromised if suddenly there were »definite proof« that few matriarchies ever existed. (...) In either case, the feminist movement is giving birth to *new* Amazons, (...).«[114]

Die eben besprochene feministische Auseinandersetzung mit historischen Matriarchaten wird also erst dann vollständig gezeichnet, wenn sie deren erstrebte Integration in das gegenwärtige Leben und Denken miteinbezieht. Die wesentlichsten Momente, die nun gewissermaßen als matriarchal-feministische Lebenspraxis zum Tragen kommen, betreffen:
a) eine neue Realitätsdefinition und Versuche neuer, spezifisch weiblicher Alltagsgestaltung und

b) aufbauend auf dieser, neue — beziehungsweise alte, das ist: matriarchale — Formen von Beziehungen unter Frauen als auch von Beziehungen von Frauen und Männern, deren mythisches Vorbild einerseits die Amazonen und die Eleusinischen Mysterien mit dem Demeter-Kore-Mythos und andrerseits die Göttin-Heros-Struktur darstellen.
c) Zusätzlich zu diesen, einander wechselseitig stark beeinflussenden Tendenzen, werden auch die Versuche einer Enttabuierung weiblicher Körperfunktionen in matriarchaler Begrifflichkeit gefaßt.

Dieser Komplex sei hier nur der Vollständigkeit halber angeführt. In Kap. 4 werde ich versuchen, diese Integration des matriarchalen Bewußtseins und matriarchaler Praxis in die gegenwärtigen Lebenszusammenhänge der Feministinnen — beziehungsweise konkretisiert: des Kulturellen Feminismus[115] — detailliert darzustellen und zu analysieren.

2.3. ZUSAMMENFASSUNG

Die Verfassung der Neuen Frauenbewegung läßt sich mithin an ihrem Umgang mit dem Thema »Matriarchat« ablesen. Wie bei der allgemeinen Matriarchatsforschung[116] zeichnet sich auch bei Feministinnen die Kluft zwischen den Vertreterinnen eines eher wissenschaftlichen Ansatzes, bei dem versucht wird anhand von Daten und Fakten zu Aussagen über Matriarchate zu gelangen, und den Vertreterinnen des Kulturellen Feminismus, die die »Idee« oder auch den »Mythos« vom Matriarchat forcieren, ab. Letztere sind gerade seit dem angesprochenen Paradigmenwechsel in der Überzahl.

Die »Idee« vom Matriarchat, das vorbegriffliche Verhältnis dazu, entwickelte sich im Zusammenhang mit den allgemeinen Tendenzen der Neuen Frauenbewegung. Diente sie anfangs als Übergangsobjekt, dessen Funktion die Vermittlung von

Wunsch und Realität war, so ließen sich mit ihr bald die Macht- und Geschlechtskonflikte mystifizieren. Matriarchat, beziehungsweise das, was jeweils darunter verstanden wurde, wurde gleichgesetzt mit »Natur«, die Bemühungen der Frauenbewegung waren gedacht als Richtigstellung naturhafter Verhältnisse. Der nächste Schritt, der Matriarchaten zwar weitreichende ideelle Bedeutung, dafür aber keinerlei konkreten Raum- und Zeitbezug einräumte und insgesamt Geschichte als Prozeß zugunsten naturnotwendiger Evolution aufhob, der es sich damit ermöglichte, Zeitdifferenzen als unwichtig auszulassen und somit Matriarchat als menschheitsgeschichtliche beziehungsweise frauengeschichtliche Konstante bestimmen konnte, ermöglichte nicht nur die Mystifikation von Macht- und Geschlechterkonflikten, sondern deren scheinbare Aufhebung in einem neuen System der Realitätsdefinition. Das Konzept des »sozialen Todes« als psychischer Verarbeitung konkret-politischer und gesellschaftlicher Verhältnisse wurde beschrieben als Wendepunkt für viele Gruppen innerhalb der Neuen Frauenbewegung. Die Freisetzung der Größenphantasien und die Etablierung eines regressiven Ich-Ideals, das nicht auf der Grundlage der Bearbeitung der Scham- und Schuldgefühle, sondern aufgrund deren kollektiver Ignorierung entstanden war, entwickelte durch den weitestgehenden Rückzug aus der Konfrontation mit den »machtvollen« Institutionen eine damals noch unabsehbare Eigendynamik, in deren Zentrum die Illusion einer neuen Realität, einer mächtigen gynozentrischen Gesellschaft stand.

3. MYTHOS UND MUTTERRECHT: DIE QUELLEN DER FEMINISTISCHEN MATRIARCHATSDEBATTE

3.0. EINLEITUNG

Bei der traditionellen Matriarchatsforschung ist zu unterscheiden zwischen dem weltanschaulich-philosophischen Interesse an Matriarchaten, das bisher im wesentlichen von zwei Hauptströmungen — einerseits von Denkern, die der romantischen und hierbei in erster Linie der anti-aufklärerischen Linie zuzurechnen sind und andrerseits von sozialistischen Autoren, die ein Gegenmodell zur herrschenden Staats- und Produktionsordnung zu finden hofften — getragen wird, und der ethnologischen und archäologischen Forschung, die primär von Fakten ausgehend versucht, Organisationsprinzipien früher und fremder Kulturen zu verstehen und hierbei auf die sozial bedeutsame Rolle der Mutterschaft in vorindustriellen Kulturen stieß. Auffällig ist die Diskrepanz in der Selbstgewißheit bezüglich der Existenz matriarchaler Gesellschaften, denn gerade die ethnologische Forschung habe die Vorstellung eines universellen Matriarchats längst aufgegeben, wie Neuwirth betont: »Da sich die Ethnologinnen nicht mehr darum bemühen, ein Matriarchat nachzuweisen, wo es keines aufzufinden gibt, sondern sich mit den wesentlicheren Fragen nach Herrschaftsstrukturen in allen Zusammenhängen und Autonomiebereichen der Geschlechter beschäftigen, wird die Frage nach unserer ältesten Vergangenheit vor allem von Wissenschaftlerinnen aus anderen Bereichen getragen.«[1]

Die differenzierte Betrachtungsweise der Ethnologie, die Organisationsprinzipien einer ganz bestimmten Gesellschaft herausarbeitet, läßt daher nur jeweils relative Schlüsse zu und verbietet per se unreflektierte Übertragungen einzelner Faktoren auf anders funktionierende soziale Zusammenhänge. Im Gegensatz zu dieser Spezifität der Forschungsarbeit stehen die von weltanschaulich-philosophischem Interesse getragenen Aussagen zum Mutterrecht. Die beiden oben angesprochenen Strömungen, die sich der Idee des Mutterrechts bemächtigten und zu einer »Bachofen-Renaissance«[2] — einmal an der Jahrhundertwende und einmal in den fünfziger Jahren dieses Jahrhunderts — führten, haben nach einer Einschätzung Fromms ihre jeweilige Distanz zur bestehenden Gesellschaft — wenn auch unter inhaltlich völlig unterschiedlichen Vorzeichen — gemeinsam.[3]

Im Kontext dieser Analyse, die sich an der feministischen Matriarchatsdebatte orientiert, ist in erster Linie die romantische, als anti-aufklärerische Tradition — das heißt gegen das Primat der Vernunft und Rationalität gerichtete — bedeutsam: Die Entwicklung der feministischen Matriarchatsdiskussion ging — kurz zusammengefaßt — dahin, die von sozialistischer Seite propagierte Vorstellung des Mutterrechts als primitiver Gesellschaft, als Teil des »naturgeschichtlichen Prozesses«[4] abzulehnen. Mathilde Vaertings Werk, das als Unterstützung dafür wesentlich war, fiel mit dem Paradigmenwechsel innerhalb der Frauenbewegung dem erneuten Vergessen anheim. Diener-Eckstein, die nicht nur hochentwickelte Frauenstaaten, sondern auch die kulturschaffende Kraft des Weiblichen und das weibliche »ius naturale« betonte, wurde auch nach der Schwerpunktveränderung beibehalten. Sie, wie auch Davis, stützen sich primär auf Bachofen und Briffault, von denen im folgenden nur Bachofen besprochen werden soll. Der nächste Schritt der feministischen Matriarchatsdiskussion, die Betonung der »gynozentrischen Welt«, ist zentral verbunden einmal mit dem Werk Ranke-Graves', dessen Suche nach dem »echten Mythos«[5] historische Argumentation und »poetische Intuition«[6] verbindet, und dann mit den Darstellungen und dem Gedankengut der Analytischen Psychologie, vor allem dem Werk Neumanns und Hardings, wobei gerade die Möglichkeit des spontanen Auftretens des Archetypus in der feministischen Argumentation verwendet wurde.

Um zu dem oben unterbrochenen Gedankengang zurückzukehren: alle Autoren, die im Verlauf der feministischen Matriarchatsdebatte als Quellen Bedeutung erlangten, gehen in ihrem Forschungsansatz bewußt von antirationalen Methoden der Intuition, Spekulation und Wesensschau aus, wie im folgenden gezeigt werden soll. Sie sind in erster Linie interessiert an Mytheninterpretationen und haben, obwohl sie von den verschiedensten Fachrichtungen herkommen, ein ähnliches Bild vom Mythos, der entweder als direkter Ausdruck der Entwicklung der Weltgeschichte oder als Projektion psychologischer Wirklichkeit[7] aufgefaßt wird. Weiters ist ihnen gemeinsam das Interesse am »Religionsprinzipat des Weiblichen«[8], der Verschmelzung von sakral und profan in mutterrechtlichen Kulturen, der primären Naturhaftigkeit und der unio mystica von Mensch, Natur und Kosmos in Frauenkulturen — bestimmt durch die Priorität des Mütterlichen.

Historische und ethnologische Nachweise bezüglich derartig geschilderter gesellschaftlicher und sozialer Zustände sind sekundär, daher schwankt auch die Datierung der realen Existenz mutterrechtlicher Gesellschaften. Der mephistophelische Ausspruch: »Göttinnen thronen hehr in Einsamkeit, um sie kein Ort, noch weniger eine Zeit«[9] findet hier seine Fortsetzung: Zeit und Ort sind sekundär, Göttinnen und Mütter des Mythos stehen als utopisches Gegenmodell zur durch Rationalität bestimmten Gesellschaft. Dieselbe Aufklärungskritik, wie sie hier vorgefunden wird, wird vor allem vom Kulturellen Feminismus vertreten, wie oben bereits ersichtlich wurde.

Das Ziel dieses Kapitels liegt einerseits darin, die jeweils von den einzelnen — für Feministinnen bedeutsamen — Autoren vertretenen Intentionen herauszuarbeiten, die Gemeinsamkeiten, soweit sie existieren, herauszustreichen und die Frage nach der Funktion des »Mythos Mutterrecht« in den verschiedenen soziohistorischen Bedingungszusammenhängen zu stellen. Blochs Kritik an Bachofen: »Die Geschichte wird mit solch romantischen Weibszentrierungen erotisiert, in die Geschlechtsdifferenz aufgeteilt, ja in eine politische Idolatrie der Geschlechtsdifferenz«[10] — beinhaltet einen der wesentlichsten Aspekte — meines Erachtens — der philosophisch-romantischen Mutterrechtsdiskussion. Dies soll die zweite Ausgangsfrage dieses Kapitels bestimmen: Welches Frauenbild und mithin welches Verhältnis der Geschlechter, das bedeutet auch: welche sinnlichen Befriedigungsmöglichkeiten werden in den verschiedenen Mutterrechtstheorien gezeichnet?

3.1. DIE »ENTDECKUNG« DES MUTTERRECHTS: JOHANN JAKOB BACHOFEN

3.1.1. DARSTELLUNG

3.1.1.1. MYTHOS UND RELIGION

Bachofens Werk »Das Mutterrecht. Eine Untersuchung über die Gynaikokratie der alten Welt nach ihrer religiösen und rechtlichen Natur« erschien 1861. Zuvor hatte er aber bereits eine Schrift veröffentlicht »Versuch über die Gräbersymbolik der Alten«, die, wie Meuli schreibt, als »Sturmbock« gedacht war, um »Bresche zu schießen in die Granitmauern eines versteinerten Rationalismus«[11]. Damit grenzte er sich also bewußt gegen die herrschende wissenschaftliche Meinung seiner Zeit ab, was soviel wie den wissenschaftlichen Tod bedeutete. Bachofens Intention ging dahin, eine Kampfansage an die bürgerlich-liberalen Tendenzen seiner Zeit und im speziellen an die positivistische Geschichtsschreibung, die sich aus Angst vor Unwissenschaftlichkeit auf das Faktensammeln beschränkte, zu geben: »Es war das, was sie nicht wollten, ein wissenschaftliches Programm, das bewußt und gezielt gerichtet war gegen die liberale und positivistische Geschichtsschreibung seiner Zeit, gefühlsbetont, mit dem Schwergewicht in der Deutung der antiken Religion und Mythologie, beide damals wie heute eher vernachlässigt, bewußt antirational.«[12]

Bachofens Mythenbegriff beschreibt Wesel folgendermaßen: »Zum einen geht er davon aus, daß sie auf der Erinnerung an reale geschichtliche Vorgänge beruhen, und zum anderen, daß diesen geschichtlichen Vorgängen allgemeine Entwicklungen zugrundeliegen, die dem entsprechen, was er an allgemeinem aus diesen Mythen herausliest. Mythen als Erinnerung an reale und universale Geschichte.«[13]

Historische Fakten werden seiner antirationalen, spätromantischen Position gemäß beiläufig gebracht, sind sekundär. Entsprechend sieht er im Gegensatz zu seinen Zeitgenossen, die an rationalen Erklärungen der Institutionen der Gesellschaft (zum Beispiel Ehe, Familie, Staat) interessiert waren[14], die Religion als »Hebel der Zivilisation«[15] an, das heißt religiöse Vorstellungen bestimmen seiner Ansicht nach die sozio-ökonomischen Verhältnisse, produzieren sie im Grunde erst. Der die Entwicklung der Weltgeschichte bestimmende Dualismus von »Geist« und »Materie« verkörpert in Mann und Frau hat daher kosmische Parallelen: »Der Kampf der Geschlechter ist ein Kampf von Sonne und Mond um den Vorrang im Verhältnis zur Erde. (...) Die irdischen Ereignisse knüpfen an kosmische an. Sie sind ihr tellurischer Ausdruck. (...) Die irdische Entwicklung ringt so lange, bis sie das kosmische Vorbild der Himmelskörper in voller Wahrheit verwirklicht. Dieses letzte Ziel ist erst mit der Herrschaft des Mannes über die Frau, der Sonne über den Mond erreicht.«[16]

Die Reaktionen auf Bachofens Werk waren sehr unterschiedlich. Die totale Ablehnung durch die Gelehrtengemeinde, auf die bereits hingewiesen wurde, wurde von sozialistischer Seite relativiert. Engels kritisiert aber an Bachofen den »idealistischen Mystizismus«[17], der seine inhaltlichen Entdeckungen — im wesentlichen die zeitliche Begrenztheit der Existenz der bürgerlichen Familienstruktur und des Staatswesens — verschleiere. Ein anderer Aspekt aus Bachofens Werk, die Betonung des naturhaft-mütterlichen Zustandes der ersten Phasen der Menschheitsgeschichte, die noch nicht durch die Herrschaft des Geistes bestimmt gewesen seien, wird später, zu Beginn des 20. Jahrhunderts, von manchen »Lebensphilosophen«[18] — allen voran Ludwig Klages — wiederentdeckt und in ihre Weltanschauung integriert. So feiert Klages, dessen zentraler Gedanke »Rückkehr zum naturhaft-unbewußten Leben«[19] sich in Bachofens Forschungen bestätigt fand, diesen als den »vielleicht größten Erschließer eines urzeitlichen Bewußtseinszustandes.«[20]

3.1.1.2. BACHOFENS »DREI-STUFEN-MODELL« DER ENTWICKLUNG DER WELTGESCHICHTE *ODER* SEIN FRAUENBILD

Bachofen geht davon aus, daß die Menschheitsgeschichte in drei, weltweit gleich und naturnotwendig verlaufenden Kulturstufen einzuteilen ist. Deren Entwicklung ist bestimmt durch die Urpolarität des weiblich-stofflichen und des männlich-geistigen Prinzips, durch deren Wechselspiel die einzelnen Kulturstufen ihr spezifisches Gepräge erhalten. Das Weibliche ist hierbei jeweils das Gegebene, das Männliche das Gewordene.

Die erste Phase der Menschheitsgeschichte ist die »tellurisch-hetärische«, in der unter der Oberhoheit Aphroditens die eine Seite der weiblichen Existenz sich entfaltet: »durch den Schlamm beherrscht, (...) zuletzt in die tiefsten

Schlammabgründe der Materie geführt.«²¹ »Auf dieser tiefsten, düstersten Stufe des menschlichen Daseins bildet die Liebe, welche die Mutter mit den Geburten ihres Leibes verbindet, den Lichtpunkt des Lebens, die einzige Erhellung der moralischen Finsternis, die einzige Wonne inmitten tiefen Elends.«²² Das männliche Prinzip ist in dieser Phase noch nicht gestaltet, es ist erst verkörpert in Wind und Wasser.

Auf diese hetärische Stufe muß unweigerlich die »demetrische«, die erst die eigentlich gynaikokratische ist, folgen, denn die Frauen fühlen sich durch den Mißbrauch des Mannes erniedrigt: »Dem Mißbrauche des Mannes schutzlos hingegeben, (...) empfindet sie zuerst und am tiefsten die Sehnsucht nach geregelten Zuständen und einer reinen Gesittung, deren Zwang der Mann im trotzigen Bewußtsein höherer physischer Kraft nur ungern sich bequemt.«²³ Die Frau kann sich gegen den physisch stärkeren Mann kraft ihrer spezifischen Anlage zur Frömmigkeit, ihrem tieferen Bezug zur Religiosität und den Mysterien, behaupten. Aus dieser kultischen Überlegenheit der Frau leitet sich auch ihre zivile ab. Ökonomisch gesehen entspricht die demetrische Stufe dem Ackerbau, die Erbschaftsregelung ist matrilinear. Als Begründung dafür gibt Bachofen an: »Sollte der Hetärismus gründlich ausgerottet werden, so war die Aussteuerung des Mädchens von Seite ihrer Familie durchaus erforderlich.«²⁴ Diese Aussage Bachofens bedeutet auch, daß die Frauen sich nicht nur mißbraucht gefühlt hatten in der hetärischen Phase, sondern daß sie einiges zu ihr zurückziehen mußte, wenn solche Schutzmaßnahmen dagegen erforderlich waren.

Eine Zwischenstufe zwischen Hetärismus und Gynaikokratie ist das Amazonentum, eine Ausartung des weiblichen Geschlechts laut Bachofen, begründet durch die Erniedrigung der Frau auf hetärischer Stufe: »Das Gefühl der Schmach, die Wut der Verzweiflung entflammte es zu bewaffnetem Widerstande (...)«.²⁵ Ohne auf diese Erläuterung Bezug zu nehmen, findet Bachofen noch einen zweiten Erklärungsansatz des Amazonentums, der im Gegensatz zum ersten die verweichlichten Männer als Ausgangspunkt nimmt: »Dieses (das Amazonentum, S. D.) ist selbst nur eine bis zur Unnatürlichkeit gesteigerte Gynaikokratie, herbeigeführt durch entsprechende Entartung des männlichen Geschlechts.«[26] Die — eher unerwartete — Synthese beider Erklärungsansätze findet sich bei der Schilderung des Endes der griechischen Amazonenschlachten: »In diesem siegreichen Helden erkennt das Weib die höhere Kraft und Schönheit des Mannes. Gerne beugt es sich dieser. Müde seiner amazonischen Heldengröße, auf der es sich nur kurze Zeit zu halten vermag, huldigt es willig dem Manne, der ihm seine natürliche Bestimmung wiedergibt.«[27]

Ist das Amazonentum eine Zwischenstufe zwischen Hetärismus und entfalteter Gynaikokratie mit der Ehe als Ordnungsprinzip, so stellt die dionysische Religion einen schmachvollen Rückschritt hinter diese dar. Der »phallische Herr« war ein Gott der Frauen, er hatte die »Rückkehr des weiblichen Daseins zur vollen Natürlichkeit des Aphroditismus befördert.«[28] Einher mit diesem Sittenverfall ging die Demokratisierung des staatlichen Lebens, die für Bachofen den Verfall der Kultur bedeutete. Falls Frauen unter anderen als »demetrischen Verhältnissen« zur Herrschaft kämen, »wird sich jederzeit ein neuer Aphroditismus« entwickeln.[29]

Die dritte und letzte Stufe der Menschheitsgeschichte nach Hetärismus und Demetrismus ist die »apollinische Stufe«. Sie stellt den Sieg des Vaterrechts, des Geistes über den Körper, des Mannes über das Weib, des Rechts über die Natur dar. Der ewige Kreislauf von Leben und Tod, der die tellurischen Stufen beherrschte, wird nun durchbrochen durch die Unsterblichkeit des Geistes. Die Einsetzung des römischen Rechts verhalf dem Vatertum zum endgültigen Sieg, der Okzident ist demnach Vertreter des apollinischen Seins, während der Orient sich vom dionysischen Prinzip nicht entfernen konnte. Das »männliche Prinzip« erfuhr zusammengefaßt folgende Entwicklungsstufen: vom Ungestaltetsein in der hetärischen Phase über das Beherrschtwerden des Sohnes durch die Mutter in der demetrischen Phase zur Befreiung von jeder Verbindung mit dem Weibe in der apollinischen Phase.

3.1.2. BESPRECHUNG

3.1.2.1. BACHOFENS AMBIVALENTES FRAUENBILD

Die drei Prototypen in Bachofens Frauenbild sind die Hetäre, die Amazone und die keusche, jungfräuliche Mutter: »Bachofens Leitfiguren der drei mutterrechtlichen Kulturstufen lassen sich leicht als drei exquisit *männliche* Vorstellungen der Frau erkennen:«[30] Die Frau als Verkörperung der Materie ist gleichzeitig die Verkörperung der sinnlichen Lust. Erfüllte Sexualität findet sich nur auf der hetärischen Stufe, sie birgt jedoch die Gefahr der Grenzauflösung (Schlamm, Sumpf)[31] in sich, bietet keinen Platz für Objektbeziehungen (das männliche Prinzip ist noch nicht gestaltet) und übt dennoch eine gewisse Faszination aus, die sich in der ambivalenten Darstellung der Hetäre (gezwungen/freiwillig) Ausdruck verleiht.[32] Der Ambivalenzkonflikt, der sich auf dieser Stufe abzeichnet, wird nun über die weitere Aufspaltung des Frauenbildes zum Teil gelöst: einerseits findet sich nun die keusche, jungfräuliche Mutter, die mit keinem Mann in Verbindung ist, sich aber am »Mysterium der phallischen Männlichkeit«, verkörpert einzig durch den Sohn als ihrem »Dämon«[33], erfreut. Teilt die Lobpreisung der frommen, gesitteten Mutter die Neutralisierung der Frau mit, so verweist die Formulierung der phallischen Männlichkeit des Sohnes auf das sexuelle Begehren nach der Mutter. Janssen-Jurreit meint: »Die Mutter hat vor ihrem Sohn keinen Mann gekannt. Das ist also die wichtige ›Erkenntnis‹, von der Bachofen uns Mitteilung machen will.«[34]

Diese Hypothese wird durch die Fähigkeit des Dionysos, des Sohnes der Materie, die Mütter wieder aus dem frommen Demetrismus in die Schlammabgründe der Materie zu locken, verstärkt.³⁵ Andrerseits zeichnet Bachofen als Zwischenstufe der Menschheitsentwicklung das Amazonentum. Die Amazone als aggressives, kastrierendes Frauenbild wird durch die entweder für die Amazone tödliche oder sie dem Mann unterwerfende Begegnung mit dem Mann ihres Angstgehalts entkleidet und projektiv vernichtet. Die gefürchteten Aggressionen für die sexuellen Wünsche werden gegen die Frau gerichtet.

Die bisher geschilderten Geschlechtsverhältnisse kennen noch keinen Vater, keinen gestalteten Partner. Die endgültige Beseitigung aller Konflikte bietet nun die Einführung der apollinischen Stufe an, in der jede »Verbindung mit dem Weibe«³⁶, das heißt jegliche Sinnlichkeit aufgegeben wird, das väterliche Prinzip eingesetzt und gleichzeitig idealisiert wird. Es verlangt nach Bachofen einen höheren Grad sittlicher Entwicklung, den Vater zu lieben, aber nur so läßt sich Ordnung einführen. Der Geist siegt über die Materie, die Identifikation mit dem verbietenden Vater über den Wunsch nach Vereinigung mit der Mutter.

3.1.2.2. REMYTHOLOGISIERUNG DES MYTHOS

Ich versuchte herauszuarbeiten, welche Ambivalenzen und daraus resultierende Reaktionsbildungen Bachofens Frauenbild, das er in der Entwicklung »vorfand«, prägten. Daraus ergibt sich, daß die männlich-väterliche Vorherrschaft als Schutz gegen die Materie, das bedeutet auch gegen die Sinnlichkeit und diese ist bei Bachofen einzig verkörpert durch die Frau, aufgerichtet werden mußte. Versöhnung beider Prinzipien kann es durch die eindeutige Aufspaltung Geist=männlich und Materie=weiblich nicht geben, nur Unterwerfung.

Es soll nun nicht der Eindruck erweckt werden, es handle sich um Bachofens »Privatproblem«, das er in die Geschichte projizierte. Vielmehr bringt er die Ängste seiner Zeit und im besonderen seiner Gesellschaftsklasse (als Patrizier), mit nach feudalen Strukturen organisierter Weiberei und nach »imperialistischen Grundsätzen geleitete(m) Hauswesen«[37] »zur Sprache« — indirekt — indem er sie in Geschichte verlegt, also wiederum mystifiziert. Diese Ängste betreffen, setzt man sie in Bezug zur zeitgenössischen Situation Bachofens — wie bereits erwähnt — die Liberalisierung und Demokratisierung der Staatswesen, den wissenschaftlichen Positivismus, der sich immer stärker durchsetzte und damit insgesamt die Auflösung der alten Ordnung.[38] Die Vision eines demokratischen Staatswesens beschreibt Bachofen für das dionysische Zeitalter, das bar aller ständischen Ordnungsprinzipien als aphroditische Weiberherrschaft die Fäulnis der Sitten und die Aufhebung des Schutz gewährenden apollinischen Prinzips bewirken könnte.

Da sich zur Zeit Bachofens aber keineswegs eine »Herrschaft der Frauen« abzeichnete, etwa durch eine starke Frauenbewegung, scheinen die Ängste in erster Linie auf eine »Verweibischung des Mannes« gerichtet zu sein. Bachofens »Mutterrecht« ist also meines Erachtens mehr als die Moral der »Unüberwindbarkeit der männlichen Herrschaft«[39] — im Gegensatz zur Frauenemanzipation etwa. Denn männliche Herrschaft im Sinne Bachofens — und seiner Gesellschaftsklasse — bedeutet mithin Schutz vor der »Materie des Mannes«, der eigenen Sinnlichkeit, mit deren massiver Verdrängung und Abspaltung — durch die alleinige Reduktion der Materie auf die Frau — Ordnung und Identität identifiziert wurde.

3.1.2.3. GYNAIKOKRATIE?

Aus ethnologischer Sicht ist, wie Mühlmann es formuliert, an »Bachofen (...) nichts zu ›retten‹«.[40] Bei der historischen Nachprüfung von Bachofens Angaben über gynaikokratische Gesellschaften kommt Wesel zu dem Schluß, daß Bachofen zwar neue Verwandtschafts- und Erbrechtssysteme entdeckt hat (Matrilinearität), daß dadurch aber nicht zwingend auf ein

Matriarchat im Sinne einer sozial machtvollen Position von Frauen geschlossen werden kann. Er habe es vor allem verabsäumt, die griechischen Berichte auf ihren zeitgeschichtlichen Hintergrund hin zu untersuchen. Dennoch meint er: »Die Frauen waren weitgehend gleichgestellt.«[41] »Johann Jakob Bachofen ist nicht der Entdecker des Matriarchats. Das hat es nicht gegeben. Es gab Matriarchatsmythen. (...) Ihr Entdeckkung ist seine Leistung.«[42]

3.2. AMAZONEN UND MAGISCHE MENSCHHEIT: BERTA DIENER-ECKSTEIN

3.2.0. VORBEMERKUNG

Diener-Eckstein[43] stand dem Kreis der Lebensphilosophen nahe — unter ihnen Klages — und war deshalb von ihrem philosophischen Standpunkt her von Bachofens Ausführungen angetan. Sie verehrte Bachofen: »Er hatte nicht nur Format, er vermochte es auch auszufüllen«[44] — grenzte sich jedoch gegen gewisse Vereinfachungen in seinem Werk ab.

3.2.1. DARSTELLUNG

3.2.1.1. DIE MAGISCHE MENSCHHEIT

Die magische Menschheit ist nach Diener-Eckstein jenes Zeitalter, in dem die Mütter durch ihren ursprünglichen und organischen Bezug zur Magie herrschten: »Magie führt also zu Priestertum. Es wird Clangut, *notwendig Frauengut;* denn wer verstünde sich aus ureigenstem Organgefühl heraus wohl besser auf jene geheimnisvollen Lebensströme, naturhaft-nährende Arkana, die den uterinen Kosmos durchfluten, als jene, deren Abbild er ist.«[45]

Die innere Struktur dieser Frauenreiche, die »irrational«[46] sind, wird entsprechend der Einbettung in die »Lebensströme« als in sich geschlossene dargestellt: »Unter der Dominanz des Eies überwiegt meist der friedliche Zustand uterinen Lebens, satt, wohlig, unaggressiv, doch festgeschlossen in der Abwehr gegen außen. (...) Es sind mehr oder weniger einerlei Kinder fast ohne Gesetz durch eine Art zauberhafter Blutwärme in Ordnung gehalten.«[47] Entgegen dem »ius civile«, das nach dem »Polwechsel der Macht« die Verhältnisse regelte, herrscht in diesen »blutwarmen« Reichen »weibliches ius naturale«[48], gegen das es keine Appellation gibt.

Beweis für die Existenz der Frauenreiche bietet nach Diener-Eckstein der Mythos: »Wem er (der Mythos, S. D.) Macht gibt, der hat sie auch realiter besessen; ›Vergottung‹ dort verträgt sich nicht mit ›Versklavung‹ hier.«[49]

Anschließend an diese Überlegungen zur Ausgestaltung der Frauenreiche zeigt Diener-Eckstein in Anlehnung an Briffault Frauenmacht in allen Teilen der Welt auf und konstatiert, daß »Frauenrecht, hier wie überall zugleich ein Recht auf sexuelle Freiheit« sei.[50] Mann und Frau stehen sich in diesen Reichen gegenüber in der Position von Gewordenem und Gegebenem; er ist von Natur aus ein »schweifender Abenteurer«[51], von Natur aus »reißende Bestie«[52]; ihm gegenüber steht der Instinkt der Mutterliebe bei Frauen, der sie dazu anhält, »Junges, Schwaches und Hilfloses zu schützen«[53]. Die Mutter habe aus sich alle Uraktivität abgespalten, die nun der Sohn verkörpere — Amazonentum hingegen sei der weibliche Versuch, diese Aktivität wieder in Besitz zu nehmen: »*Nun besteht die ganze Idee des Amazonentums in einem Rückgängigmachen der ersten parthenogenetischen weiblichen Tat, jenes urmütterlichen Geschenkes, die Aktivität, aus sich abgespalten, hinzugeben, selbständig nun als Männliches geformt. (...) Amazonentum ahmt somit Männliches nicht nach, son-*

dern annulliert es wieder, um, was die »große Mutter« auf zwei Grundformen verteilt hatte, jetzt wieder, und zwar diesmal in *paradiesischer Harmonie,* selbst zu verwirklichen.«[54]

Das Amazonentum ist für Diener-Eckstein eine Form, die magische Nabelschnur zu durchreißen und in eine neue Seelenlage der Rasse einzusteigen. Dieser Vorgang ist jedoch für jede Rasse die entscheidende Stelle in ihrer Kulturlaufbahn, ist wesentlich für ihre intellektuelle und kulturelle Weiterentwicklung. Diesen Übergang nennt sie den »Polwechsel der Macht«.[55]

3.2.1.2. DIE »ZEITLOSE FRAU« ALS RETTUNG FÜR DIE GEGENWART

Diener-Eckstein sieht eine »menschenlose Zeit«[56] heraufdämmern, in der das »Primat des weiblichen Naturprinzips« wieder an Bedeutung gewinnt.[57] Dies könnte verkörpert werden durch die »zeitlose Frau«[58], die mit »der angeborenen Autorität und wärmenden Weisheit des Urweibes, doch diesem körperlich wie geistig unvergleichbar überlegen«[59], der menschenlosen Zeit allein kraft ihrer Existenz Einhalt gebieten könnte. Diese Idee sieht sie am ehesten in Amerika verwirklicht, das unter »Tantenverwaltung«[60] steht. Als Begründung hierfür gibt sie an: »Das Wichtigste aber bleibt die Umbildung des Rassenpaideumas durch die amerikanische Bodenseele mit ihrem alten, von den Indianern nicht zu Ende gelebten Mutterrecht.«[61]

3.2.2. BESPRECHUNG

Diener-Ecksteins Sprache ist schwer zugänglich, von mythologischer Breite und Schwere, vieles andeutend, das meiste jedoch nicht konkret ausführend, offen für alles Magi-

sche, Irrationale. Dennoch lassen sich hinter ihrer scheinbar zeitlosen Schilderung eindeutige weltanschauliche Intentionen für ihren »mutterrechtlichen Spaziergang«[62] herausarbeiten, die »jenseits« reiner Geschichtsforschung und -darstellung liegen und die Schwerpunktsetzung derselben bestimmen:
Ihre Absicht, der Frau Geschichte — und daher ein Bild ihrer Selbst als kulturschaffender Kraft, von Natur aus dazu bestimmt und als Verkörperung des »ius naturale« — zu geben, steht unter dem Primat der Notwendigkeit, der »menschenlosen Zeit« entgegenzuwirken. Damit sind der »männliche Kommunismus« ebenso wie der »männliche Faschismus« mit der »Herrschaft der *unteren Mittelmäßigkeit*«[63] gemeint: »Im historischen Materialismus wird eben das Weltgeschehen geschaut aus der Mentalität eines kleinen Gewerkschaftsbeamten.«[64] Demgegenüber setzt Diener-Eckstein die zeitlosen Ordnungsprinzipien des Blut- und Bodenmythos, das »Rassenpaideuma« und als Konsequenz die Herrschaft der »zeitlosen Frau«, welche durch ihre Verkörperung des Naturrechts und der amazonischen Aktivität diesen Ordnungsprinzipien wieder zur Geltung verhelfen kann: »Sie wird nicht hingestellt durch irgendein Dekret, noch weniger drängt sie sich hin, sie steht einfach dort, wo es nötig ist, denn sie allein in der Verwirrung wird das *Unbeirrbare* der Blut- und Erdseele bewahrt haben.«[65]

Diener-Eckstein verarbeitet auch in anderer Hinsicht die Erfahrungen ihrer Zeit. Sie betont die sexuelle Freizügigkeit der Mutterreiche. Nicht durch Einschränkung der Sexualität, sondern durch Initiationsriten werde Ordnung geschaffen: »Die notwendige Zucht ist hier eben anders gelagert, nicht im Erotischen, das dadurch freibleibt von Neurose.«[66]

Zusammenfassend kann gesagt werden, daß »Mutterrecht« — beziehungsweise die modernisierte Variante des »Tantenrechts« — hier als positive Utopie gezeichnet wird, als Einspruchsfigur gegen die gerade in den zwanziger Jahren dieses Jahrhunderts massiven Veränderungen der Gesellschaft. Die vorhergegangene Auflösung der Monarchie, die

Irritation der Aristokratie, das Erstarken der verschiedenen
Parteien und die Oktoberrevolution in Rußland, die »Volksherrschaft« und die Veränderungen im ethischen Bereich
sollten durch die »schmerzlose« Variante der »zeitlosen
Frau« aufgehoben und wieder in den »organischen« Ablauf
der Geschichte integriert werden.[67]

3.3. GÖTTIN UND SAKRALKÖNIG: ROBERT VON RANKE-GRAVES

3.3.1. DARSTELLUNG

3.3.1.1. MATRIARCHALE KULTUREN UND DER »ECHTE MYTHOS«

Ranke-Graves datiert die matriarchalen Kulturen, deren ökonomische und politische Strukturen für ihn nicht bedeutsam sind, weil er ebenso wie Bachofen der Religion, den Mysterien die primäre Rolle im gesellschaftlichen Leben zuschreibt, in das Neolithikum und in die Bronzezeit. Die religiösen Systeme dieser Zeit hätten, betrachtet man sowohl die griechische Mythologie als auch die irischen, walisischen, skandinavischen und italienischen Mythen, dieselben Inhalte und Strukturen gezeigt: »Sie beruhten alle auf der gleichen mystischen Beziehung zwischen der Mondgöttin und ihren Söhnen, die anfangs alle Mitglieder ihrer totemistischen Bruderschaften waren.«[68] Männliche Götter gab es bis zur Entdeckung der Vaterschaft keine, das Urmysterium war die Mutterschaft. Die Rolle des Mannes im kultischen Leben besserte sich dann auch nur allmählich, beeinflußt durch die von den Völkerwanderungen ausgelösten Machtverschiebungen. Ab 1000 v. u. Z. — nach der dorischen Invasion in Griechenland

— war das patriarchale Königtum die Regel geworden, das bedeutete gleichzeitig den Untergang des »echten Mythos«.

Diesen definiert Ranke-Graves als die »erzählerische Kurzschrift kultischer Spiele, wie sie bei öffentlichen Festen aufgeführt wurden.«[69] Zum Inhalt habe er »uralte Beschwörungen im Dienste der Fruchtbarkeit oder Stabilität eines geheiligten Königinnentums oder auch Königtums (es scheint, daß im griechischen Sprachbereich das sakrale Reich der Königinnen dem der Könige vorangig).«[70]

Dieser »echte Mythos« habe sich nun über matriarchalische Zeit hinaus in magischer Sprache — also in verschleierter Form und zum Teil ikonotrop — in verschiedenen Mysterienkulturen und in den verschiedenen Kulturkreisen erhalten. Für Graves ist nun auch der Inhalt des »echten Mythos« das eine »Große Thema« der Dichtung: »Das Thema ist, kurz gesagt, (...) (die) Geschichte von Geburt, Leben, Tod und Auferstehung des Gottes des zunehmenden Jahres.«[71] Er versucht nachzuweisen, daß dieses eine »Große Thema« der Dichtung, mit seinen Ursprüngen in matriarchaler Zeit, auch von den einzelnen Vertretern der Gelehrtenakademien in Wales und Irland gekannt und wegen seiner politischen und religiösen Brisanz verschlüsselt und entstellt wurde, um es damit für Uneingeweihte unkenntlich zu machen. Mittels »poetischer Intuition« soll der Herakles-Mythos[72] entschlüsselt werden.

3.3.1.2. DER »SAKROSANKTE DICHTER«

Die Bedeutung der »wahren« Dichtung liegt für Ranke-Graves in der Anrufung der Muse. In matriarchaler Zeit sei Dichtung magische Praxis gewesen, die Trennung von »sakral« und »profan« hatte noch nicht stattgefunden. Wirkliche Dichtung entstehe durch Inspiration, die den Dichter in poetische Trance versetze. Um in vollkommener Klarheit im poetischen Sinne denken zu können, muß der Dichter sich von jedem intellektuellen Ballast befreien, das heißt er darf weder einer politischen Partei noch einer religiösen Sekte angehören. Nur so könne er »originell« sein im Sinne von Ranke-Graves: »er darf sich nur an die Muse wenden.«[73]

In keltischer Zeit war der Dichter sowohl Priester als auch Richter gewesen, seine Person war »sakrosankt« und »sogar Könige unterstanden seiner Autorität.«[74] Dies veränderte sich jedoch, als »im Namen der universellen Aufklärung die Geheimnisse des Alphabets, des Kalenders und des Rechenbretts uneingeschränkt zu veröffentlichen erlaubten, da endete eine Epoche der Gelehrsamkeit.«[75] Die Dichter aber, die ihrer wahren Berufung treu blieben, »wurden in die Wildnis geschickt.«[76]

3.3.1.3. DICHTER/SAKRALKÖNIG UND DREIFÄLTIGE GÖTTIN/FRAU

Das Verhältnis des Dichters zur Muse entspricht dem des Sakralkönigs zur Göttin, »(...) denn ich meine, daß jeder Musendichter in gewissem Sinn für die Göttin, die er anbetet, sterben muß — ähnlich wie einst die Könige.«[77] Die Liebe der Göttin/Muse ist vernichtend, aber nur die völlige Preisgabe des Dichters hilft ihm, die Weisheit zu erlangen, die er anstrebt. »Der Dichter liebt die Weiße Göttin, die Wahrheit: sein Herz verzehrt sich in Verlangen nach ihr und in Liebe zu ihr.«[78] Der Dichter, der nach Weisheit strebt, ist jedoch nicht der Geliebte der Göttin, er identifiziert sich mit dem Sternensohn; sein Zwilling und verhaßter Rivale, die Schlange, verkörpert im Satiriker, erlangt die Liebe der Göttin und wird am Ende des Jahres vernichtet — »Bis dahin gibt es noch keine Väter, denn die Schlange ist ebensowenig Vater des Sternensohnes, wie dieser Vater der Schlange ist.«[79]

Ranke-Graves setzt sich am Rande mit der Rolle der Frau in der Dichtung auseinander. Sie könne nur durch spirituelle Integrität die Muse verkörpern (oft nur kurze Zeit, dann ziehe die Muse sich vor ihr zurück) und habe dadurch eine wichtige Funktion im Kreise der Dichter, weil diese bei ihrem Fehlen in »sentimentale Homosexualität«[80] verfallen. Hingegen sieht er die Fähigkeit der Frau, selber Dichterin zu werden, eher pessimistisch: »Tatsächlich war die Dichtung unter archaischen Bedingungen entweder moralisches oder religiöses Gesetz, das die neunfältige Muse dem Manne auferlegte, oder aber die ekstatische Äußerung des Mannes in Erfüllung dieses Gesetzes und zum Preis der Muse. Was den flachen Klang in den Werken der meisten Dichterinnen verschuldet, ist die Nachahmung männlicher Poesie. Eine Frau, die sich mit Dichtung befaßt, sollte, so glaube ich, entweder eine stumme Muse sein und die Dichter durch ihre weibliche Präsenz inspirieren, (...), oder sie sollte Muse in einem umfassenden Sinn sein: (...) Dann wäre sie der sichtbare Mond: unparteilich, liebend ernst, weise.«[81]

3.3.1.4. KONKRET GESELLSCHAFTLICHE AUSWIRKUNGEN DER GÖTTINNENVEREHRUNG UND NOTWENDIGE VERÄNDERUNGEN FÜR DIE ZUKUNFT

Ranke-Graves konstatiert, daß vor der puritanischen Revolution, die er mit der Einsetzung des Donnergottes gleichsetzt, das »keltische Blut« der »sensiblen Briten« eine »unterbewußte Sehnsucht nach Göttinnen«[82] provozierte. Daraus resultiert auch, daß der »ritterliche Mann (...) bereitwilliger im Dienste einer Königin als eines Königs (stirbt): tatsächlich ist Selbstvernichtung ein anerkannter Beweis großer Leidenschaft.«[83]

Er ist überzeugt davon, daß das Industriesystem zusammenbrechen wird. Vor diesem Hintergrund, der die Notwendigkeit einer tiefgreifenden Veränderung zeigen soll, meint er, daß die »Demagokratie«[84], die als Demokratie ausgegeben wird, gegen eine nicht erbliche Aristokratie eingetauscht werden soll: »(...) deren Führer inspiriert genug wären, um bei jeder Gelegenheit die richtige Entscheidung zu finden.«[85] »Richtig« im Sinne von Ranke-Graves bedeutet als »vom Schicksal auferlegt, im Rahmen der natürlichen Weltordnung.«[86]

Hier bekäme auch das katholische Christentum eine neue Chance, wenn es sich zu einem »reinen Mysterienkult entwickeln und der Menschheit daher ein Gefühl spiritueller Sicherheit«[87] geben könnte. Doch die Zeit drängt, die Göttin wird bei noch längerer Verzögerung des Inkraftsetzens ihrer Weltordnung nur mehr wenig Gnade gewähren.[88]

3.3.2. BESPRECHUNG

Es ist insgesamt gesehen schwierig, eine Einschätzung von Ranke-Graves' Werk zu geben, weil zwischen seinen historisch-mythologischen Untersuchungen, die sehr viele interessante Aspekte zu Tage fördern, und seiner »poetischen Intuition«, die für nicht weiter auflösbare Konstrukte viel Raum bietet, unterschieden werden muß: »Hier fingen meine eigenen Fingerspitzen an zu jucken, und als ich ihnen einen Bleistift gab, rekonstruierten sie die folgende Beschwörungsformel wie folgt.«[89] Diese Unterscheidung steht allerdings bereits den Intentionen Ranke-Graves entgegen, dessen Suche nach Wahrheit unbedingt verknüpft ist mit dem »echten Mythos«, der erotisierten Form der Erkenntnis, die sich nicht auf Fakten sammeln beschränken kann. Gerade dieser letzte Aspekt verbindet ihn mit den Vertreterinnen des Kulturellen Feminismus, die ebenfalls die eine »echte« Wahrheit ergründen wollen – und bei beiden ist die letzte Erkenntnis bereits von vornehrein festgelegt. Sie wird wieder und wieder, in allen Variationen beschrieben. Für Ranke-Graves ist es die Beziehung des Mannes zur Göttin, wobei der Mann Sohn und Dichter ist. Dieses Grundelement wird – gleichsam als offenes Geheimnis – nachverfolgt über historische Argumentation, über sprachwissenschaftliche Untersuchungen und natürlich poetische Intuition und Trancen. Aber gerade die Dringlichkeit, die Notwendigkeit dessen, nachzuweisen, daß der »echte Mythos« wirklich »echt« ist, könnte als Anzeichen einer profunden Unsicherheit diesbezüglich gewertet werden.

Hier möchte ich kurz auf den Unterschied von innerer und äußerer Realität verweisen: Die Göttin-Sakralkönig-Struktur, die Graves in beinahe allen Mythen nachweist, existierte real, ist also »äußere Realität«. Auch Frazer zum Beispiel betont diesen Zusammenhang: »But the three gods (Attis, Osiris, Adonis, S. D.) did not stand for themeselves. The mythical personification of nature, of which all three were at least one aspect the products, required that each of them should be coupled with a goddess, and in each case it appears that originally the goddess was a more powerful and important personage than the god.«[90] Die Verarbeitung des Themas jedoch, die Ranke-Graves bietet, das »religiöse Geheimnis«, das keines mehr ist, die Leidenschaft und die Betroffenheit und vor allem die Wiederholung des Themas sind Indizien dafür, daß Ranke-Graves das Thema als Übertragungsschirm benützt.[91]

Ich möchte nun versuchen zu rekonstruieren, welche Interaktionsformen von Ranke-Graves gezeichnet werden. Aus der Analyse dieser Interaktionen und den von Ranke-Graves ausformulierten Zielsetzungen, seiner Utopie gewissermaßen, sollen die zugrundeliegenden Intentionen herausgearbeitet werden. Dies ist vor allem deshalb interessant, weil Ranke-Graves die Hauptquelle des Kulturellen Feminismus ist.

Der »echte Mythos« ist also die Beziehung der Göttin zum Sakralkönig. Dieselbe Beziehung der Aufopferung, der unerfüllten Leidenschaft ist diejenige des Dichters zur Muse. Sakralkönig und Dichter stehen zur Göttin/Muse im Verhältnis des Sohnes. Primärer Aspekt der Göttin wie der Muse ist der zerstörerische, derjenige der »Todesgöttin«, welche nicht nur inspiriert sondern auch Bestrafungsfunktionen ausübt. Für die Person des Dichters findet Ranke-Graves eine Aufspaltung: der heilende Dichter steht dem Zyniker gegenüber. Letzterer erlangt die Liebe der Göttin, wird jedoch zerstört und ist der erbittertste Rivale des Dichters, des Sternensohnes. Diesem gehört die Liebe der Muse in sublimierter Form als Weisheit. Dafür jedoch, durch seine exquisite Beziehung zur Muse, war der Dichter in früheren Zeiten sakrosankt und stand dadurch noch über dem König. Die »reale« Frau findet in Ranke-Graves Überlegungen nur am Rande Platz: als Verkörperung der Muse, von dieser jedoch jederzeit wieder verlaßbar; dann wird sie Hausfrau und für den Dichter, der sich nicht von ihr löst und zur Muse, zu »Cerridwen« zurückkehrt, bedeutet dies das Ende seines Schaffens. Dichterin kann die Frau nicht werden, dazu ist sie nicht berufen. »Ständige Verkörperungen« der Muse waren verschiedene englische Königinnen, in deren Dienst die Ritter lieber starben als unter einem König. Daß dies vor allem für Großbritannien zutrifft, führt Ranke-Graves vor allem auf das keltische Blut zurück.

Diese beschriebenen möglichen, erwünschten, phantasierten Interaktionen — auf der Folie der Göttin-Sakralkönig-Struktur der Fruchtbarkeitsmagie früher, animistischer Kulturen, die ebensowenig wie Bachofens Endeckung der Matrilinearität und Matrilokalität per se auf soziale Macht von Frauen schließen lassen, sondern primär nur über die Bedeutung der Fruchtbarkeit Aufschluß geben, tragen deutlich die Prägung des zwanzigsten Jahrhunderts, stehen wie gerade auch Bachofen im Spannungsfeld zwischen Geschichtsaufarbeitung und neuerlicher Mythenproduktion. Wie weit die selbstzerstörerische Leidenschaft, die Ranke-Graves als Grundmoment der Beziehung des Sohnes zur angebeteten Göttin zeichnet, tatsächlich als »Gefühlsbasis« der Fruchtbarkeitsrituale und Königsopferungen existierte, kann kaum nachgeprüft werden.

Ranke-Graves' höchstes Ziel ist das Erreichen der Wahrheit und der Weisheit. Unter diesem Aspekt unterwirft er sich der Göttin, seiner zerstörerischen Muse, zu all ihren Bedingungen. Diese erotisierte Form der Erkenntnis, deren Bild die nackte Frau repräsentiert, ist gebunden an das Mutter-

Sohn-Verhältnis: »Die Verschmelzung mit dem Göttlichen repräsentiert meiner Ansicht nach die Rückkehr zur Vereinigung von Ich und Ideal, zur primären Ununterschiedenheit. Sie scheint mit zugleich eine Überschreitung der Inzestschranke zu sein. In der Bibel wird das Erkennen dem Koitus gleichgestellt. Eine Frau erkennen, heißt in sie eindringen; und wäre das absolute Erkennen nicht das Erkennen der Mutter?«[92]

Diese Darstellung Chasseguet-Smirgels nimmt bereits wesentliche Aspekte der von Ranke-Graves gezeichneten Dynamik vorweg: die wieder und wieder gezeichnete vernichtend sadistische Göttin trägt die Züge der Mutter, allmächtig gegenüber ihrem Sohn. Die idealisierte anal-sadistische Komponente der Beziehung, die in der Aufspaltung des Dichters in den Geliebten und Sternensohn — durch das Zwillingsmotiv — zum Teil entschärft wird, dient in Fortführung des oben begonnenen Gedankengangs dazu, eine noch bedrohlichere Vorstellung oder Tatsache, als diese qualvolle Beziehung, abzuwehren: die Existenz des Vaters, des Königs und die eigene Inferiorität, die die letzte Erkenntnis als Inzest mit der Mutter verunmöglicht durch den Generationenunterschied. Die Rivalität mit dem Vater — im König symbolisiert[93] — wird durch die »Sakrosanktsetzung« des Dichters, der durch die exquisite Beziehung zur Göttin/Muse/Mutter eine »heilige« Omnipotenz erhält, zugunsten des Sternensohnes entschieden. Der Kampf des Dichters mit dem Satiriker, wobei letzterer die verdrängten und abgespaltenen Wünsche des Dichter-Sohnes verkörpert, dafür aber getötet wird, ist, wie gesagt, Schutz vor der bedrohlichen Beziehung zur Göttin und ermöglicht identifikatorische Wunscherfüllung: »Aber nicht nur dieser der Ich-Kritik anstößige Inhalt kann dem Doppelgänger einverleibt werden, sondern ebenso alle unterbliebenen Möglichkeiten der Geschickgestaltung, an denen die Phantasie noch festhalten will, (...)«[94]

Die »Belohnung« des Sohnes, der Sohn bleibt, sich gänzlich der Mutter verschreibt, ist, im Gegensatz zur Ohnmacht der Mutter gegenüber, Omnipotenz durch Vermittlung der

Mutter. Gerade Ranke-Graves' Zukunftsvision, die auf allgemein-gesellschaftlicher Ebene den Fatalismus des mütterlich-göttlichen Naturrechts einführen will und die Rache der Göttin fürchtet, soll dem echten Dichter, das heißt dem wahren Sohn wieder zur Geltung verhelfen. Damit wird auch der Bezug zur Gegenwart hergestellt, die mythische Mutter-Sohn-Beziehung als Paradigma von Recht und Integrität — im Sinne des Naturrechts der Göttin — eingesetzt. Hier geschieht zweierlei: die Rache der Mutter beziehungsweise die noch gewährte Gnade derselben verweist erneut auf die Unsicherheit der Mutter-Sohn-Beziehung; andrerseits ist die Darstellung des Zusammenbruchs des Industriesystems als Rache der Göttin eine Mystifikation politisch-ökonomischer Verhältnisse. Sie stellt die für das religiöse Bewußtsein typische Transzendierung eigener, erlebter Ohnmacht in den kosmischen Bereich, in Form von Personifikationen der mächtigen und hier auch: unberechenbaren und nur durch beinahe magisches Verhalten beeinflußbare Figuren dar.[95]

Ein anderer Aspekt in Ranke-Graves' Werk, der noch keine Erwähnung fand, ist das Bild der »normalen« Frau im Gegensatz zur idealisierten Göttin. Sie kann entweder von der Muse besetzt werden und damit den Dichter inspirieren oder sie ist Hausfrau. Es sind keine stabilen Objektbeziehungen möglich, da bei Nachlassen der »Sexualüberschätzung«[96] das vorher idealisierte Objekt verlassen wird. Wesentlich hierbei ist aber das Schicksalshafte, das diesen Beziehungen in Ranke-Graves' Darstellung anhaftet: der Dichter wählt nicht selbst, es handelt sich scheinbar um Epiphanien der Göttin, vom menschlichen Willen völlig unabhängig. Damit zeigt sich nochmals in aller Eindringlichkeit das Vorbild, nach dem die Göttin beschaffen ist: die allmächtige Mutter, die die Liebeswahl des Sohnes bestimmt. Die »normale« Frau wird nun in die engsten Schranken verwiesen oder vor derart hohe Anforderungen gestellt, daß sie von vornherein zum Scheitern verurteilt ist, und es liegt in der Logik des Werkes von Ranke-Graves, daß sie scheitern muß, denn Rivalität mit der

Göttin-Mutter wäre ein Sakrileg. Auch bei Ranke-Graves verwandelt sich die Idealisierung matriarchaler Verhältnisse — vermittelt durch die Darstellung des Göttin-Sakralkönig-Mythos — in eine Theorie zur Reduktion der Frau und ihres Wirkungskreises auf männlich- »sohnhafte« Projektionen. Die Emanzipation der Frauen, die nach dem Ende des Zweiten Weltkrieges rückgängig gemacht werden sollte, scheint auch Ranke Graves' Werk inspiriert zu haben. Das Naturrecht der Göttin bedeutet das Plädoyer für die Macht des Sohnes, der damit sowohl den Vater — als sexuell aktiven Mann — wie auch die Frau — ebenfalls mit sexuellen Bedürfnissen und vor allem mit Eigenaktivität — »ausbootet« und durch die Sakralisierung seiner Herrschaft seinen Allmachtsanspruch sichern will. Das Vorbild dieser Herrschaft findet Ranke-Graves zumindest in Teilen realisiert in der ritterlich-aristokratischen Gesellschaft Englands.

3.4. DAS GROSSE WEIBLICHE UND DIE NATUR DER FRAU: ERICH NEUMANN UND ESTHER HARDING

3.4.1 DARSTELLUNG

3.4.1.1. ERICH NEUMANN

Neumann wie auch Harding wollen einen Beitrag zur, wie Neumann es nennt, »Kulturtherapie«[97] leisten, indem sie dem einseitig patriarchalen Denken, das von den Gesetzen der Logik beherrscht wird, die Welt des matriarchalen Bewußtseins, die heute in unzulässiger Weise verdrängt wird, hinzufügen: »Die gleiche Bedeutung hat diese weibliche Problematik aber für den Kulturpsychologen, der erkannt hat, daß die Gefährdung der heutigen Menschheit zu einem Teil gerade auf der einseitig-patriarchalen Bewußtseinsentwicklung des männlichen Geistes beruht, welcher nicht mehr durch die »matriarchale« Welt der Psyche im Ausgleich gehalten wird.«[98] Neumann sieht die Entwicklung der Menschheitsgeschichte analog der Entwicklung des Einzelindividuums, wobei jeweils die erste, undifferenzierte Stufe des Bewußtseins als »matriarchale« bezeichnet wird: »Die Herrschaft des Archetyp der ›Großen Mutter‹ konstelliert die psychische Ursituation, in der das Bewußtsein sich erst langsam entwickelt und in allmählichem Selbständigwerden sich von der Vorherrschaft der unbewußten dirigierenden Prozesse schrittweise freimacht.«[99] Sowohl für den Einzelmenschen als auch für die gesamte historische Entwicklung ist es schwierig, sich aus diesen Bewußtseinsstufen zu lösen, Regressionen im Sinne des spontanen Auftretens der Archetypen sind jederzeit möglich. Die Weltwahrnehmung des »Frühmenschen« ist »mythologisch«, »das heißt er erfährt die Welt vorwiegend durch die Prägung von archetypischen Bildern, die er auf die Welt projiziert.«[100] Die Mythen und Riten der verschiedenen Kulturkreise, die sich großteils mit den verschiedenen Aspekten des Weiblichen auseinandersetzen, verkörpern dementsprechend verschiedene Phasen der Bewußtseinsentwicklung. Im Gegensatz zu den bisher besprochenen Autoren sieht Neumann keine Verbindung zwischen der Herrschaft des »Archetyps des Großen Weiblichen«, die mit der Herrschaft des Unbewußten, der »transpersonalen Mächte«[101] gleichgesetzt werden kann, und der sozialen Situation und Bedeutung der Frau.[102]

In teilweisem Widerspruch zur oben rezipierten Darstellung der Analogie der Phylo- und Ontogenese im Werk Neumanns stehen seine abschließenden Betrachtungen, die die anfangs als allgemein-menschlich bezeichnete Bewußtseinsentwicklung auf die Entwicklungsstufen des weiblichen Wesens reduzieren: »Die aufsteigenden Symbolreiche, in denen das Weibliche mit seinem Elementar- und Wandlungscharakter als Großes Rundes, als Herrin der Pflanzen und Tiere und schließlich als Geistgebärendes und als nährende

Sophia sichtbar wird, entsprechen Stadien der Selbstentfaltung des weiblichen Wesens. Dieses offenbart sich in der Frau als »Ewig-Weibliches« und überschreitet die irdische Inkarnation jeder Frau wie jede seiner symbolischen oder lebendigen Erscheinungsformen um ein Unendliches.«[103]

3.4.1.2. ESTHER HARDING

Auch Harding strebt mit ihrem Werk eine Synthese des männlichen wie des weiblichen Prinzips und der bewußten und unbewußten Aspekte der menschlichen Psyche vor dem Hintergrund des ansonsten möglichen Zusammenbruchs von Kultur und Zivilisation an.[104] Das weibliche Prinzip ist ihrer Ansicht nach zu lange vernachlässigt worden, dies habe nun negative Konsequenzen, sowohl für die Kultur, als auch für die Frauen, die gerade durch die Emanzipationsbestrebungen den Kontakt mit ihrer »eigenen uralten Frauennatur« verloren hätten.[105] »Das ist vielleicht der Hauptgrund für die unglückliche Gefühlsunsicherheit der heutigen Frau, denn wenn die Frau die Verbindung mit dem weiblichen Prinzip, das die Gesetze der Bezogenheit regiert, verliert, kann sie nicht mehr in dem Reich die Führung haben, das schließlich doch das ihre ist, dem Reich der menschlichen Beziehungen.«[106] Harding entwickelt also aus Mythenanalysen, bei denen sie sich auf Mondmythen, die eine besondere Beziehung zum Weiblichen und zur Fruchtbarkeit aufweisen, beschränkt und gleichzeitig aus der therapeutischen Praxis mit Frauen ein scheinbar zeitloses Bild vom natürlichen Wesen der Frau – samt einer normativen Ethik, die die Unterscheidung der reifen Frau von der, die »nicht Mensch ist«[107], in ihren Augen erlaubt.

Zentrales Interesse widmet sie demnach dem Weg der Individuation der Frau, bei dem sie sich von ihren »Instinkten« befreien und distanzieren muß, bei dem sie also ihre sexuelle Lust, die im Sinne einer alles verschlingenden Flut beschrieben wird, zugunsten von weiblichem Altruismus und Religiosität aufgibt. Dies liegt nicht nur im Interesse der Frau sondern auch des Mannes: »Solche Frauen (die die Einschränkung des Instinkts nicht vollbringen, S. D.) stehlen dem Mann die Seele, aber selber fühlen sie nicht die Leidenschaft, die Begierde, die Qualen des Instinkts. Der untere Teil des Körpers ist Fisch und nicht Frau. (...) Der Mann fühlt, daß sie sein zweites Selbst darstellt, daß sie seine vorbestimmte Ergänzung ist. Und er kommt nicht darauf, daß er das Opfer eines Tricks ist.«[108] — das heißt die Frau spricht direkt die unreflektierte »Anima-Seite« des Mannes an.

Nach Harding dienten auch die verschiedenen frühen Rituale und Tabus dem Schutz des Mannes vor der seine eigenen, nicht kontrollierten Instinkte weckenden Frauennatur, vor ihrer »Hitze«[109] — so standen das Menstruationstabu und die Tempelprostitution als Heilige Hochzeit unter diesem Aspekt der Eindämmung der weiblichen Instinktnatur. Diese äußeren Anforderungen an Frauen waren notwendig für den Fortgang der Kulturentwicklung in frühester Zeit — die moderne Frau hat diese Anforderungen nun bereits verinnerlicht: »Denn nur durch eine Disziplinierung der Begierde kann Liebe und seelische Beziehung zwischen den Geschlechtern gewährleistet werden. Eine solche Frau leistet bewußt und freiwillig, was die Primitiven durch ihre Menstraltabus erreichen wollten.«[110]

Eine Möglichkeit dieser Kultivierung der weiblichen Instinkte samt den dazugehörigen Verhaltensweisen sieht Harding in einer Reaktivierung der Heiligen Hochzeit nach dem Vorbild der Tempelprostitution. Einmal in ihrem Leben sollte die Frau sich nur ihrem Instinkt hingeben, der Göttin, dem »Eros-Prinzip in ihr selbst«[111], damit sie erfährt, daß »ihre Geschlechtlichkeit, und die Vorteile, die sie ihr einbringen könnte, ihr nicht selbst gehören, nicht ihr Besitz sind, sondern daß sie den Willen des Lebens selbst darstellen, (...)«[112] — aber auch damit sie sich gerade ihrer instinktiven Natur bewußt annähere und sie dadurch nicht plötzlich und unkontrolliert zum Durchbruch gelange.

3.4.2. BESPRECHUNG

Neumanns Analyse der Mythen und Riten früher Kulturen, die in differenziertester Weise die Imaginationen der Weiblichkeit und Fruchtbarkeit untersucht und seine Periodisierung der Bewußtseinsentwicklung der Menschheit, verläßt den Bereich der psychologischen Bearbeitung nicht. Dadurch kann er innerhalb dieses Rahmens weitgehenden Einblick in frühe Weltwahrnehmungsmodi bieten. Er versucht hingegen nicht — wie dies Harding vorgeworfen werden muß — aus seiner tiefenpsychologischen Analyse einerseits unreflektiert normative Wertungen abzuleiten und andrerseits Schlüsse in bezug auf die konkrete soziale Situation und die Position der Frauen der analysierten Zeit zu ziehen.

Zentraler Aspekt in Hardings Werk ist hingegen die Kultivierung und Beschränkung der weiblichen Instinktnatur, die als unpersönliche und scheinbar dämonische geschildert wird und deren unkontrollierte Freisetzung gesellschafts- und kulturfeindlich wirken soll. Die primitiven Menstruationstabus, die Fruchtbarkeitsrituale und die Mysterien-Weihen werden ebenfalls unter diesem Aspekt gesehen. Da sie nach Hardings Ansicht »naive Projektionen psychologischer Wirklichkeit«[113] und Ausdruck »unbewußter Prozesse ganzer Stämme und Rassen«[114] sind, bietet deren Analyse die Möglichkeit, ein zeitlos archetypisches Bild vom Wesen und von der Position der Frauen zu entwerfen. Ihre psychologische Analyse dieser Riten beschränkt sich aber auf die Betonung dessen, daß es sich um »Projektionen« handle. Der unbewußte Inhalt der Projektionen wird vom psychologischen Aspekt her nicht eruiert, es bleibt bei »Pauschalerklärungen« in der folgenden Form: »Aber wir dürfen nicht vergessen, daß die antiken und primitiven Religionen sich nicht nur mit objektiven Phänomenen befassen, sondern auch mit unbewußten Seeleninhalten, die auf die Objekte projiziert werden. (...) Übungen, die weder das Wetter ändern, noch eine Mondgöttin umstimmen können, mögen doch vielleicht wirksam sein, das eigene

Unbewußte zu bezaubern, sodaß unser eigenes Seelenwetter, unsere Stimmung geändert wird.«[115] Der »archetypische Inhalt« der Projektionen, der über das »Seelenwetter« hinausgeht, wird von Harding nicht über psychologische Analyse unbewußter Prozesse sondern durch weltanschauliche — oder man könnte auch sagen: ideologische — Bestimmung des Wesens der Frau gefunden, dessen zentralen Inhalt die Sexualverdrängung der Frau bildet.[116]

Ihre Beschreibung des weiblichen Instinkts, der nichts Menschliches mehr an sich hat, erscheint wie eine erneute Dämonisierung der weiblichen Sexualität. Als Schutzmaßnahme gegen derart übermenschliche Kräfte sollte nach Harding, ganz im Sinne der Aufhebung der Zeit, des Geschichtsprozesses, die Heilige Hochzeit wieder eingeführt werden. Dieses Ritual, das als mimetische Fruchtbarkeitsmagie praktiziert wurde, bekommt unter heutigen Verhältnissen den Beigeschmack von Bestrafung und ritueller Vergewaltigung der Frau zugunsten eines höheren Prinzips — ihrer Unterordnung unter den Willen des Lebens, dessen Gefäß sie darstellt.

Dieser »Wille des Lebens«, der die Befreiung der Frau von Selbstischkeit und Egoismus zu bedeuten scheint, erinnert an bürgerliche Moralvorstellungen Funktion und Wesen der Frau betreffend. Die Eruierung der archetypischen Prinzipien des Wesens der Frau: »Diese Prinzipien und Gesetze sind allgemeingültig. Die Einsicht in diese Gesetze klärt den Unterschied zwischen männlich und weiblich, ein Unterschied, der gewiß heute erneut abgeklärt werden muß, da so viele Männer weibisch und so viele Frauen vermännlicht sind.«[117] — entpuppt sich letztendlich als »Neuauflage« bürgerlicher Wertvorstellungen, die durch die Emanzipation der Frauen in ihrer allgemeinen Gültigkeit hinterfragt worden waren.

Der Zeitpunkt, an dem Hardings Werk — ebenso das von Neumann — erschien, ist denn auch vom frauenpolitischen Aspekt her äußerst geschichtsträchtig: Die »wilden fünfziger Jahre«, deren oft unkritische Renaissance gerade stattfindet, waren für das alltägliche Leben der Frauen gekennzeichnet durch die erneute Rückführung zu ihrer »wahren« Bestimmung — ihrem Dasein als Ehefrau und Mutter; gerade diese »wahren« Bereiche des Frauenlebens waren in den ersten Nachkriegsjahren durch die desolate ökonomische und soziale Situation nebensächlich geworden; erst galt es für die Frauen, das Überleben zu sichern.[118]

Vorsichtig formuliert bedeutet das, daß die archetypische Wesensbestimmung des Weiblichen, soweit es Hardings Ausführungen betrifft, teilweise als eine Reaktion auf die Verunsicherung der weiblichen Rollenzuschreibung der Nachkriegszeit gesehen werden kann. Es bedeutet hier eine Verteidigung und Absolutsetzung des normativen Status quo in bezug auf das Wesen der Frau.

3.5. ZUSAMMENFASSUNG

Die beiden hier in erster Linie interessierenden Aspekte waren die Intentionen der Matriarchatsforscher und das von ihnen gezeichnete Verhältnis der Geschlechter.

Negativ bestimmt kann gesagt werden, es geht nicht darum, die Existenz matriarchaler Kulturen historisch oder ethnologisch nachzuweisen. Leichte Ausnahmen hiervon bilden Bachofen und Diener-Eckstein. Doch auch bei ihnen ist dieser Aspekt sekundär gegenüber der Intention, eine »Stimmungslage«, ein Naturrechtsystem der Menschheit, das sich selbst steuert, ohne Kontrolle und Entfremdung des Menschen von sich und der Natur, zu zeichnen. Gemeinsam ist allen Autoren, daß sie in politischen Umbruchzeiten ihre Werke veröffentlichten. Bachofen war entsetzt von den bürgerlichen Revolutionen, die auch auf die Schweiz übergriffen, wie aus seinen »Politischen Betrachtungen« hervorgeht. Die nächste Auseinandersetzung mit seinen Theorien erfolgte in den zwanziger Jahren dieses Jahrhunderts (mit Ausnahme der Sozialisten, die hier aber nicht besprochen wurden[119]). Diener-Eckstein drückt sehr deutlich ihr Unbehagen aus in bezug auf die »menschenlose Zeit«, die sowohl faschistische wie auch sozialistische Bestrebungen meinte, und setzte ihnen gegenüber das mütterliche Naturrecht der »zeitlosen Frau«. Die nächste Renaissance des Mutterrechtsgedankens — die sich nur mehr entfernt an Bachofen orientiert — erfolgte in den fünfziger Jahren. Das zentrale Interesse galt nun vollends den mythischen Überlieferungen. Ranke-Graves fixiert zwar einen Zeitraum für matriarchale Kulturen, beschreibt jedoch nur die sakral-mythischen Erscheinungsformen der Göttinnenverehrung. Seine Einschätzung der zeitgenössischen Situation ist geprägt von dem Bewußtsein des Zusammenbruchs des Industriesystems. Die Zukunftsvision, die er anbietet, ist eine nicht-erbliche Aristokratie — wiederum im Rahmen der natürlichen Weltordnung der Göttin. Auch die Vertreter der Analytischen Psychologie wollen das »weibliche Prinzip«, das heißt das Prinzip des »Eros« in kontrollierter Form im Sinne einer Kulturtherapie wieder in das Bewußtsein integrieren.

Es kann also zusammenfassend mit Zinser gesagt werden, daß der Mythos vom Matriarchat als »Einspruchsfigur« dient und diente: als Einspruch gegen anomisch gewordene Verhältnisse, wobei die Auflösungserscheinungen sowohl gesellschaftliche Institutionen als auch deren identitätsverbürgende Normen und speziell deren Rationalität betraffen. Das Bild der Mutter oder der Göttin als idealisierter Mutter stand über dem intendierten Naturrecht, bildete den schützenden und bergenden Rahmen einer sich selbst regulierenden Zeit und Ordnung, gerecht und weise, die keinerlei Entfremdung und Irritation des Menschen von sich, der Natur und der Gemeinschaft kannte.

Bis hierher findet sich die Frau nur als Imagination der Mutter in den Mutterrechtstheorien vertreten. Zinser meint: »Der Witz oder eigentlich der Aberwitz aller drei Theorien über das Reich der Frau (Bachofen, Engels, Ferenczi, S. D.) ist, daß sie männliche Vorstellungen über die Frau zur

Grundlage haben und nicht die Frau als Subjekt, wie man zunächst für ein Mutterrecht erwarten würde.«[120]

Auch die hier bearbeiteten Autoren und Autorinnen weichen von diesem Schema nicht ab. Die Bilder, die von Frauen gezeichnet werden, egal ob 1860 oder 1950, reduzieren die Frau auf den stofflich-materiellen Bereich. Eigenaktivität der Frau bedeutet Einbruch in einen mystifizierten männlichen Bereich und damit »Entweiblichung«. Als Mutter neutralisiert, als Geliebte unterworfen; als Muse/Göttin idealisiert, als Frau auf ein männliches Projektionsfeld reduziert; im Spannungsfeld zwischen »Sophia« und »Uroboros« angesiedelt, damit ebenfalls auf Imaginationen beschränkt — diese männlichen Vorstellungen der Frau in den Mutterrechtstheorien sind Einspruch nicht nur gegen eine entfremdete und unwohnlich gewordene Welt, sondern auch gegen eine aktive, sich selbst-bestimmende, nicht auf »Materie« reduzierbare Frau. Das Verhältnis der Geschlechter mußte vor allem in unserem Jahrhundert teilweise revidiert werden und wurde in den Mutterrechtstheorien statisch wieder auf die bekannten Polaritäten reduziert. Einzig Diener-Eckstein gesteht Frauen Aktivität zu, verschmilzt in ihrer zeitlosen Frau Urmutter und Amazone; Hardings Frauenbild entspricht dem der männlichen Autoren: zwischen unbezähmbarer Triebnatur und religiösem Altruismus bewegt sich ihre archetypische Bestimmung des Weiblichen.

Und so findet sich auch der zweite Teil des Mythos vom Mutterrecht: nicht nur rückwärts gewandte Utopie, nicht nur Mystifikation der Frau und des Verhältnisses der Geschlechter zueinander als »Erotisierung der Weltgeschichte« bilden den Kern, sondern Mutterrechtstheorien enthalten ebensoviel Realität wie Mystifikation — ob historische sei hingegen dahingestellt: »Die männlichen Vorstellungen gehen aber nicht darin auf, nur Phantasien von Männern zu sein, sondern diese sind als geschichtlich-gesellschaftlich vermittelte den Frauen und ebenso den Männern, was nicht zu vergessen ist, als Sozialcharaktere und Verhaltensweisen auch aufgezwungen; insofern steckt auch ein Stück Realanalyse in ihnen und dies zeigt, daß sie nicht nur Projektionen sind.«[121]

EXKURS: MYTHOS UND AUFKLÄRUNG

Da in den beiden vorangegangenen Kapiteln immer wieder der Gegensatz — man könnte auch sagen: die Rivalität — zwischen Mythos und mythischem Bewußtsein und Aufklärung im Sinne rein rationaler Welterfahrung: »Habe Mut, dich deines *eigenen* Verstandes zu bedienen!« ist also der Wahlspruch der Aufklärung.«[1] —angesprochen und deutlich wurde, soll hier kurz auf diesen gerade für das Thema dieser Arbeit auch wesentlichen Konflikt und seine historische Genese eingegangen werden.

Der oben zitierte Satz Kants, der heute zumindest oberflächlich nicht mehr außergewöhnlich erscheint, war als Konsequenz lang dauernder Auflösungsprozesse der mittelalterlichen »Ordo Mundi« durch die Erfindungen und Entdeckungen der Neuzeit und den daraus resultierenden gesellschaftlichen Veränderungen zur Zeit Kants revolutionär. Er bildet den Abschluß eines Prozesses, in dessen Verlauf die Zerstörung sowohl magisch-mythischen Denkens und ebensolcher Lebensformen, Legitimationskrisen der katholischen Kirche, Religionskriege und Ketzer- und Hexenverbrennungen die zentralen Inhalte bildeten und an dessen Ende der Neuanfang eines veränderten Natur-, Welt- und Gesellschaftsbildes, charakterisiert durch die Ideale der Aufklärung, stand. »Der Mythos geht in Aufklärung über und die Natur in bloße Objektivität. Die Menschen bezahlen die Vermehrung ihrer Macht mit der Entfremdung von dem, worüber sie Macht ausüben.«[2]

Die Kampfansage der Aufklärung an Mythen und Einbildung, die »Entzauberung der Welt«[3], die sie in der Folge rational gestaltbar machen sollte, ist — wie allzuoft vergessen wird — auch die Konsequenz der Ketzer- und Hexenverbrennungen, wobei gerade letztere im 16. und 17. Jahrhundert — also gleichzeitig mit der Aufklärung — ihren Höhepunkt erreichten.[4] Bei dieser Massenvernichtung primär von Frauen treffen die Widersprüche, Ängste und auch Wünsche dieser Zeit, die mithin die Aufklärung prägten beziehungsweise durch sie verursacht wurden, massivst zusammen. Daher möchte ich kurz hier verweilen: Die gefährliche, unberechenbare Natur — als äußere wie innere — wurde mit der Frau als Hexe und ihrem engen Bezug zur Natur[5] identifiziert und sie sollte, wobei gerade auch der sinnliche beziehungsweise entsinnlichende Aspekt deutlich wurde, durch das Feuer und das Verbrennen »gereinigt« und damit auch kontrollierbar werden. Ein anderer Aspekt wird von Brackert dargestellt: »So wurde im traditionellen Hexenschema eine Erklärung für vielfältige Störungen der Weltordnung angeboten: für Impotenz, Wetterschäden, Krankheitsfälle, Unfruchtbarkeit und manches andere.«[6] Die Hexenverbrennungen, der Teufelsglaube, sind somit ein »Übergangsphänomen«: sie »mußten für das herhalten, was nicht mehr in einen göttlichen Heilsplan integriert war und noch nicht durch naturwissenschaftlich-exakte Erklärung verstanden werden konnte.«[7]

Das heißt, die durch Humanismus, Renaissance und Aufklärung verursachte Umdeutung der Welt löste insgesamt extreme Verwirrung und kulturelle Irritation aus, es entstand eine anomische Situation im Sinne Durkheims, deren Bewältigung durch Sündenbockprojektionen — wobei die verschiedenen Ängste sich überlagerten — versucht wurde.

Doch nun zurück zu den theoretischen Prämissen der Aufklärung: Wesentlich für die Theorien der Aufklärung war die Erkenntnis der »Neutralität des Raumes«: »Da es kein absolutes Zentrum und keine endgültige Peripherie mehr gibt, kann jedes Bewußtsein das Recht für sich beanspruchen, die Welt durch seine eigene Tätigkeit und seinen Gesichtspunkt zu gestalten, indem es sein individuelles Interesse unter der

Bedingung der Gegenseitigkeit rechtfertigt.«[8] Die Ideale der Aufklärung waren denn auch Freiheit und Gleichheit unter dem Primat der Vernunft des Einzelindividuums, gesichert in einem Gesellschaftsvertrag, der gegen die Willkürherrschaft des Absolutismus gesetzt wurde. Die Herrschaft des Verstandes soll sowohl in der menschlichen Gesellschaft als auch in der Natur durchgesetzt werden, es soll alles in eine »universale Ordnung« gebracht werden — damit erfolgt im Grunde eine Säkularisierung der alten gottgewollten »Welt der Tradition zu einer neuen gottgewollten Welt der *ratio*«.[9] Als Konsequenz beschreibt Fischer: »Der Rationalismus wandelt sich zur Utopie der perfekten Ordnung.«[10]

Damit stellt sich auch die Beziehung zum Mythos her: wurde dieser von der Aufklärung einerseits synonym gesetzt mit »methodisch unableitbar, unbeherrschbar«[11] und stand er damit den Idealen der Aufklärung diametral entgegen, so verstrickte die »Aufklärung mit jedem ihrer Schritte tiefer sich in Mythologie«.[12] Je stärker der Mythos, das Unkontrollierbare — damit aber auch Natur und Frau — ausgegrenzt werden sollte, umso intensiver produzierte die Aufklärung den ihr eigenen Mythos, die Faktengläubigkeit des Positivismus. Es soll hier jedoch gerade auch der emanzipatorische Aspekt der Aufklärung, durch ihre Überwindung des statischen und magisch-mythischen Weltbildes des Mittelalters, indem sie das »traditionelle Weltbild (...) durch das Wagnis einer offenen Zukunft überholt«[13] und die dadurch mögliche freie und bewußte Welt- und Gesellschaftsgestaltung proklamiert, betont werden.

Im Gegensatz zur Ausklammerung des Mythischen aus dem Gedankengut der Aufklärung griff die Romantik verstärkt darauf zurück: »In der Konkurrenz zwischen Mythos und Logos wurde die aufklärerische Vernunft gleichsam umgedreht und der Mythos als die Weisheit der Urzeit proklamiert, als Träger einer unmittelbaren Welterklärung, deren Wahrheit letztlich durch einen Akt der Rückwendung ergriffen und in gegenwärtiger Lebenspraxis erneuert wird, wobei sich die Grenzen und Zwänge zeitgenössischen Bewußtseins auflösen sollen.«[14] Dabei wurde teilweise gerade die Feudalstruktur des Mittelalters idealisiert, der scheinbar organische Zusammenhang mit der Natur gegen die mechanistische Weltauffassung der Aufklärung gestellt. Dieser Versuch aber, eine »unmittelbare Welterklärung« zu finden, vermittelt über den Mythos, ist bereits Ausdruck von gesellschaftlicher Krise und mythischem Denken. Die durch die Aufklärung und mit ihr verbundenen Prozesse der Neustrukturierung der Gesellschaft — im wissenschaftlichen, ökonomischen, religiösen und weltanschaulichen Bereich — emminent gewordenen Widersprüche und die fortschreitende Entfremdung des Menschen von der Natur, sollten durch das »Goldene Zeitalter« der Versöhnung von Natur und Gesellschaft, wobei der Frau als Geliebter und Mutter eine vermittelnde Rolle zugeschrieben wurde[15], aufgehoben werden.

»Nicht die Frage nach der Substanz oder der Wahrheit, sondern die nach der gesellschaftlichen Funktion trennt das mythische Denken des 19. Jahrhunderts schroff vom Mythos. Während dieser einen Teil der kollektiven Arbeit am Umweltverhältnis bildet, ist jenes ein Produkt der Resignation vor der Aufgabe, ein solches zu gewinnen.«[16] Diese Charakteristik der Funktion mythischen Denkens trifft meines Erachtens auch auf den heute erfolgenden Rückbezug auf die ewigen, transzendentalen Wahrheiten des Mythos zu. Nach einer kurzfristigen Tabuierung des Mythischen durch seine »propagandistische und ideologische Perversion«[17] im Faschismus, wird relativ unbeschadet von dieser jüngsten Vergangenheit, der Mythos wieder aufgegriffen und — was oben noch nicht explizit erwähnt wurde — stieg gleichzeitig damit die Faszination am »bon sauvage«, wie dies bereits in der Romantik auch vorgebildet war. Diese neuerliche »Rationalitätsmüdigkeit« ist ihrerseits wieder Konsequenz der Erkenntnis, daß »Rationalität (...) selbst irrational geworden (ist). Ursprünglich angetreten als Logos, der den Mythos überwindet, als Aufklärung, die den blinden Zwang von Vorurteil und Naturherrschaft beendet, erscheint sie heute selbst als Mythos, Vorurteil und

Zwang, als ein lebensfeindlich gewordenes Denken. Die Beispiele dafür liegen auf der Hand, von der bedrohten Ökosphäre bis hin zum Rüstungswahn.«[18]

Die mythologische Verarbeitung dieser Welterfahrung, wie sie gerade auch für die feministische Matriarchatsdebatte charakteristisch ist durch ihren Rekurs auf friedliche, ganzheitliche und »weibliche« Kulturen im Gegensatz zur destruktiven »männlichen« Gesellschaft – wobei hier als Gegensatzpaar weiblich=mythologisch und männlich=rational konstruiert wird – hat zwar identitätsstützenden Charakter[19], wie in Kapitel 2 bereits angedeutet wurde, ist aber andrerseits genau in dem Antagonismus »Mythos« versus »Logos« beziehungsweise »Frau« versus »Mann« gefangen und überschreitet diesen nicht im Sinne einer dialektischen Aufhebung. Damit scheint sich auch hier die resignative Abwendung von einer Auseinandersetzung mit den »Umweltverhältnissen« zu reproduzieren, wie sie für das mythische Denken der Romantik gezeigt wurde. Die Frage, die Post in bezug auf den allgemeinen »Boom der Irrationalität« der achtziger Jahre stellt, muß auch an die feministische Matriarchatsdebatte gerichtet werden: »Und können wir heute künstlich auf archaische Lebensformen zurückgreifen, die Komplexität unserer Welt gleichsam einfach vergessen? – Aufklärungsprozesse sind unumkehrbar, und der vermeintliche Stand der Unschuld ist längst verloren.«[20]

Mythos und mythisches Denken der Neuzeit wurden hier nur unter dem ideologiekritischen Aspekt betrachtet. Wie mit Hüppauf zitiert, interessiert in erster Linie nicht die »Wahrheit« des Mythos, seine »Substanz«, sondern die jeweilige Integration mythologischer Bilder in die aktuelle Weltsicht. Die Vorstellung einer statischen Wahrheit, die der Mythos bewahrt haben soll, ist selbst Ausdruck des Wunsches nach einer letztgültigen Erklärung, die in einer immer komplexer werdenden Welt als solche unmöglich gefunden werden kann. Auch der Mythos hat Geschichte und transportiert daher mehr oder weniger ideologische Momente einer anderen

Epoche: »Ob weit zurückliegend oder nicht, die Mythologie kann nur eine *geschichtliche* Grundlage haben, denn der Mythos ist eine von der Geschichte gewählte Aussage; aus der ›Natur‹ der Dinge vermöchte er nicht hervorzugehen.«[21]

Ein wesentlicher Aspekt des Mythos blieb bisher noch unberücksichtigt, der, wie es Bloch nennt, des progressiven Rückbezugs aufs Mythologische.[22] Diese doppelte Struktur und Möglichkeit des Mythos wurde auch von Thomas Mann um die Jahrhundertwende betont — die Unterscheidung des »hellen« vom »dunklen« Mythos sollte den Nationalsozialisten den Mythos entreißen[23] und gleichzeitig die Affinität von Mythos und Krise durchbrechen, stellte also den Versuch einer Überschreitung des Gegensatzes von Mythos und Logos dar. Damit wäre ein Schritt hin zur »Aufklärung der Aufklärung«[24] ebenso erreicht wie eine kritische Auseinandersetzung mit dem Mythischen — eine Entmystifizierung des Mythos: »Dieser Zirkel aus krisenhafter Entwicklung und mythischer Verdeckung ist durch eine Kritik des mythischen Denkens nicht aufzubrechen, da die Suggestion weniger von den Mythen als von den Bedingungen ihrer Rezeption erreicht wird. (...) Den Zusammenhang von Mythos und Krise durchschaubar und eine alternative Mythenkonzeption verfügbar zu machen, ist aber auf der anderen Seite ein erster Schritt auf dem Weg zur Auflösung der Verflechtungen (...). Die Suche nach einem »anderen« Mythos legitimiert sich nicht selbst, sondern erst aus der Rolle, die ihm im geschichtlichen Prozeß zugedacht wird.«[25] Dies bedeutet, der utopische Gehalt des Mythos kann und soll nicht geleugnet werden, er vermag aber nicht aus der Substanz desselben hervorzugehen, sondern wird im Gegenteil erst bestimmbar durch die Reflexion der Differenz von Geschichte, Mythos und Rationalität. Die Dialektik der Aufklärung ließe sich dann zumindest in Ansätzen transzendieren: »Die Entzauberung, die sie (die Aufklärung, S. D.) bewirkt hat, bleibt vor ihr selbst nicht stehen. Sofern Rationalität zum Mythos geworden ist, bietet sie selbst auch Mittel zur Entmythologisierung, gerade indem sie konsequent bleibt.«[26]

3.6. NACHTRAG: ZUR KONVERGENZ FEMINISTISCHER UND ROMANTISCHER MUTTERRECHTSTHEORIEN

Bis auf die erste Phase der feministischen Matriarchatsdebatte, die durch die Rezeption der Sozialisationstheoretikerin Mathilde Vaerting bestimmt war, entspricht diese den romantischen Ansätzen zur Mutterrechtsforschung beziehungsweise auch deren teilweiser »Beschwörung« eines vom Primat des Mütterlichen geprägten Kulturzustandes. Vor allem die Sehnsucht nach organisch sich regelnden Verhältnissen, nach den Ordnungsprinzipien: »Blut, Boden und Mutterliebe« — zum Beispiel in den idealisierten Fruchtbarkeitskulten[122] — verbindet Feministinnen mit Romantikern. Diese organisch-ganzheitlichen Verhältnisse finden ihren Ausdruck im Mythos, der, wie oben angesprochen, ebenso von den Widersprüchen der Geschichte »gereinigt«, dieser Sinn und Kontinuität gibt. Er ist die theoretisch-bildhafte Parallele zum »Reich der Mütter« und Frauen, gehört also notwendig zu den weltanschaulichen Theorien über das Mutterrecht. Die oft beträchtlichen inhaltlichen Divergenzen zwischen den Quellen der Feministinnen und diesen verblassen, werden sekundär, gegenüber dieser mythologisch-weltanschaulichen Übereinstimmung, die gewissermaßen als »Metaphysik der Invarianz« den realen und als von anonymen Mächten bestimmt erlebten Verhältnissen entgegengesetzt wird.

Die identitätsstützende Funktion der Mutterrechtstheorien, die sowohl bei einzelnen Vertretern der romantischen Auseinandersetzung — allen voran Bachofen und Ranke-Graves — als auch bei Feministinnen — diesmal jedoch gewissermaßen als Massenphänomen im Sinne des kollektiven Aufgreifens des Bildes — herausgearbeitet werden konnte, beruht zwar inhaltlich auf unterschiedlichen Prämissen, verweist aber dennoch beide Male auf die Rollenkonfusion und den jeweils neu zu definierenden Umgang mit Sexualität und Sinnlichkeit sowie auf das »Verhältnis der Geschlechter«, dessen unproblematischstes und befriedigendstes Modell im »Mutterrecht« — als Imagination des Mütterlichen — scheinbar gefunden wird.

Damit ist die feministische Matriarchatsdebatte keineswegs — zumindest in ihren allgemeinen Tendenzen — eine historisch »neue«, erstmalige Erscheinung; sie schließt in den zentralsten Aspekten relativ unreflektiert an die, ihr als Quellen dienenden romantischen Mutterrechtstheorien und vor allem die darin zum Ausdruck kommenden Sehnsüchte an.[123] Dennoch muß darüberhinausgehend beachtet werden, daß eine ganz spezifische Dimension der feministischen Matriarchatsdebatte vor allem von Ranke-Graves vorweggenommen wird. Diese besteht vor allem in der scheinbar unbedingten Notwendigkeit, *das* »Geheimnis« zu ergründen (das heißt, den »*echten* Mythos«, die *wahre* Tradition der Frau), dessen Freisetzung scheinbar Offenbarungscharakter zukommt. Inhaltlich wird die Entdeckung des »Geheimnisses« begleitet von Allmachtsphantasien und dem Bewußtsein von der Abwesenheit des Vaters. Diese Konstellation wurde für Ranke-Graves bereits detaillierter besprochen. Da aber genau hier verstärktes Interesse einsetzt, scheinen hier Probleme von allgemeinerer Reichweite abgehandelt zu werden. Eine differenzierte Besprechung dieses Komplexes in der Behandlung durch Feministinnen sei auf das nächste Kapitel dieser Analyse verschoben. Zunächst möchte ich nur eine — zugegebenermaßen noch allgemein gehaltene Hypothese aufstellen:

Da diese Konstellation vorher noch nicht zu den tragenden Komponenten der Mutterrechtsdiskussion zählte, scheinen hier »neue« historische Ereignisse unterschiedliche psychische Erlebnis- und Verarbeitungsformen zu provozieren, die auch in der Auseinandersetzung mit Matriarchaten sichtbar werden.[124] Daher vermute ich, daß aufgrund der spezifischen Struktur, die sich erkennen läßt, sich die für eine extreme Konsumgesellschaft typischen Sozialisationsweisen und

-ängste widerspiegeln und hier auch verarbeitet werden können.

Die »fordistische Produktionsweise«[125], die ab den fünfziger Jahren auch in Europa endgültig die traditionellen »bürgerlichen« Verkehrsformen mit den dazugehörenden Charaktermerkmalen unterwanderte und neustrukturierte, bildet die ökonomische Grundlage eines »neuen Sozialisationstypus«[126]: »Als Sozialisationsparadigma hat die Mutterfixierung die Bindung an den Vater abgelöst. Beides, die Veränderung der Sozialstruktur und die Veränderung der Sozialisationsbedingungen, hat Konsequenzen in bezug auf die Identität der Subjekte. (...) *Diffuse Ichgrenzen* und nur *schwach entwickelte Abwehrsysteme* bilden sich aus. *Regression* wird daher zum vorherrschenden Abwehrmechanismus.«[127] Auch Strotzka beschreibt diesen Zusammenhang: »An dieser Stelle sei noch erwähnt, daß wir in den letzten Jahrzehnten, wohl als Folge der gesellschaftlichen Entwicklung(en), eine Zunahme narzißtischer Persönlichkeitsentwicklungen beobachten müssen, die einem Zurückziehen aus dieser Welt entspricht.«[128]

Zusammenfassend könnte dies bedeuten, daß die »vaterlose Gesellschaft«, die den Hintergrund bildet für die eben beschriebenen narzißtischen Persönlichkeitsentwicklungen und die durch die Massenproduktion nach dem Zweiten Weltkrieg im ökonomischen Bereich forciert wurde, sich in der jüngeren Mutterrechtsdiskussion wieder findet und teilweise dort verarbeitet wird. Wie weit diese Hypothese ihre Berechtigung hat, soll im folgenden Kapitel überprüft werden. Daß dafür jedoch eine gewisse Wahrscheinlichkeit besteht, kann nach den Analysen in Kapitel 3, die die jeweils spezifische Auseinandersetzung mit Matriarchaten als sehr wohl zeitbedingt (und auch schichtspezifisch) nachweisen konnten, wohl nicht zur Gänze geleugnet werden. Damit nähere ich mich aber auch der Überprüfung der Ausgangshypothese — daß nämlich Matriarchate als Übertragungsschirm fungieren — weiter an. Konnte dies in groben Zügen bereits bei den romantischen Matriarchatstheoretikern festgestellt werden, so muß dies im folgenden anhand der Analyse einzelner Themenbereiche weiter überprüft werden.

4. DIE INTEGRATION »MATRIARCHALEN BEWUSSTSEINS« UND »MATRIARCHALER PRAXIS« IN DIE GEGENWART

4.0. EINLEITUNG

Wie aus der Verlaufsanalyse des Aufgreifens des Matriarchatsbegriffs im zweiten Kapitel ersichtlich ist, schwand das Interesse am Nachweis der realen historischen Existenz von Matriarchaten gerade mit dem Paradigmenwechsel in der allgemeinen Entwicklung der Neuen Frauenbewegung und an seine Stelle trat die Betonung der Notwendigkeit, Bilder von Frauenverehrung und mehr oder weniger realistischer Frauenmacht aufleben zu lassen. Wesentlich dafür war die »Wiedererinnerung« der nun als gynozentrisch bezeichneten Kulturen — wobei der Begriff des »Inventing History« als Richtlinie für diese Auseinandersetzung mit Frauenvergangenheit angesehen werden muß. Das kollektive Aufgreifen des Matriarchatsbildes, das seine intensivste Ausbreitung in der von mir als zweite Phase der Matriarchatsdiskussion bezeichneten Epoche erfuhr, ist konstitutiv für eine Strömung innerhalb der Neuen Frauenbewegung, die ich in Anlehnung an amerikanische Feministinnen mit dem Terminus »Kultureller Feminismus« belegte, der im deutschsprachigen Raum noch nicht sehr verbreitet ist.[1] Dies betone ich deshalb, weil die Auseinandersetzung und Analyse der Versuche, matriarchales Bewußtsein und matriarchale Praxis in die Gegenwart und den Alltag von Feministinnen zu integrieren, mithin auch in eine Kritik dieser Tendenz mündet — obwohl der Kulturelle Feminismus sich nicht zur Gänze mit der feministischen Matriarchatsdiskussion deckt, beziehungsweise sich nicht darin erschöpft; diese Beziehung ist nicht umkehrbar.

Die wesentlichsten Bereiche feministischer Lebens- und Alltagspraxis, die vornehmlich in matriarchaler Terminologie abgehandelt werden und die daher den Gegenstand der nun folgenden Analyse bilden, wurden bereits in Kapitel 2 schwerpunktmäßig sichtbar und seien hier kurz wiederholt:

Es handelt sich *a)* im weitesten Umfang um eine als »neue«, daß heißt von patriarchalen Denk- und Handlungsstrukturen völlig unabhängig gedachte Realitäts- und Alltagsdefinition. Sie soll rein weibliche und daher »matriarchale« Muster des Denkens, Lebens und Handelns beinhalten und wird ebenso wie matriarchale oder gynozentrische Kulturen als unverzerrtes Abbild kosmischer und naturhafter Prinzipien definiert.[2]

b) Innerhalb dieser Realitätsdefinition nehmen Frauenbeziehungen zentrale Position ein und sind teilweise »biomystische« Fortsetzung des frauenzentrierten Konzepts, das zu Beginn der Neuen Frauenbewegung mit der Integration der Lesbenbewegung in diese an Bedeutung gewann.[3] Deren spezifische Ausformung durch die Bezugnahme auf die mythischen Vorbilder und die daraus resultierende Bedeutung für die weiblich-matriarchale Weltgestaltung und -definition bilden den Gegenstand des zweiten Punktes der Analyse. In innigstem Zusammenhang mit diesen Versuchen, wahrhaft weibliche Frauenbeziehungen zu gestalten, steht die Idee der Macht, die ebenfalls mitberücksichtigt werden soll.[4]

c) Neben dieser rein frauenzentrierten Tendenz der Matriarchatsdebatte existieren Versuche, auch das »Männliche« in eine solcherart entworfene Frauenwelt am ihm zustehenden Platz — dem des Geschöpfes[5] — zu integrieren. Dieses utopische Modell der Beziehungen von Männern und Frauen soll in seiner Bedeutung und seinem Zusammenhang in bezug auf die feministisch-matriarchale Realitätsdefinition und den darin angestrebten Beziehungen von Frauen untereinander analysiert werden und gleichzeitig die Frage nach den in diesem Konzept enthaltenen sexuellen Befriedigungsmöglichkeiten gestellt werden.[6]

d) ein weiterer Aspekt, der zwar nicht so unmittelbar wie die eben angeführten Interaktionsformen die Realitätsdefinition mitstrukturierte, aber dennoch in den Kontext der Integration matriarchaler Praxis in die Gegenwart gehört, ist der Versuch, weibliche Körperfunktionen mit Hilfe matriarchaler Vorbilder — und speziell durch die Anrufung der Göttin — zu enttabuieren. Ich möchte daher diesen Komplex am Beispiel der Enttabuierung der Menstruation in diesem Kapitel nachvollziehen, weil sich gerade hier die Zweischneidigkeit einer oft unreflektierten Antizipation matriarchaler Praxis — wie noch zu zeigen sein wird — nachweisen läßt.[7]

Das Ziel dieses Kapitels sehe ich darin, beschränkt auf die jeweilige psychische Dynamik, die sich aus der feministischen Darstellung der utopischen Entwürfe einer matriarchal-feministischen Lebenspraxis im 20. Jahrhundert ergibt, nachzuvollziehen, welche Bedeutung und Funktion das Aufgreifen mythischer — und damit matriarchaler — Vorbilder für den psychischen Haushalt von Gruppen, die sich dieser Idee zugehörig fühlen, hat. Das heißt, es soll über die psychoanalytische Interpretation des jeweils beschriebenen Gruppengeschehens auf der Basis in die Gegenwart transponierter matriarchaler Vorstellungswelt, ein Beitrag geleistet werden zum Verständnis von Notwendigkeit und Funktion »mythologischer Ideale« für soziale Bewegungen — genauer: für einen Teil einer sozialen Bewegung, den Kulturellen Feminismus.

Die Problematik, die sich aus einem derartigen Unterfangen ergibt, liegt in der Überdeterminiertheit des Gegenstandes begründet und wird meines Erachtens von Alexander und Margarete Mitscherlich gut charakterisiert: »Der Analytiker seelischer Prozesse in Gruppen sieht sich einer oft nur schwer greifbaren und niemals einsinnig zu ordnenden Vielfalt von Erscheinungen gegenüber.«[8] Das heißt, es besteht die Gefahr bei einem derart weitgefächerten Gegenstand, wie ihn die Versuche der Antizipation matriarchaler Praxis in die Gegenwart darstellen, daß es mancherorts zu Verkürzungen der

Interpretation kommen kann, beziehungsweise zur Überbetonung einzelner Aspekte, die zwar für einzelne Gruppen oder Personen zutreffend sein mögen, im Gesamtkontext der Matriarchatsdebatte aber vielleicht nicht so zentrale Bedeutung haben. Trotz dieser Gefahren, die mir sehr wohl bewußt sind, möchte ich versuchen, ein Stück weit mit Hilfe psychoanalytischer Interpretationsverfahren in die oben skizzierte Problematik einzudringen — auch in Hinblick darauf, daß es noch keinerlei Arbeiten zu diesem Thema von einem vergleichbaren Ansatz her gibt und ich glaube, daß es an der Zeit ist, sich auch aus psychologischer Sichtweise diesem spezifischen sozialen Phänomen anzunähern.

4.1. MATRIARCHALES NATURRECHT ALS KONKRETISIERUNG KOSMISCHER PRINZIPIEN *ODER:* GOLDENES ZEITALTER VERSUS APOKALYPSE[9]

4.1.0. VORBEMERKUNG

»Wie wir wissen, haben die patriarchalen Großreligionen und die Denksysteme in ihrem Gefolge, Philosophie und neuzeitliche Wissenschaft, die kosmische Ordnung nicht ins Lot gerückt, wie sie vorgeben. Im Gegenteil haben sie diese — wenn wir uns den Planeten Erde betrachten und die Ausbeutung seiner natürlichen Kräfte, der außermenschlichen wie der innermenschlichen — erst recht aus dem Gleichgewicht gebracht. Was die matriarchalen Religionen verstanden und respektierten: die natürlichen Kreisläufe, wurde von ihnen mißachtet und zerstört. Was wird uns dagegen helfen? Vielleicht der Aufstand der Hera, die Rückkehr der Jörd, um die irdische Ordnung wieder zu einer des Überlebens im Kosmos zu machen. Vielleicht — wenn uns die Zeit dazu noch bleibt!«[10] Diese Überlegungen Göttner-Abendroths skizzieren wesentliche Gedankengänge der feministischen Matriarchatsdebatte des Kulturellen Feminismus und seine am Patriarchat geäußerte Gesellschaftskritik.

Durch das Patriarchat, seine Vaterreligion und dualistische Philosophie, die den Geist höher bewertet als die Materie und gleichzeitig den Mann auf die Geist-Seite und die Frau auf die Seite der Materie schlug, die »das Andere« verkörpert folglich in der Frau, in der Natur, in den Unterdrückten fürchtete und mittels Ausgrenzungsverfahren als solches verabsolutierte, wurden Naturzerstörung und Ausbeutung vorangetrieben, ebenso die Entfremdung des Menschen von seiner »inneren Natur«. Es wird also der Gegensatz aufgestellt zwischen dem patriarchalen ausbeuterischen Umgang mit Natur und Materie, und dem matriarchalen Umgang damit, der die »natürlichen Kreisläufe achtete«, also im Sinn empathischer Naturaneignung das ökologische Gleichgewicht aufrechterhielt. Denn — dies wird zwar bei Göttner-Abendroth in diesem Zitat nicht sehr deutlich — die matriarchale Welt wird als animistische vorgestellt, die die Natur als lebendes, beseeltes Wesen, als Göttin verehrte und die daher diese nicht machtvoll ihrer Schätze berauben konnte. Im Gegensatz dazu steht die patriarchale, mechanistische Weltanschauung, die die Natur als totes Objekt betrachtet und von daher die Legitimation nimmt, sie auszubeuten, zu kontrollieren und einzudämmen in ihrer ursprünglichen Wildheit. Dieser Zerstörung soll nun Einhalt geboten werden: innerhalb kurzer Zeit, weil die endgültige Vernichtung bereits droht. Die Möglichkeiten dieser Umkehr beschreibt Göttner-Abendroth hier mit dem »Aufstand der Hera« oder der »Rückkehr der Jörd« — damit sind gemeint »matriarchale« Revolten gegen die patriarchale Ordnung zur Wiederherstellung der kosmischen und natürlichen Ordnung.

Diese relativ ausführliche Besprechung des Zitats Göttner-

Abendroths sollte kurz den Rahmen abstecken, innerhalb dessen sich die Gesellschaftskritik der feministischen Matriarchatsdebatte bewegt. Im Spannungsfeld von patriarchaler Apokalypse und matriarchalem »Goldenem Zeitalter«[11] wird die feministische Kritik formuliert. Interessanterweise wird die Dichotomie des so heftig kritisierten dualistischen Denksystems weitgehend beibehalten, sofern sie den Ausschluß des Weiblichen aus den Aufklärungsprozessen und der rationalen Weltgestaltung betont – Aufklärung als Prozeß der Aneignung eines mechanistischen (und gleichzeitig rationalen) Weltverständnisses ist somit den Frauen »wesensfremd«. Dieser Gedankengang wird jedoch um eine andere Dimension erweitert, wenn berücksichtigt wird, daß die Kontroverse »Matriarchat« gegen »Patriarchat« inhaltlich »ganzheitlich-organische Weltauffassung« gegen »dualistische« Weltauffassung bedeutet. Hier ist ein Zeitsprung nicht zu übersehen, der diese Gegenüberstellung relativieren müßte: Patriarchat und patriarchale Welt stehen für Aufklärungsprozesse der Neuzeit, welche die letzten Reste animistischen Denkens – wie sie etwa im Mittelalter noch existierten, was zum Beispiel an den Opferhandlungen, die den Bergbau begleiteten, deutlich wird[12] – und allgemein die mittelalterliche »Ordo Mundi« endgültig auflösten, während Matriarchat und die ganzheitlich-organische Utopie von der Altsteinzeit bis zur dorischen Invasion in den weitesten zeitlichen Ausmaßen gesehen wird. Diese Zeitdifferenz, die völlig unterschiedliche soziale und ökonomische Zusammenhänge beinhaltet, wird – meist[13] – ausgeklammert, es kommt daher im wesentlichen zu einer Konfrontation der »Prinzipien«, wobei nun »männlich-nekrophil« gegen »weiblich-biophil«[14] als biologisch-kosmisches Erklärungsmuster für Gesellschaftsprozesse steht; davon ist natürlich auch die inhaltliche Darstellung matriarchaler Kulturen betroffen, wie im folgenden gezeigt werden soll. Als logische Konsequenz dieses Ansatzes erscheint letztendlich der »Geschlechterkampf«, der die Durchsetzung der Interessen der Frau zum Inhalt hat, als letzte Möglichkeit zur Rettung des »Planeten« vor der völligen Zerstörung: »sondern wir sagen: wollt ihr leben oder sterben? Wenn ihr das Sterben des Planeten ablehnt, müßt ihr die Revanche der Frauen akzeptieren; denn ihre persönlichen Interessen als Geschlecht decken sich mit denen der menschlichen Gemeinschaft, während die der männlichen Einzelindividuen sich von jenen unterscheiden, und dies sogar im derzeitigen männlichen System. (...) Und der den Frauen übergebene Planet würde für alle Zeiten wieder erblühen.«[15]

Im folgenden soll versucht werden darzustellen, wie die Verwirklichung der kosmischen Ordnung in Matriarchaten vorgestellt wird. Weiters sollen nach dieser Darstellung die Versuche, matriarchale Praxis in die Gegenwart zu integrieren, exemplarisch dargestellt und analysiert werden, um dadurch ein spezifisches Bild sowohl des feministischen Matriarchatsbegriffs als auch von dessen Bedeutung für die Gegenwart zu bekommen. Wobei hier in erster Linie nachvollzogen werden soll, wie der Alltag der Feministinnen gezeichnet wird unter Berücksichtigung des matriarchalen Bewußtseins. Von hier ausgehend soll nochmals die Frage aufgeworfen werden, welche psychischen Motivationen hinter dem so oft geäußerten Bedrohungserleben durch die patriarchale Welt stehen und welche Funktion hierbei die matriarchale Welt erfüllt. Damit möchte ich versuchen, die bereits in Kapitel 2 angeführten Überlegungen zur Darstellung der historischen als auch der gegenwärtigen Realität konkreter zu fassen — sie ergänzend zur Dynamik der Frauenbewegung, also in erster Linie in Hinblick auf externe Faktoren, auf die in ihr enthaltenen psychischen Dispositionen zu hinterfragen.[16]

4.1.1. DAS »GOLDENE ZEITALTER« ODER: DAS FEMINISTISCHE MATRIARCHATSBILD (HISTORISCH)

DARSTELLUNG

Die Gemeinsamkeiten, die das feministische Bild vom Matriarchat, der frauenzentrierten Zeit, bestimmen, liegen in der Übereinstimmung der kosmischen Prinzipien, der ökologischen Kreisläufe und des kulturell-sozialen Lebens in Matriarchaten mit den weiblichen Prinzipien. Damit entsprechen sie den Vorstellungen der Romantiker vom naturnahen, sich selbst ohne Zwang und Gesetz regulierenden Leben: »Diese Träume von der Rückkehr zur vollkommenen Einheit, in der die Person ausschließlich Person ist und die Gemeinschaft sich auf unmittelbare Beziehungen gründet, diese Träume von der Aufhebung jeglicher Vermitteltheit zwischen Persönlichkeit und Gemeinschaft, von der Aufhebung der inneren Zerrissenheit der Persönlichkeit selbst, sind implizit oder explizit gegen die Philosophie des Liberalismus gerichtet, gegen seine wesentliche Grundlage: die Theorie des Gesellschaftsvertrages.«[17]

Diese Harmonie von Individuum und Gesellschaft, aufgehoben in Natur und Kosmos, drückt sich aus in den Vorstellungen über Frauenreligionen: »Die Frauenreligionen waren ganzheitlich: Körper, Seele und Geist, alltägliche Handlung und kosmischer Sinn waren eins.«[18] Auch im »Traum-Denken«, das die Frauen praktizierten und durch das sie alle Erfindungen machten, die von den Männern dann nur noch weiterentwickelt wurden, sind das »Subjektive und das Objektive (verschmolzen) zu einer Erfahung von kosmischer Ganzheit.«[19]

Daher gab es natürlich auch keine Trennung zwischen sakralen und profanen Bereichen; der Mythos diente als Mittler von kosmischen Prinzipien und sozio-kulturellem Leben: »Die ästhetische Dimension in diesem Sinne bestimmte das gesellschaftliche Leben, ja noch mehr: gesellschaftliche Strukturen waren geordnet nach den Vorstellungen des Mythos, wie er im Ritus sichtbar auftrat. Die Menschen waren bestrebt, alles miteinander in Übereinstimmung zu bringen. Denn ihre Gemeinschaft galt ihnen als das irdische Abbild der kosmischen Ordnung, der matriarchalen Göttin, der Muse.«[20] Erst in patriarchaler Zeit, als Herrschaftsinteressen diese Harmonie störten, bekam der Mythos für Göttner-Abendroth eine »ideologische Funktion«.

Die Frage nach der Strukturierung des Gemeinschaftslebens stellte sich damit nicht, ebensowenig die nach einem Rechtssystem und dessen Ausformung: »In such a system, justice is not based on an external Absolute who imposes a set of laws upon chaotic nature, but on recognition of the ordering principles inherent in nature. The law is the natural law.«[21] Auch Ploil vertritt den Naturrechtsgedanken für Matriarchate: »Doch können wir annehmen, daß die Menschen größtmögliche Freiheit besaßen und sich nur Regeln des Verhaltens unterwarfen, die ihrer Sicht nach von der Göttin (und die Göttin ist die Natur) kamen.«[22] Durch diese Integration in den natürlichen Ablauf der Welt kam es auch nicht zur Entfremdung der Menschen — weder von sich selber noch von der Natur; Entfremdung ist daher wesentlich geknüpft an patriarchale Kulturen: »Entfremdung ist der Kulminationspunkt eines langen historischen Herganges. Ihre Ursachen lassen sich zurückverfolgen zu einer in der Bronzezeit stattgefundenen Wende, als matrifokale, erdverbundene Kulturen, deren Religionen sich auf die *Göttin* oder naturverkörpernde Götter stützten, ersetzt wurden durch patriarchalische und verstädterte Eroberungskulturen, deren Götter Kriege veranlaßten und förderten.«[23]

Entsprechend diesem sich sowohl selbst regulierenden als auch unter dem »milden Regiment der Göttin«[24] stehenden sozialen System sind die Rollen von Mann und Frau widerspruchsfrei fixiert: »Als irdische Verwandte und Vertreterinnen des Mondes waren die Frauen dazu berufen, ihre Verbindungen zum Fruchtbarkeitsprinzip zum Wohl der Gemeinschaft zu nutzen, indem sie Orakel und Prophetinnen wurden.«[25] Diese »Mondverwandtschaft« der Frauen wird aus ihren Körperfunktionen — speziell ihrer Menstruation, die im Rhythmus des Mondes stattfindet — abgeleitet: »Elementare Macht bedeutete damals, wie auch heute noch, nicht nur die Fähigkeit Kinder zu gebären, sondern auch, daß das Blut der Frau als wirkliche Macht anerkannt wird. Das heilige Blut der Frau war ein großes Geheimnis: Wir bluten im Mondrhythmus (...)«[26] Daraus resultierte die »organische Autorität«[27] der Frau; somit konnte die weibliche Biologie als die wesentliche Quelle der Macht vorpatriarchaler Zeiten betont werden. In den kosmischen Bereich transzendiert, beschreibt Göttner-Abendroth die Bedeutung des Weiblichen folgendermaßen:

»Denn das weibliche Prinzip war das Göttliche, und zwar in all jenen Dimensionen, in denen die Göttin sich selbst repräsentiert: die Kraft zur Integration des ganzen Kosmos, die kreative Fähigkeit überhaupt. Das männliche Prinzip war das Heroische: die Kraft zum Selbstopfer, die Fähigkeit zur vollkommenen Integrität.«[28] Das von Göttner-Abendroth in Anlehnung an Ranke Graves herausgearbeitete Dreier-Schema der matriarchalen Göttinnen — als Jungfrau, Liebende und Tötende — das alle Dimensionen des matriarchalen Kosmos, den Himmel, die Erde, die Unterwelt[29] und den Jahreszeitenzyklus repräsentiert, bestimmt die Frau und ihre Fähigkeiten ebenfalls im relativ engen Rahmen ihrer Reproduktionsfähigkeit.

Gegenüber dieser organischen Übermacht der Frauen wird die Rolle des Mannes in matriarchalen Kulturen als sekundäre bestimmt: »Wir sehen in der matriarchalen Vorstellungswelt das männliche Prinzip ganz und gar eingebettet in ein weibliches Universum.«[30] Da er mit seinen Kräften nicht den Kosmos repräsentiere, sei er in jeder seiner Phasen auf die Göttin in ihren drei Aspekten bezogen. Hier findet sich auf religiöskosmischer Ebene die Idee des Mannes als Sohn; dies wird auch die einzige Position bleiben, die im Einklang mit den natürlichen Prinzipien ihm adäquat ist — falls er überhaupt erwähnt wird. Die natürliche Beziehung zwischen Mann und Frau ist also diejenige zwischen Sohn und Mutter[31]: »Aus ihr sind alle Dinge entstanden und deshalb ist sie eins mit ihnen und von ihnen. Sie schenkte zu ihrem Vergnügen einem Sohn das Leben und machte ihn zu ihrem Geliebten.«[32] Und Sjöö meint: »Ihr Leib brachte Söhne hervor, Sie nährte sie an ihrer Brust, und es war nicht ihr Wunsch, daß Männer abgewertet oder vernichtet werden sollten. (...) Die Göttin wußte, daß Sie die Stamm-Mutter war, und mußte den Menschen keine un-natürliche Religion mit un-natürlichem Gesetz aufzwingen. (...) Ihr Sohn war gleichzeitig ihr Geliebter, ihr Heros. (...) Das Patriarchat dagegen muß ein nicht-natürliches System mit Gewalt aufrechterhalten.«[33]

In diesem Kontext der »natürlichen« Verhältnisse matriarchaler Kulturen erhält auch die neue, von Feministinnen angestrebte Machtdefinition ihre Bedeutung. Es soll nicht »Macht-Über« (»power-over«[34]) angestrebt werden, dieser Machtbegriff ist explizit männlich und patriarchal, sondern die elementare weibliche Macht als kulturelle Kraft verwirklicht werden, wie sie in Matriarchaten bereits verwirklicht war: »and they (Diener-Eckstein und Davis, S. D.) conceive of *female* power as qualitatively different from *male* power. This has led many feminists to define *matriarchal* as a different kind of power, as a realm where female things are valued and where power is exerted in nonpossessive, noncontrolling, and organic ways that are harmonious with nature.«[35]

Dieses »Goldene Zeitalter« der matriarchalen (oder »matrifokalen«, »gynozentrischen«[36]) Kultur, die sich in »Natur« erschöpft, bildet den Gegenpol zur Rationalitätskritik des Kulturellen Feminismus. Es ist sowohl die Zeit der »wahren Weiblichkeit« als auch des Friedens, des ökologischen Gleichgewichts von Mensch und Natur; eine Zeit ohne Herrschaft und abstrakte, »unnatürliche« Macht und des biologischen Sozialismus, wie von manchen Feministinnen betont wird: »*Women are natural socialists.* (...) What should be no less obvious from a study of human social development and related biological factors is that women will create cooperative societies when free to do so«.[37]

Ein Ziel dieses Bilds einer harmonischen »Gesellschaft« schildert Griffin: »Der Mythos vom Matriarchat zeigt uns die neue Richtung an. Wir können nicht mit Sicherheit sagen, ob es historisch wirklich Matriarchate gegeben hat. (...) Und es ist wichtig, daß wir diesen Mythos gerade heute aufleben lassen, weil er eine Art zu leben aufzeigt, in der Natur und Kultur nicht gegeneinander stehen.«[38]

BESPRECHUNG

Bereits im 2. Kapitel wurde festgestellt, daß die feministische Auseinandersetzung mit Matriarchaten, die in überwiegendem Ausmaß zum Kulturellen Feminismus zu zählen ist, nicht mehr daran interessiert war, historische Existenz und Realität von Matriarchaten nachzuweisen, sondern daran, Bilder von Frauen- und Mutterverehrung aufzufinden. Konsequenz dieses Ansatzes ist/war, daß matriarchale Gesellschaften nicht mehr auf überprüfbare historische Gesellschaften rückbezogen werden können, sondern daß die primären Quellen für die feministischen Aussagen, Mythen und Ahnungen, beziehungsweise die »Erforschung« des kollektiven Unbewußten, also insgesamt sehr subjektive Vorstellungen sind. Dennoch findet sich reiches Material, wenn die Vorstellungen über die inhaltliche Ausgestaltung von Frauenreichen betrachtet werden.

Die bildreiche und oft sehnsüchtige Beschreibung[39] matriarchaler Kulturen, die in Einklang mit Natur und Kosmos jedem Wesen seinen ihm zustehenden Platz einräumten, die ohne Herrschaft und Rechtssprechung funktionierten und weder Entfremdung noch Individualismus kannten und das »heilige Blut« der Frau und ihre Gebärfähigkeit ehrten, trägt den Stempel ihrer Herkunft noch in sich: da diese Beschreibung auf konkretistische Mythenübertragung und den Nachweis religiöser Praktiken sowie der Frauenverehrung im kultisch-religiösen Bereich zurückgeht[40], findet sie auch selber keinen konkreten gesellschaftlichen — man könnte auch sagen: »irdischen« — Raum. Sie zeichnet im Grunde genau die Überlegungen DeBeauvoirs nach, die diese bereits 1949 — jedoch weniger verherrlichend — formulierte: »In Wirklichkeit aber ist dieses Goldene Zeitalter der Frau nur ein Mythos. Wenn man sagt, daß die Frau das *Andere* sei, so gibt man zu, daß zwischen den Geschlechtern keine Beziehung von Gleich zu Gleich herrschte: sie mochte Erde, Mutter, Göttin sein, doch war sie dem Manne nicht gleichgestellt, ihre Macht bekundete sich *jenseits* des menschlichen Bezirks: sie stand also *außerhalb*. Die Gesellschaft ist immer eine männliche gewesen; die politische Macht hatte immer in den Händen der Männer gelegen.«[41] Wie weit das »immer« in ihrem Satz stimmt, sei hier dahingestellt. Aber das wesentliche, die Essenz ihrer Aussage, läßt sich auf die Behandlung des Matriarchatsbilds durch den Kulturellen Feminismus übertragen: matriarchale Kulturen sind jenseits gesellschaftlicher Verhältnisse, sind sakralisierte Natur; der Konkretismus, mit dem Mythen behandelt werden, als reales Abbild von Geschichte vor der Machtergreifung der Männer[42], erweist sich als Bumerang: konkrete Verhältnisse verflüchtigen sich in Mystifikationen.

Doch gerade hier zeigt sich eine interessante Übereinstimmung mit der aktuellen Strategie des Kulturellen Feminismus: die Frauen sind dabei, in feministische Zeiten/Räume aufzubrechen: »Frauen, die in feministische Zeiten/Räume reisen, schaffen die Häxokratie, den Ort, wo wir regieren.«[43] Dieser Ort ist jenseits von Zeit und Raum angesiedelt, muß also im nüchtern-patriarchalen Denken mit »Nirgendwo« übersetzt werden. Damit wird jedoch eine Tendenz wieder deutlich, die bereits im 2. Kapitel angesprochen wurde: der

Rückzug der Frauen aus der Auseinandersetzung mit konkreten politischen Institutionen, der »noble Verzicht« auf Teilnahme an gesellschaftlichen Machtpositionen.

Wenn nun die inhaltliche Ausgestaltung von Matriarchaten näher betrachtet wird, so fällt vor allem die organische Ganzheitlichkeit, die sich auf alle Lebensbereiche erstreckt, und deren Affinität zur Priorität des Mütterlichen ins Auge. Wird dies vom psychoanalytischen Standpunkt aus betrachtet, so scheint diese Zeichnung des ozeanischen Weltgefühls, das noch vor jeder Differenzierung von Subjekt und Objekt ebenso wie auf umfassenderer Ebene von Individuum und Gesellschaft besteht, deutlich auf eine Phase der Persönlichkeitsentwicklung zu verweisen, die als narzißtische bezeichnet wird.[44] Darauf läßt ebenfalls die Darstellung der empathischen Weltaneignung, welche deutlich animistische Züge trägt, schließen: »Diese Verwendung der Einfühlung bei der Beobachtung *nichtpsychischer* Sachverhalte führt zu einer falschen, prärationalen, animistischen Wahrnehmung der Außenwelt und ist im allgemeinen Ausdruck eines Infantilismus im Bereich der Wahrnehmung und Erkenntnis.«[45]

Was bedeutet das nun? Das bedeutet vorderhand noch nicht sehr viel. Es besagt einzig, daß die vom Kulturellen Feminismus gezeichnete Utopie des Goldenen Zeitalters »Matriarchat« deutliche Züge narzißtischer oder infantiler Weltwahrnehmung zeitigt. Tendenziell, wenn auch nicht in so überwiegendem Ausmaß, spielt dieser Bereich bei allen Matriarchatsdarstellungen, die besprochen wurden, eine gewisse Rolle. Die Mutter-Kind-Beziehung wird allgemein mit den mit ihr assoziierten Gefühlen und Erlebnisweisen der Geborgenheit und des Eingebettet-Seins in eine schützende Umgebung als Paradigma matriarchaler Verhältnisse gezeichnet. Die Schwerpunktsetzung ist jedoch bei den einzelnen Autoren unterschiedlich.[46] Auf denselben Bereich spielt auch Susan Griffin an, deren Darstellung der Notwendigkeit des Matriarchatsbegriffs oben angeführt wurde. Sie meint im selben Aufsatz, daß wir uns wieder »Wissen aus erster Hand«

aneignen sollten, womit die konkret sinnliche Erfahrung des Kleinkindes an der Mutter gemeint ist, die dem »Wissen aus zweiter Hand«, dem abstrakten Wissen des Vaters, entgegensteht. »Matriarchat« als soziales System organischer Ganzheitlichkeit dient daher in der hier gegebenen Beschreibung als Verkörperung dieses »primären Wissens« der Mutter-Kind-Interaktion.[47]

Auch die Verwendung des Mythos entspricht diesem Ansatz. Die Zeit vor der Vaterherrschaft kennt nur allumfassende Wahrheit, konkretes Wissen, daher kann auch der Mythos als unverfälschtes Abbild matriarchaler Kulturen akzeptiert werden. Erst nach der Einsetzung der Vaterherrschaft scheint Zensur möglich zu sein — und damit das Ende der unmittelbaren Verschmolzenheit mit Erde, Kosmos und Gemeinschaft unter dem Primat der »Göttin«. Wobei »Göttin« mit »Mutter« übersetzt werden kann.[48] Zensur und unnatürliche Herrschaft sind also wesentlich mit der Vaterherrschaft und damit mit der Figur des Vaters — den es in matriarchalen Kulturen noch nicht gibt — verbunden. Dies ist vor allem in Hinblick darauf interessant, daß vor der Existenz des Vaters alle sozialen Beziehungsformen »natürlich« sind als Abbild des Kosmos und daher eigentlich keinerlei Ambivalenzen enthalten dürften. Betrachtet man aber die inzestuöse Beziehung der Mutter-Göttin zum Heros-Sohn, die mit dessen alljährlicher Opferung und der daran anschließenden »übergroßen Trauer«[49] der Mutter-Göttin endet, so scheint hier die Verlegung sozialer Vorgänge in Natur Widersprüche zu bannen.[50]

Mit diesen Erläuterungen zur feministischen Darstellung des »Goldenen Zeitalters« ist nun auch die folgende Vorgangsweise festgelegt: es ist unmöglich aus ihr rein historische Wahrheit herauszufiltern, Illusion und Utopie stehen in engster Verbindung mit dieser, sodaß die einzige Möglichkeit, zu Aussagen zu kommen, die die Bedürfnisstruktur, die die Darstellung des Kulturellen Feminismus geprägt hat, eruieren können, darin besteht, die Integration dieses »Goldenen

Zeitalters« in den feministischen Alltag, also in die Gegenwart nachzuvollziehen. Hier wird nun konkret die Diskrepanz der Funktion magisch-mythischen Denkens und Welterlebens in zwei divergierenden sozio-historischen und ökonomischen Systemen sichtbar: ist jenes innerhalb einer archaischen Gesellschaft Ausdruck des Versuchs, ein Umweltverständnis zu entwerfen, so muß es innerhalb einer hochindustrialisierten Gesellschaft als Resignation vor der Auseinandersetzung mit derselben und als Resultat der Überforderung der Menschen durch einen unreflektierten und lebensfeindlichen Rationalismus gesehen werden.[51] Aus diesem Grund muß die Beschreibung des magisch-mythischen Denkens matriarchaler Kulturen – mit all den dazugehörenden narzißtischen und präödipalen Dispositionen – erst auf ihre Bedeutung im aktuellen Bereich hin untersucht werden. Erst dann bekommt die Zeichnung der Utopie »Matriarchat« weitreichendere Bedeutung. Dies soll im nächsten Schritt geschehen. Anhand einzelner Beispiele, wie dieses »matriarchale Lebensgefühl« im Gegensatz zum patriarchalen in die Gegenwart der Frauen integriert werden soll, soll der Frage nachgegangen werden, welche Rolle jenes bei der Gewinnung eines Umweltverhältnisses spielt.

4.1.2. »TÖCHTER DER ERDE«[52]
ODER: FRAUENALLTAG IM SPANNUNGSFELD »MATRIARCHALEN« UND »PATRIARCHALEN« DENKENS

4.1.2.1. ALLGEMEINE ÜBERLEGUNGEN UND TENDENZEN

Strategien, Inhalte und Zielsetzungen des Kulturellen Feminismus wurden bereits in Kapitel 2 dargestellt. Kurz zusammengefaßt sind die wesentlichsten Punkte die überwiegende bis alleinige Konzentration auf Frauen, das heißt auch Lesbianismus als politisches Programm durch die Vorstellung des Energieentzugs vom »Vampir«, das Auffinden archetypischer und unverzerrter Weiblichkeit und die Schaffung neuer Frauenwelten — durch »Astralreisen«[53] und den Rückzug der Frauen auf Frauenländer. Für all diese Bereiche bilden die Matriarchatsvorstellungen wesentliche Grundlagen. Hier soll nun versucht werden herauszuarbeiten, welche Bedeutung das matriarchale Bewußtsein für die Auseinandersetzung mit der alltäglichen Welt hat, beziehungsweise für die Entwicklung einer völlig neuen, von der patriarchal-destruktiven Welt völlig unabhängigen Realitätsdefinition.

Dazu möchte ich erst kurz den Trend zu Frauenlandprojekten schildern, wie er in den USA stattfindet, um dann zwei Beispiele aus deutschsprachigen Ländern detailliert zu besprechen. Sie erscheinen mir deshalb sinnvoll für eine Besprechung, weil sie gerade die beiden wesentlichsten Bereiche der feministischen Realitätsdefinition — die Natur und den Kosmos — im Zentrum ihrer Weltgestaltung haben. Es ist sehr schwierig, aus der Vielzahl der feministischen Projekte und Bewegungen, die alle in einzelnen Aspekten voneinander abweichen, Beispiele von bewußt matriarchal-feministischer Weltaneignung herauszufiltern. Gerade im amerikanischen Sprachraum, wo die Bewegung des Kulturellen Feminismus am weitesten fortgeschritten ist, gibt es die unterschiedlichsten Ansätze zur Verwirklichung der als spezifisch weiblich bezeichneten »holistischen« Weltanschauung.

Sie reichen von magischen Hexenzirkeln, die sich bereits als offizielle »Hexenreligion« etabliert haben [54], über die sich als politisch-spirituell verstehenden Aktionen des Öko-Feminismus auf matriarchaler Basis — »Our struggle is not just between one group and another, but it is the struggle between those forces which understand that living in harmony is the only means of survival. (...) We also know that it was women who were the priests in the very ancient holistic religions, and we believe that our time has come again.«[55] — bis hin zu konkreten Frauenland-Projekten. Letztere werden meist von »Landlesben« getragen, die einerseits Frauen einen Zufluchtsort bieten wollen, indem sie »so unabhängig wie möglich von den Strukturen der männlichen Gesellschaft«[56] werden können, und wo andrerseits als Fortsetzung dieser punktuellen Unabhängigkeit spezifisch weibliche Umgangsformen mit Erde und Natur erprobt werden sollen. Dazu gehört so wenig Technologie als möglich: »In ihren Gärten bauen die Frauen biologisch an, meist unter Beachtung des Mondrhythmus, und verwenden natürliche Düngemittel. Die meisten Frauen ernähren sich sehr bewußt. Tierhaltung geschieht vor allem in Hinblick auf die Verwendung der Produkte der Tiere (Eier, Milch, Wolle) und es gibt kaum männliche Tiere.«)[57]

Weiters stellen einen wesentlichen Aspekt im Leben der »Landlesben« Spiritualität und Magie dar, die einerseits Ausdruck der neuen Realitätsdefinition sind, die sich als »postpatriarchal«[58] — oder anders formuliert: nach-aufklärerisch — versteht und andrerseits den direkten Anschluß an matriarchale Lebensformen zu garantieren scheinen: »Meditation, Trancen, Heilen von Krankheiten durch Farbenergien gehören ebenso zum Alltagsleben, wie gemeinsame Rituale zur Vollmondin und die Feiern der alten Festtage wie Wintersonnwende, Lichtmeß (...)«.[59]

Dieser in sich geschlossenen Frauenwelt, die nach den Darstellungen Dalys am »Rande des Patriarchats« lebt[60] und dort versucht, »positive Energien« in die Erde zu geben[61], steht die Bedrohung durch eine »Erdrevolution« im Rücken: »›Erdrevolution‹ deutet auf die in den nächsten Jahren bevorstehenden Naturkatastrophen hin, die sich bereits durch Erdbeben und Vulkanausbrüche ankündigen (...)«[62]

»Who knows how many ›natural catastrophes‹ have been the retaliation of Mother Nature for all the damage that has been done to her?«[63] Und dies sei nun die Stunde der Frauen: durch ihre spezifische Affinität zur Natur, ihre Körperweisheit und ihre matriarchale Vergangenheit[64] sind sie gleichsam dazu berufen, den Zusammenbruch des »Planeten« aufzuhalten, die »Mutter Erde« zu versöhnen und die letzte Katastrophe zu verhindern. Die emotionale Bedeutung dieses Augenblicks schildert Gearhart: »Every now and again I get overwhelmed by the significance of the times I am living in. I have been waiting, it seems, all my life, all my lives, for the moment that is now happening among women, for the birth of womanpower that is presently on the rise. I believe that it is on the rise *now* because the human species and its planet home are at a critical point in their interrelationship«.[65]

Neben dieser Betonung der Notwendigkeit der Rettung des Planeten durch die Frauen steht noch die Frage danach, wie die Gestaltung desselben durch die Frauen dann aussehen könnte, also nach den utopischen Zielentwürfen hinter den apokalyptischen Visionen. Die geschilderten Frauenland-Projekte werden teilweise als Vorwegnahme dieser utopischen Praxis verstanden; im weiteren sind die Vorstellungen diesbezüglich sehr unterschiedlich: während einerseits das »Energiemodell« politischer Einflußnahme den »Vampir« zum Zusammenbruch treiben soll[66], gibt es andrerseits die oft sehr idyllisch klingenden Hoffnungen auf eine »Wiederkehr der Göttin mit ihrem milden Regiment«. Das heißt, der Kampf um die planetarische Rettung durch die Frauen besagt noch lange nichts über die mögliche Gestaltung des Lebens unter der Priorität des Weiblichen; und vor allem scheinen die geäußerten Vorstellungen relativ »abgehoben« und trotz ihres Konkretismus unkonkret zu sein, wie sich an den beiden nun folgenden Beispielen zeigen läßt. Deren theoretischer und praktischer Hintergrund ist der hier angeführte Zusammenhang von apokalyptischen Vorstellungen, dem Bewußtsein der historischen Stunde der Frauen durch die Affinität zu Natur und Kosmos und außerdem das Bewußtsein, eine eigene, rein aus »Frauenenergie« gespeiste Welt aufbauen zu müssen.

4.1.2.2. ALLTAG UND NATUR: ANNA DINKELMANNS FRAUENRITUALE UND FESTE

DARSTELLUNG

Als erstes Beispiel soll Anna Dinkelmanns Beschreibung der von ihr und einer Gruppe von Frauen praktizierten Jahreszeitenrituale dienen. Diese Rituale bilden den Rahmen ihres Zusammenlebens auf dem Land und strukturieren es wesentlich: »Der Kreis dieser acht Feste wirkt auf unsere spirituelle und tatsächliche Lebensgestaltung formend, hinweisend und ordnend, so wie er unsere Handlungen an die natürlichen Vorgänge anbindet, und wie er unser Jahr in Abschnitte einteilt, acht Abschnitte von je ungefähr sechs Wochen, überschaubare Zeiträume, deren Inhalte und Aufgaben (auf der materiellen, »tatsächlichen« wie auf der psychischen und spirituellen Ebene) an den zugehörigen Festen abgelesen werden können.«[67] Die inhaltliche und symbolische Gestaltung dieser Feste als Rituale basiert auf dem »Mond-Göttinnen-Kult«: »Die Rituale, die wir im Zusammenhang mit unserem Bemühen, unsere spirituellen Wurzeln wieder aufzuspüren, jetzt wieder aufleben lassen, gehen zurück auf die Zeiten der Göttinnenreligionen, Mondreligionen.«[68]

Das Weltbild Dinkelmanns kann als animistisches bezeichnet werden: die Gestaltung der Realität erfolgt im wesentlichen über Rituale, magisches Verhalten (Schutzzauber) und ist bestimmt von der Wahrnehmung, »daß die Welt von Kräften durchdrungen ist, zu denen ich mich in Beziehung setzen kann.«[69]

Die Gesamtheit all dieser Kräfte benennt sie mit »Göttin«[70], wobei das Wesen dieser Kraft einerseits als etwas Höheres, außerhalb ihrer selbst Stehendes geschildert wird, welches mit Achtung und Ehrfurcht behandelt werden muß, und andrerseits als Teil ihrer selbst, als eigene »All-Mächtigkeit«[71]. Dieser Widerspruch zwischen der »Göttin außerhalb« und dem Göttlichen in ihr selbst kann von Dinkelmann durch die Aufspaltung der Persönlichkeit gelöst werden: »Ganz im Inneren sind wir göttlich, sind wir Teil des universellen Kraftstroms, wir haben den Himmel in uns – aber umgeben und begrenzt von unserer irdischen Seinsweise, unseren irdischen Ängsten, Behinderungen, Irrtümern, Verharrungen, Verhaftungen. (...) Solange ich in mir und über mir noch nicht wieder in Einheit bin, hat mein Verhältnis zur göttlichen Kraft immer von Achtung, Demut und Dankbarkeit bestimmt zu sein.«[72] Diese universelle Kraft, die hier zwar bereits benannt, nicht aber personifiziert wird, wird bei der Beschreibung der Jahreszeitenfeste aufgespalten in »helle« und »dunkle« Mächte, und teilweise personifiziert in der Vorstellung von »lichten« und »dunklen Geistwesen«, »Dämonen«[73], die durch entsprechende Rituale herbeigerufen oder gebannt werden können.

»Diese Haltung ist Vorsichtig-sein und Uns-schützen gegenüber dem Dunklen und Dämonischen, und Freude, Offenheit und Ehrerbietung den lichten Geistwesen gegenüber, den Göttinnen, Schutzgeistern und Ahninnen, die uns jetzt (zur Weihnachtszeit, S. D.) auch nahe sind.«[74] Eine der wesentlichsten Voraussetzungen für das Gelingen der Rituale ist die Abhaltung von Reinigungszeremonien, welche sowohl äußere wie innere Verunreinigungen betreffen. Denn der »universelle Kraftstrom« kann nur dann fließen, wenn keine widrigen Kräfte Zugang zu den Frauen gefunden haben – ansonsten werde auch das Alltagsleben durch diese »Verstopfungen«[75] negativ beeinflußt. Reinigungszeremonien können in den verschiedensten Variationen durchgeführt werden (waschen, fasten, verbrennen, beichten) – wichtig ist, daß die »Gedankengifte«[76] ausgelöscht werden. Gegen die bereits erwähnten Dämonen, die dunklen Mächte des Jenseits, helfen neben den Reinigungen auch »Schutz- und Abwehrzauber«, wobei gerade Amulette und Kräutersträuße eine besondere Rolle spielen.[77] Ebenso wie die Dämonen durch magische Handlungen abgehalten werden können, können Wachstum und Fruchtbarkeit durch solche gefördert werden: »Unsere Festlichkeit, Lebhaftigkeit, Lustigkeit, unser Übermut fordern die Natur heraus zu Lebendigkeit, Wachstum und Entfaltung.«[78]

Diese Einflußnahme auf das Naturgeschehen, das Bild der von mächtigen Kräften durchwirkten Natur und des Kosmos scheint für Dinkelmann der Versuch zu sein zurückzugehen, in das »Einssein mit den Lebensvorgängen der Natur (...)«, weil wir »herausgefallen (sind) aus dem Paradies«.[79]

BESPRECHUNG

Dinkelmann zeichnet das Bild einer in sich geschlossenen Frauenwelt, deren Alltag strukturiert wird durch matriarchale Jahreszeitenrituale, der also in völliger Harmonie mit den Kreisläufen der Natur und den Energien des Kosmos stattfindet und an die weiblichen Religionen – das heißt auch an die weiblich-spirituellen Wurzeln – anknüpft.[80] Diese In-sich-Geschlossenheit der weiblichen Landwelt wird das gesamte Buch über aufrechterhalten, sie erwähnt mit keinem Wort die sie umgebende – und von ihren Vorstellungen doch recht abweichende – Welt der Hochtechnologie. Diese scheint nicht zu existieren, ebensowenig wie Männer, die nur wenige Male negativ ins Bild kommen, etwa bei der Erwähnung der Machtübernahme durch das Patriarchat, wobei weiblich-matriarchale Symbole umgewandelt wurden in männliche.[81]

Bei der inhaltlichen Darstellung ihrer Welt verblüfft die aus heutiger Sicht als Naivität zu bezeichnende, völlig unreflektierte, animistische Welt- und Naturanschauung, die in einem ständigen Kampf und in permanenter Einflußnahme auf »gute« und »böse« oder »helle« und »dunkle« jenseitige Kräfte gefangen ist. Auffällig dabei ist, daß die abstrakte Vorstellung einer universellen Kraft, die als Göttin bezeichnet wird und die durch die »irdischen Begrenzungen« der Menschen nicht vollständig erfahren werden kann, nur bis zur Beschreibung der Rituale aufrechterhalten werden kann. Dann zerfällt sie, beziehungsweise wird sie konkretisiert in den Dämonen und den schon erwähnten »hellen« und »dunklen« Kräften. Um diese dann beeinflussen zu können, sind bis ins Detail ausgearbeitete Rituale und magische Praktiken notwendig, die wiederum exakte Reinigungszeremonien voraussetzen.

Diese Konkretisierung der Kräfte verweist meines Erachtens zum Teil auf eine wesentliche Funktion der Rituale: sie dienen als Lebens- und Alltagsbewältigungshilfen und zur Realitätsstrukturierung und setzen damit eine Unterscheidung von »gut« und »böse« voraus. Weiters dienen die Jahreszeitenrituale dazu, das Alltagsleben in Einklang mit der Natur zu bringen, fungieren damit als Naturalisierung desselben. Sie integrieren es in kosmische Harmonien und überhöhen es dadurch zusätzlich, gleichzeitig ermöglichen sie ein scheinbar distanzloses Anknüpfen an die Frauengeschichte und heben die Zeit auf. Wenn diese Aspekte in bezug gesetzt werden zu der globalen Differenzierung dessen, was diesen Alltag beeinflussen kann: helle und dunkle Kräfte — so ergibt sich das Bild einer regressiven Bewußtseinshaltung, die dieses System der Weltdeutung strukturiert und vieles nicht wahrnehmen darf: »Der Irrationalismus ist aber gar nicht so irrational, so metaphysisch, er ist vielmehr eine Technik, sich in einer Wirklichkeit zu bewegen, in der man an viele Dinge nicht anstoßen darf — an jene nämlich, die verleugnet werden, die da sind, aber nicht gesehen werden dürfen, um die man sich herumbewegen muß. Und außerdem deckt der Irrationalismus mit seiner Berufung auf Urkräfte die Fragwürdigkeit von Projektionen unserer eigenen Triebbedürfnisse.«[82]

Nun stellt sich natürlich die Frage nach den Gründen für diese Bewußtseinshaltung, diesen Irrationalismus, beziehungsweise danach, wieso denn so vieles nicht wahrgenommen werden darf. Dies läßt sich beantworten, wenn in Betracht gezogen wird, welche »Widrigkeiten« den Fluß der universellen Kraft hemmen und damit die Eingebundenheit der Frauen in Natur und Kosmos gefährden.[83] Hier fällt als erstes die »körperliche Begrenztheit« als primäres Merkmal der »irdischen Beschränkungen« ins Auge und vor allem die Affinität derselben zu den Reinigungshandlungen, die das Fließen der Allkraft wieder ermöglichen. Weiters erfährt man, daß »Reinheit (...) eine unverzichtbare Voraussetzung (ist), wenn wir dem Dunklen begegnen wollen, ohne Schaden zu nehmen.«[84] Das Dunkle bedroht die Welt von außen in Form von Dämonen und von innen: »Und von innen sind es die auf uns lastenden, in uns bohrenden dunklen Gedanken und Gefühle, die uns absperren vom universellen Kraftstrom: Schuld, Scham, Angst, Ärger, Groll, Neid, Eifersucht, Rachsucht, Boshaftigkeit, Engherzigkeit, alle die dunklen Vorstellungen, von denen wir besessen sind.«[85]

Nun, da diese Bedrohung durch das »Dunkle« ständig existent ist und durch permanente Reinigungshandlungen bekämpft werden muß, scheint eine gewisse Faszination zu bestehen, mit dem Dunklen in Kontakt zu kommen — ansonsten wären die verschiedenen Abwehrhandlungen und »Schutzzauber« nicht notwendig.[86] Es handelt sich um eine diffuse, permanente Bedrohung, sowohl von außen als auch von innen, wobei die Bedrohung von innen bereits eine gewisse Wandlung erfahren hat: sie wird als »Besessenheit« einerseits beschrieben, andrerseits werden konkret erlebbare Gefühlszustände als Beispiele angegeben. Das heißt diese Zustände werden zwar erlebt, nicht jedoch als eigene, sondern als quasi-dämonische Besessenheit. Dieser Konstellation muß vorangehen, daß unerwünschte psychische Impulse in die Außenwelt projiziert werden, dort als Dämonen wahrgenommen und teilweise — nun als ichfremde Gefühle — wieder in die Persönlichkeit introjiziert werden. Durch diese spezifische Form der Distanzierung werden sie nun zwar magischen Ritualen zugänglich, sind aber nicht mehr durch »Eigenaktivität« zu beeinflussen — also ohne Zuhilfenahme jenseitiger »guter« Kräfte, das heißt insgesamt ohne Demutsbezeugung an die Göttin.[87]

Die Bedrohung von außen, die sich in den Dämonen manifestiert, kann nun ebenfalls genauer bezeichnet werden. Es handelt sich um die Projektion unerwünschter — beziehungsweise sehr ambivalent erlebter — psychischer Einstellungen nach außen und genauer gesagt, um sexuelle Triebregungen, die in der spirituellen Frauenwelt keinen Platz finden. Denn: worin äußert die »irdische Begrenztheit« sich deutlicher als in sexuellen Wünschen; und gerade das Dunkle wird oft mit Sexualität assoziiert — und auch Tod; und wenn die Rangfolge der aufgezählten »Besessenheiten« betrachtet wird, so nehmen die ersten Plätze Eigenschaften und Gefühlsqualitäten ein, die dem negativen sexuellen Erleben zugerechnet werden können (Schuld, Scham, Angst). Damit werden auch die permanenten Reinigungshandlungen verständlich, die in enger Affinität zu »Berührungstabus«[88] stehen.

Welche Funktion hat nun die universelle Kraft, die Göttin, innerhalb dieses Systems? Der Kontakt zu ihr ist nur durch das Freihalten von den dunklen Mächten zu erreichen, das heißt auch hier findet sich in Gestalt einer idealisierten Mutter-Imago der negative, verbietende Aspekt derselben wieder.[89] Die regressive Bewußtseinshaltung, die oben quasi als »Symptom« erwähnt wurde, findet nun von zwei Seiten Erklärung: Dient sie einerseits dazu, die Welt »außerhalb« des Landlebens nicht mehr wahrnehmen zu lassen, so findet sie ihre »triebhafte« Verstärkung darin, daß sie auch die »irdischen« Bedürfnisse der Frauen verleugnen und ungeschehen machen muß.[90]

Das animistisch-magische Denken, das zu Zeiten seine uneingeschränkte Bedeutung hatte, verwandelt sich unter Verhältnissen wie den eben beschriebenen in eine Abwehrhaltung, die dem Rückzug aus einer kritischen und reflexiven Auseinandersetzung mit der Umwelt gleichkommt — oder in den Worten Adornos: »Der Blick des Schiffers zu den Dioskuren, die Beseelung von Baum und Quelle, in allem wahnhaften Benommensein vorm Unerklärten, waren historisch Erfahrungen des Subjekts von seinen Aktionsobjekten angemessen. Als rationell verwertete Reaktion gegen die rationalisierte Gesellschaft jedoch, in den Buden und Konsultationsräumen der Geisterseher aller Grade, verleugnet der wiedergeborene Animismus die Entfremdung, von der er selber zeugt und lebt, und surrogiert nichtvorhandene Erfahrung.«[91]

4.1.2.3. ALLTAG UND KOSMOS: LUISA FRANCIAS »ASTRALREISEN«

DARSTELLUNG

Wurde im vorhergehenden Punkt versucht herauszuarbeiten, in welcher Form »matriarchales Bewußtsein« von Frauen in das Landleben integriert werden soll, so sei nun das Hauptaugenmerk auf eine zweite Dimension der Inanspruchnahme matriarchaler Wurzeln gelegt: auf den Versuch, kosmische Energien als Planetenenergien wahrzunehmen und diese mithilfe astrologischer Kenntnisse und fragmentarischen Wissens um östliche Philosophie und matriarchale Kulturen und Symbolik in das Leben hilfreich zu integrieren.

Dabei soll nicht rein rationale Auseinandersetzung mit Astrologie etwa zentral sein, sondern: »In dieser Nacht begriff ich: Astrologie ohne sinnliche Beschäftigung mit Sternen und kosmischer Energie ist nicht möglich.«[92] Es wird eine unio mystica angestrebt mit den Planeten, dem Kosmos, all den die Menschen umgebenden Dingen, die ekstatische Gefühlsqualität besitzt: »Meine Gedanken scheinen von einer Energie geordnet zu werden. Ich fühlte, wie ich pulsierte, wie ich plötzlich nicht mehr dachte, sondern einfach *da war*, als sei ich angeschlossen an einen gigantischen Rhythmus, der Töne und Lichtblitze von sich gab. Alles um mich herum hatte an Bedeutung verloren, es gab nur noch mich und den Stern. (...) Ich war uralt, seit Urzeiten immer wieder neu zusammengesetzt. (...) Ich wußte, daß ich schon immer existiert hatte und dieses Bewußtsein über das Wissen der irdischen Realität hinausging.«[93] Dieses ekstatische Erlebnis des Grenzverlustes und der Verschmelzung mit einem Fixstern, das hier beschrieben wird, erinnert an Beschreibungen orgiastischer Gefühle, und auch Francia meint — bezogen auf eine Trance —: »Bei dieser Übung entsteht ein warmes Kribbeln um die Klitoris. Du kannst hier gut fühlen, wie nah kosmische Energie der Orgasmus-Energie ist.«[94]

Um diese unio mystica erreichen zu können, bedarf es der Trancen und verschiedener anderer Entspannungstechniken, die es den Frauen ermöglichen, »Astralreisen«[95] zu unternehmen: »Sie löst dich über eine tiefe körperliche Entspannung von Alltagsproblemen, von der Begrenztheit deines Körpers ab und gibt dir die Möglichkeit, neue spirituelle Erfahrungen zu machen.«[96] Bei den »Astralreisen« erfährt eine Frau, in welcher Form die kosmischen Energien — die »hohe Energien« sind — sich auswirken und wie sie sich ihnen stellen kann. Diese Auseinandersetzung mit Planetenenergien sei notwendig, um nicht von ihnen »überrumpelt« zu werden.

Hier erfolgt nun erstmalig der Rückgriff auf matriarchale Symbolik, die auf die einzelnen Planeten projiziert wird, während der »Astralreisen«. Francia geht davon aus, daß alles, was jemals gedacht und verehrt wurde, immer noch vorhanden ist und abgerufen werden kann — mit all den dazugehörigen Emotionen[97]: »Mond ist die Trägerin aller Träume, aller geheimen Gedanken, Mythen und Religionen. Mit Gedankenkraft von Menschen in Tausenden von Jahren auf Mond gelegt, werden alle Energien lebendig, wenn sie mit Gedankenkraft wiederzurückgerufen werden.«[98] Dadurch gewinnt zum Beispiel gerade der Fixstern »Cassiopeia« besondere Bedeutung für Frauen: »In ihr liegen die Kräfte aller Matriarchate, sie wurde von den matriarchalen Kulturen verehrt und heilig gehalten. Wissen über mutterrechtliche Gesellschaften und die Kraft der Frauen kommt aus der

Beschäftigung mit ihr. (...) Arbeitet mit Cassiopeia, entdeckt ihre Kräfte und sucht die Entsprechungen dieser Kräfte in euch, dann findet ihr die alte Weisheit, die alten Lehren unserer Urmütter wieder.«[99]

Wie Planetenenergien von sich aus das Leben auf der Erde beeinflussen können, mit welcher Macht, falls sie nicht richtig verwendet werden, schildert anschaulich das Beispiel der »Plutoenergien«: »Die Energien des Pluto können nicht individuell genutzt werden, für die Handhabung dieser Schwingungen ist die Einigkeit einer Gemeinschaft notwendig. In Hiroshima bewirkte die Meditation buddhistischer Mönche in einem Kloster beispielsweise, daß sie durch ihre konzentrierte Transformation der nuklearen Energie der Bombe verhindern konnten, selbst verseucht zu werden.«[100] Die Möglichkeit, diese Energien wahrzunehmen, liegt in Trancen, die Möglichkeit sie umzuwandeln und den Frauen verfügbar zu machen, in Ritualen zur Anrufung der »Göttin«; auch hier verwandeln sich bisher neutral beschriebene kosmische Energien bei der Darstellung der Rituale in die »Göttin«, werden also wie bei Dinkelmann personifiziert.

Wenn die intensive Ergriffenheit durch die unio mystica, die machtvollen Energien des Kosmos in Betracht gezogen werden, so erscheinen die Inhalte, deretwegen die Rituale veranstaltet werden, extrem alltäglich und »irdisch«. Doch zuerst zur Form der Rituale, die sehr wesentlich ist für das Gelingen: »Rituale sind Handlungen, die auf der spirituellen Ebene Energien konzentrieren, um sie dann in der realen Ebene sichtbar und erfahrbar zu machen. (...) Die Wirksamkeit liegt in der von dir gewählten Form, in der Symbolik der vier Elemente und ihrer Anwesenheit im Ablauf des Rituals, in der Symbolik der gewählten Worte, in der Wiederholung.«[101] Die Rituale, die Mondenergien umsetzen sollen in weibliche Energien, weil »Mond« in Matriarchaten von Frauen verehrt wurde, werden von Francia als »matriarchale Rituale« beschrieben. Das heißt sie werden beschrieben ohne Berücksichtigung der Zeitdifferenz und ohne jeden Zweifel, daß es sich nicht um ursprünglich matriarchale Rituale handeln könnte: »In der Zeit der Mondverehrung sind Rituale entstanden, die eine Verbindung mit der Großen Göttin herstellten, die die Mondschwingungen umsetzten in weibliche Energien. Einige dieser Rituale möchte ich hier beschreiben, weil sie sehr schön nachzufeiern sind und viel Kraft geben.«[102] Sie behandeln folgende Themen: Wunscherfüllung durch die Dreifältige Göttin, Aussprechen der Sorgen bei der Göttin, Befreiung von ihnen durch die Göttin, Aussprechen der Nöte, Wünsche, Sehnsüchte, Stärkung des Saatguts durch die Mondenergien, ganzheitliches Heilen durch Energiekonzentration und Anrufung der Göttin, Selbstbestärkung (»Ich bin eine Frau«), das Suchen einer imaginierten Beraterin und die Beantwortung einer Frage durch die Göttin.[103] Im Gegensatz zu Dinkelmanns Darstellung, bei der das Leben eingebettet war in die Ritualpraxis, beschreibt Francia also Rituale für punktuelle Problematiken im Leben einzelner Frauen.

Ein Aspekt scheint mir noch wesentlich zu sein: die Konfrontation mit der Mondgöttin in ihren drei Aspekten während der nächtlichen Rituale, die von Francia beschrieben wird: in der Gestalt der »jungfräulichen«, das heißt unabhängigen Göttin Diana als »Beschützerin der Liebe zwischen Frauen«: »Diana führt dich zu deiner unverletzten weiblichen Identität zurück.«; in der Gestalt der Muttergöttin, die viele Namen hat und überall verehrt wird, und in der Gestalt der Hekate, der Unerbittlichen: »Sie gibt dir deine Würde, deine Bedeutung, dein Gewicht zurück.«[104]

BESPRECHUNG

Um Mißverständnissen vorzubeugen, möchte ich vorwegnehmen, daß es im folgenden nicht darum geht, eine Kritik der Astrologie und ihrer wesentlichsten Voraussetzung, dem Wirken der Planetenschwingungen zu liefern, das heißt den

Einfluß der Planetenenergien zu negieren oder bestätigen. Es soll lediglich versucht werden herauszuarbeiten, welche Bedeutung die Betonung des Wirkens von Planetenenergien vom psychologischen Standpunkt aus im feministischen Alltag — so wie er von Francia geschildert wird — hat. Denn: »Ein guter Prüfstein ist eigentlich immer die Frage nach dem Alltag, denn an seiner Bewältigung zeigt sich am besten die Reichweite einer Theorie.«[105]

Es wurde bereits auf die Diskrepanz zwischen der Beschreibung des Erlebens und Erfühlens der Planetenenergien, dem Gefühl des Integriertseins in das »Große Ganze« des gesamten Kosmos und aller Zeiten, und den Inhalten der Rituale, die ja als Vermittlung dieser kosmischen Energien in die Welt fungieren sollen, angedeutet. Es fällt auf, daß die Themen der Ritualpraxis in einen relativ engen Lebenszusammenhang gehören und im weiteren Sinne als Strategien der Alltagsbewältigung unter Bedingungen des Landlebens gesehen werden können. Wobei hier aber berücksichtigt werden muß, daß der Alltag als Grundlage der konkreten Lebenspraxis nur in negativer Form bewußt aufgegriffen wird: um sich davon zu befreien. Er kommt jedoch in den Ritualen wieder zum Vorschein, diesmal aber unter gänzlich anderen Bedingungen als in seiner realen »Banalität«: er ist integriert in kosmisches Wirken, durchdrungen von den Schwingungen der Planeten und erscheint exotisch und mystifiziert.

Analog zu dem eben beschriebenen Prozeß des Versuchs der Grenzüberschreitung auf Kosten des Alltags, findet sich eine Kritik Erdheims an Duerrs Darstellung der Grenzüberschreitung von Zivilisation und Wildnis, die ich hier gerne anführen möchte, weil sie mir übertragbar erscheint: »Duerr beschreibt die Feldforschung als grenzensprengende, bewußtseinserweiternde Erfahrung, die nur möglich ist, wenn der Forscher die kulturspezifischen, identitätsstützenden Formen aufgeben kann, aber er faßt die Problematik des sozialen Todes mit den Kategorien einer Schamanen- und Magierwelt und stellt damit diese Problematik in esoterische und gnostische Dimensionen, wo letztlich nur noch Größen- und Allmachtsphantasien ansprechbar sind.«[106] Die Kategorie des »sozialen Todes« wurde bereits in Kapitel 2 eingeführt und bekommt hier neuerlich wesentliche Bedeutung. Francias Beschreibung der Astralreisen, die den neuen Blick auf den Alltag ermöglichen, impliziert relativ bedrohliche Auflösungserscheinungen der Ich-Struktur, wie sie sich im folgenden Satz eindringlich zeigen: »Wir sind zurückgekehrt. Wir landen. Wir sind wieder Menschen, Erdenbewohner, wir schaukeln uns wieder in Raum und Zeit, wir blinzeln in die Sonne.«[107] Die Notwendigkeit der Betonung des eigenen Menschseins, die Herauslösung aus der unio mystica mit dem Kosmos und seinen Energien verweist auf den Zerfall der identitätsstützenden Formen. An Stelle von Duerrs Schamanen- und Magierwelt findet Francia die Welt der Matriarchate bei ihren Reisen. Sie haben in diesem Kontext doppelte Funktion: einerseits dienen sie als »Altbekanntes« und Vertrautes als Identitätsstützen bei den Reisen ins All und andrerseits ermöglichen sie durch die Exklusivität der Teilhabe die Befriedigung von Größen- und Allmachtsphantasien.

Das Wirken dieser Größen- und Allmachtsphantasien, die sich durch einen Verlust der Realitätswahrnehmung auszeichnen, kann auch auf anderen Ebenen nachgewiesen werden. So zum Beispiel beim von Francia betonten Vertrauen darauf, daß, wenn etwas mit »Gedankenkraft« gewünscht werde, es auch geschehe. Dasselbe Prinzip gilt auch für Rituale, nur ist hier »Gedankenkraft« ersetzt durch »Energiekonzentration«: »Die Motive, welche zur Ausübung der Magie drängen, sind leicht zu erkennen, es sind die Wünsche des Menschen. Wir brauchen bloß anzunehmen, daß der primitive Mensch ein großartiges Zutrauen zur Macht seiner Wünsche hat. (...) Es besteht also jetzt eine allgemeine Überschätzung der seelischen Vorgänge, das heißt eine Einstellung zur Welt, welche nach unseren Einsichten in die Beziehung von Realität und Denken als solche Überschätzung des letzteren erscheinen muß.«[108] Derselbe Mechanismus zeigt sich bei der Behandlung der »Plutoenergien«: die nukleare Strahlung der Atombombe wird kosmischen Energien gleichgesetzt, damit ihrer Bedrohlichkeit entkleidet und bekannten Verhaltensweisen zugänglich gemacht: der kollektiven Meditation. Ein gewisser Aspekt an Realitätsverkennung läßt sich hier ebenso wenig verleugnen wie das Wirken unreflektierter Allmachtsphantasien — milde formuliert.

Welche konkrete Funktion haben nun in diesem Kontext die Matriarchate beziehungsweise die Erwähnung der Göttin? Matriarchate oder anders formuliert die »Zeit der Mondverehrung« (auch hier findet sich der »Jenseits-Status« der Frauenreiche wieder) haben jene Energien auf die Planeten und die Fixsterne gelegt, die heute von Feministinnen wieder aktiviert werden. Diese Energie wird freigesetzt durch die Anrufung der Göttin. Auch hier besteht die Diskrepanz zwischen der Macht der Göttin und den Inhalten, für die sie eingesetzt werden soll — oder anders herum formuliert: warum können die Frauen die Probleme, deren Lösung sie an die Göttin mit ihrer unendlichen Macht delegieren, nicht selber lösen? Meines Erachtens stehen Matriarchate als Energiequelle und konkretisiert im Bild der Göttin als Ausdruck des Wunsches nach einer allmächtigen, wohlgesonnenen und guten Mutter, wobei der Rekurs auf kosmische Energien, an die die Frauen angeschlossen sind wie an einen »gigantischen Rhythmus«, auf den undifferenzierten Charakter dieser erstrebten Beziehung zur allmächtigen Mutter verweist. Dies ebenso wie die »Überschätzung der Denkvorgänge« und die Allmachtsphantasien verweisen auf den narzißtischen Charakter dieser Weltwahrnehmung.

Zusammenfassend kann nun gesagt werden, daß durch die Rituale als »Vermittlungsinstanz« von kosmischen Energien und »irdischen Wünschen« eine Sakralisierung des Alltags erfolgt, der die Konsequenz einer unreflektierten Freisetzung von Größen- und Allmachtsphantasien bei den identitätsbedrohenden Astralreisen ist. Matriarchate und im speziellen das Bild der Göttin haben hierbei Stabilisierungsfunktion, deren realitätsferner Charakter durch die Undifferenziertheit der implizit gezeichneten Beziehung zur allmächtigen Mutter-Imago sich manifestiert.

Vergleicht man die Arbeit Dinkelmanns mit derjenigen Francias, so fällt vor allem auf, daß bei ersterer der Abwehrcharakter der Alltagsgestaltung, die sehr viele Regeln kennt, relativ früh manifest wird. Dies ist bei den Ausführungen Francias nicht der Fall. Es läßt sich zwar ohne viel Schwierigkeiten eine als narzißtisch zu charakterisierende Weltwahrnehmung feststellen, fragt man aber nach dem Sinn derselben, also danach, was mit dieser Weltwahrnehmung abgewehrt werden soll, so läßt sich dies nicht so leicht bestimmen. Erst wenn diejenigen Bereiche mit in Betracht gezogen werden, die völlig aus ihrem Werk ausgeschlossen bleiben, ergibt sich ein vollständigeres Bild. Auch die kosmische Welt ist in sich geschlossen wie diejenige Dinkelmanns, auch hier finden wir nur in der bereits besprochenen sakralisierten Form den Alltag der Frauen. Die Konfrontation mit dem Unbekannten, die Reise in neue Welten und zu neuen Erfahrungen resultiert in einem Auffinden von »Altbekanntem« — der Illusion der Matriarchate. Die Reise in den Kosmos ist eine Reise in die Vergangenheit, damit ist sie ebenso eine Reise aus der Gegenwart, aus der die Frauen umgebenden Welt. Sie führt zu einer Konfrontation mit kosmischer Macht und mit der Göttin, das heißt mit einer allmächtigen Mutterfigur — während sie hingegen keinen Bezugspunkt mehr findet zu institutionalisierter Macht und zu den »Vätern«. Der »Verlust der Erde« könnte somit als Verweigerung der Konfrontation mit dem Vater, das heißt auch mit der ödipalen Situation gesehen werden. Dies wird erhärtet durch die Darstellung der Konfrontation mit der mächtigen Göttin in den Ritualen, worin zwar die jugendliche Diana als Schützerin der Liebe zwischen den Frauen und die unerbittliche Hekate als alte Frau ausführlich diskutiert werden, nicht aber die »Muttergöttin«, die die Fruchtbarkeit verkörpert und damit eine Beziehung zum

Mann/Vater impliziert. Sie wird nur kurz in neutraler Form gestreift, während die beiden anderen Aspekte der Göttin sehr emotional engagiert beschrieben werden.[109] Das heißt, die Sexualverdrängung, die das Werk Dinkelmanns maßgeblich strukturierte, ist hier nicht in demselben Ausmaß vorhanden, weil die lesbische Liebe ihren Platz zugewiesen bekommt. Aber die vollständige Verleugnung des Vaters (und der durch ihn verkörperten Welt) führt zu Astralreisen — mit all den oben beschriebenen Konsequenzen.

4.1.3. ZUSAMMENFASSUNG UND ABSCHLIESSENDE ÜBERLEGUNGEN

Die grundlegende Frage, auf der alle Erörterungen dieses Punktes aufbauen, war die nach der inhaltlichen Darstellung der spezifisch weiblichen Realität — sowohl im historischen als auch im aktuellen Bereich; sie ist zumindest in Ansätzen erfaßbar bei der Zeichnung der Matriarchate und der Darstellung der jeweiligen Antizipation matriarchaler Praxis. Wenn beide Bereiche miteinander verglichen werden, so zeigt sich eine umfassende Übereinstimmung: Frauenwelten sind konfliktfrei, harmonisch, kennen weder Entfremdung noch Rechtssprechung. Dafür jedoch stehen sie jenseits von Zeit und Raum — scheinbar als Tribut an die schier »überirdische« Harmonie, die eingebettet ist in die Zeitlosigkeit von Natur und Kosmos. Beide Male — das heißt im historischen wie im aktuellen Bereich — wurde die Affinität dieses Integriertseins zur Dimension des allmächtig Mütterlichen betont.

Nach der deskriptiven Ausführung der Übereinstimmung historischer und aktueller »Matriarchate« stellt sich als nächstes die Frage nach der psychischen Dynamik, die dieses beschriebene System der Realitätswahrnehmung strukturiert. Es wurde bei der Analyse der beiden Beispiele feministischer Neustrukturierung der Realität, des Alltags und der möglichen Einflußnahme darauf nachgewiesen, daß die Zeichnung des ozeanischen Weltgefühls und der eigenen oder göttlichen Allmächtigkeit Ergebnis einer regressiven Interaktionspraxis ist, die aus der Verleugnung beziehungsweise Nicht-Beachtung der Außenwelt und der eigenen sexuellen Bedürfnisse resultiert und durch sie aufrechterhalten werden kann. Durch den Rückzug des »Interesses«[110] als auch der libidinösen Besetzung von der Außenwelt kommt es zu einem Rückfluten der Libido ins Ich und in die Gruppe der »Gleichen«[111], das heißt der Frauen; gleichzeitig erfolgt eine Re-Sexualisierung der vorerst in sozialen Triebzielen gebundenen libidinösen Bedürfnisse.[112] Damit erklärt sich das unerschütterliche Bewußtsein in die Kraft der eigenen Gedanken, in die magischen Fähigkeiten, die das Vertrauen in die »Allmacht der Gedanken« ebenso voraussetzen, wie die übergroße Bedeutung der Frauengruppe, der Frauenenergie für die Gestaltung der Welt: die »positiven Energien« der Frauen, mit denen sie die Erde wieder versöhnen können, zeichnen diesen Prozeß der Re-Sexualisierung nach.

Dies bezeichnet meines Erachtens aber nur ein vorläufiges Ende eines länger währenden Prozesses, dessen verschiedene Etappen bei der Entwicklung der Behandlung des Matriarchatsbegriffs nachvollzogen werden können. Kurz zusammengefaßt und als Wiederholung der bereits in Kapitel 2 formulierten Gedanken stellte er sich folgendermaßen dar: durch die politische Arbeit zu Beginn der Neuen Frauenbewegung und das Scheitern vieler Projekte ebenso wie durch die Infragestellung der Rolle der Frau in dieser Gesellschaft kam es zur ersten Freisetzung von Größenphantasien. Der Rückzug aus der konkreten politischen Arbeit, der sich im Paradigmenwechsel innerhalb der Frauenbewegung bei verschiedenen Teilen derselben bemerkbar machte, führte zu einer Regression auf das »Körper-Ich« und zu einem ersten Abschotten gegenüber der als »männlich« definierten Außenwelt in den Frauengruppen.[113] Kam es zuerst zu einer nur mehr negativen Bezugnahme auf die »männliche Welt«

und zu einer Idealisierung der »weiblichen«, so war der nächste Schritt derjenige in die Gestaltung einer neuen Realität, die von der, sie umgebenden, Außenwelt nichts mehr »weiß«, sie also ausblendet. Dies ist dann der Ausgangspunkt für feministische Zeiten/Räume.[114]

Nun ist noch die Frage nach der Bedeutung der apokalyptischen Vorstellungen, die den Gegenpol zum »Goldenen Zeitalter« bilden, nicht beantwortet. Die zentrale Position innerhalb der verschiedenen Untergangsphantasien nehmen Naturkatastrophen ein, die Kriegsbedrohung wird nur in geringem Ausmaß geschildert. Hier findet also einerseits die Fortsetzung der oben beschriebenen Dynamik statt, die durch den Rückzug der libidinösen Besetzung von der Außenwelt entsteht: »Der Weltuntergang ist die Projektion dieser innerlichen Katastrophe; seine subjektive Welt ist untergegangen, seitdem er ihr die Liebe entzogen hat.«[115] Ist also eine gewisse Prädestination zu Weltuntergangsphantasien beim beschriebenen Kontakt mit der Außenwelt anzunehmen, so dürfen dennoch die spezifischen Ausformungen derselben nicht übersehen werden. Wenn zum Beispiel die Vorstellung der »Erdrevolution« näher betrachtet wird, so muß einerseits von einer Personifikation sozio-ökonomischer Prozesse gesprochen werden. Nicht die Bedingungen, die zur Umweltzerstörung führen und gegen die man sich wehren könnte, werden analysiert, sondern die Erde wird als Verbündete der Frauen geschildert, als große Mutter, die sich in gerechtem Zorn gegen ihre Ausbeutung durch die Väter/Söhne wehrt. Damit bekommt natürlich die Aktivität der Frauen ihre besondere und zeitlose Bedeutung, aber auch der Gegenstand der Bedrohung verändert sich ebenso wie die mögliche Einflußnahme: »So wie die Bedrohung ihre historischen und gesellschaftlichen Konturen verliert, so verliert die Angst vor der Bedrohung ihre konkrete Ursache — sie wird zur Katastrophenangst.«[116] Das heißt, es werden zwar sehr wesentliche aktuelle Probleme aufgegriffen, deren Herauslösung aus dem gesellschaftlichen Zusammenhang eröffnet jedoch ein weites Feld für Projektionen von »Katastrophenstimmung«. Da nun aber Frauen durch ihre Affinität zur »Mutter Erde« von dieser nicht bedroht werden, so könnte sich hinter der Beschwörung des Untergangs die Lust an der Apokalypse verbergen — auch als Projektion eigener Destruktionswünsche — gerade weil sie sich auch primär gegen die Widersacher der Frauen wendet.[117] In diesem Sinne haben die Katastrophenphantasien Entlastungsfunktion, weil sie die reale Bedrohung durch Krieg und Umweltzerstörung aus dem Bereich der »Frauenwelt« fernhalten können und zum Problem der »Männerwelt« machen.

Abschließend läßt sich zur Antizipation der matriarchalen Praxis in die Gegenwart, in den Alltag und die Realitätsdefinition des Kulturellen Feminismus leicht ironisch bemerken, daß das Reich der Frauen nicht von dieser Welt zu sein scheint. Allmacht und Apokalypse sind die Grundpfeiler, auf denen dieses jenseitige Frauenreich steht — eher unsicher, denn sie sind abhängig von der Verdrängung gegenwärtiger gesellschaftlicher Realität.

4.2. »WIDER DEN URAKT VON FRAUENMORD« — FRAUENBEZIEHUNGEN AUF DER BASIS »MATRIARCHALEN BEWUSSTSEINS«

4.2.0. VORBEMERKUNG

Bei der Darstellung der weiblich-matriarchalen Gegenwelt und der damit verbundenen Realitätsdefinition und Alltagsbewältigung wurde deutlich, daß einerseits magisches Bewußtsein für die Auseinandersetzung mit der Umwelt vorherrschend ist und andrerseits die Frauengruppe als »Gruppe von Gleichen« konstitutives Element dieses utopischen Entwurfes ist. Die Vereinigung beider Elemente — magisches Bewußtsein und Frauengruppe — stellt die Grundlage dar, von der aus die Einflußnahme sowohl auf gesellschaftliche Verhältnisse — etwa im »Ökofeminismus« — oder aber auf kosmische und naturhafte Abläufe und Energien angestrebt wird. Nun möchte ich auf die Darstellung von Frauenbeziehungen, die im Verlauf der Matriarchatsdebatte gezeichnet wurden, detaillierter eingehen und das Hauptaugenmerk wiederum auf die letzte Phase derselben, die am vehementesten die Integration matriarchalen Bewußtseins in die gegenwärtige Praxis der Feministinnen fordert, legen. Dabei möchte ich herausarbeiten, wie die jeweiligen »mythischen Vorbilder«, die von Feministinnen angegeben werden in bezug auf Frauenbeziehungen, und wie sich noch zeigen wird im speziellen in bezug auf die Mutter-Tochter-Problematik, in die Gegenwart integriert werden sollen und welche Funktion sie hierbei übernehmen.

Durch die Analyse der als ideal und gleichzeitig unumgänglich für einen gesellschaftlichen Wandel angestrebten Beziehungen unter Frauen möchte ich zeigen, daß die Ausklammerung der »väterlichen Welt« und die Idealisierung der »mütterlichen« in der psychischen Dynamik der Frauenbeziehungen sich wiederfindet und daher von hier auch wesentliche emotionale Unterstützung erhält.

4.2.1. DIE »REBELLION DER TÖCHTER«

DARSTELLUNG

Sucht man im Verlauf der Matriarchatsdebatte nach der Beschreibung von Beziehungen unter Frauen im historischen Bereich, so findet sich zu allererst die Beschreibung von Amazonen und ihren Staatssystemen.[118] Im Gegensatz zur später erfolgenden Absolutsetzung der Frauengruppe als

Zentrum der Machtausübung, die ebenfalls mit dem Bild der Amazonen gezeichnet wird, stehen hier noch andere Aspekte im Vordergrund. Für Chesler bedeutet Amazonentum »daughter rebellion« und steht zwischen Matriarchat und Patriarchat: »Amazons were interested in founding a culture that incorporated many matriarchal values and customs – but it was a culture that would not be based simply on biological and spiritual ›givens‹. Unlike patriarchs, heroic Amazons had to deal with not one but two ›enemies‹: their own ties to female biology, spirituality, and matriarchal culture, and the male revolt against any kind of female rule.«[119]

Diese Rebellion der Töchter, die sowohl gegen die Immanenz der Mutterreiche als auch gegen die patriarchale Vorherrschaft, die die Frauen allgemein unterdrückte, gerichtet war, sieht sie als Vorbild für die Bestrebungen der Neuen Frauenbewegung, die sich ebenfalls einerseits von den »Müttern« distanzieren müsse[120] und andrerseits auch institutionelle und politische Macht erlangen sollte, um zu gewährleisten, daß diese »nicht gegen die Frauen verwendet werde«.[121]

Die Distanz zu den »Müttern«, deren »Vermächtnis (...) die Kapitualtion (ist)«[122], drückt sich in ihrer – eher vorsichtigen – Wertung der Eleusinischen Mysterien als Vorbild für die gegenwärtigen Frauen erneut aus: »Demeter und Persephone sind keine Amazonenfiguren. Ihr Kult ist essentiell eine Huldigung an die Mutter Erde: Mütter, die wiederum Mütter hervorbringen, die die Menschheit mit ihren »wunderbaren« biologischen Geschenken – Ernten und Töchtern – ernähren und am Leben erhalten. Die unvermeidliche Opferung ihrer Persönlichkeit, die in den meisten Gesellschaften das biologische Los der Frau ist, bildet den Kern des Demeter-Mythos. Dennoch – oder gerade weil dies so ist, könnten die heutigen Frauen, sowohl der mütterlichen Zuwendung wie ihrer Würde beraubt, Trost und Stärkung aus den eleusinischen Riten beziehen: (...) Obwohl es stimmt, daß Demeter Persephone aus der Isolation einer Männerwelt rettet, verurteilt sie sie gleichzeitig zu einem universell weiblichen Los: zu einer Identität, die sich von der ihrer Mutter nicht unterscheidet.«[123]

BESPRECHUNG

Diese kurze exemplarische Darstellung der Tendenzen innerhalb der ersten Phase der Matriarchatsdebatte in bezug auf die Beziehungen von Feministinnen zu ihren Müttern, zeigt bereits, daß diese gekennzeichnet sind durch sehr emotional engagierte Bestrebungen, sich von den Müttern als Verkörperung der Immanenz des Reproduktionskreislaufes zu distanzieren und durch die »Rebellion der Töchter«, deren mythisches Vorbild die Amazonen darstellen, diesen Kreislauf zu durchbrechen und neue Aktions- und Lebensformen zu finden.

Das Bild der Amazonen hat hier mehrfache Bedeutung: sie stehen für die Ablösung von den Müttern ebenso wie für die Distanzierung von den Vätern und Söhnen, das heißt auch für die Infragestellung der Heterosexualität. Amazonen werden hier nicht nur als lose Ansammlung von Frauen gesehen, sondern als Verkörperung eines organisierten Gesellschaftssystems, in dem Frauen über Produktions- und Reproduktionsmittel verfügten, also soziale und ökonomische Macht innehatten.[124] Auch das Bild der Mutter ist gespalten: Demeter, die mächtige Mutter, die ihre Tochter in den Reproduktionskreislauf zurückholt und im Mutterrecht unumschränkt Macht besaß[125], ist die Kehrseite der heutigen Mutter, die sozial impotent, der Tochter als einziges Vermächtnis die Kapitulation hinterläßt und im Gegensatz zu Demeter mit dem Mann, dem Vater verbunden ist.

Zusammengefaßt heißt das: die mächtige aber gleichwohl bedrohende Mutter mit dem mythischen Vorbild der Demeter — bedrohend für die nach Autonomie strebenden Töchter — steht gegen die impotente, gleichsam kastrierte Mutter der

Gegenwart. Die Töchter mit dem mythischen Vorbild der Amazonen wehren sich gegen beide Mutter-Imagines und auch gegen die Väter und Söhne. Sie streben nach Autonomie, Macht, Selbstbestimmung und -verwirklichung.[126]

Die Konfliktträchtigkeit dieses Unterfangens, die sich oben schon ankündigte bei der Betonung des notwendigen Kampfes auch gegen die Mütter, soll nun näher beleuchtet werden, um das Bild der Amazonen im gegenwärtigen Zusammenhang besser verstehen zu können: Die Aufspaltung der Mütter, die anhand von Cheslers Texten nachvollzogen wurde, spiegelt genau die lebensgeschichtliche Dichotomie des Erlebens der Mütter — speziell auch für Frauen — wider: »Die Machtlosigkeit der Mutter in der äußeren Realität nehmen Kinder vor allem aus dem Grund übel, weil die Mutter in den Augen der Kinder, das heißt in der psychischen Realität, je nach dem Grad der Abhängigkeit des Kindes, mächtig bis allmächtig erscheint.«[127] Für das weibliche Bestreben nach Autonomie und Macht ist daher vorderhand nicht so sehr die real schwache — im Sinne von sozial impotente — Mutter als vielmehr eine sehr mächtige frühe Mutter-Imago ausschlaggebend, die »anale Mutter-Imago«.[128] Erst durch die Konfrontation mit derselben können die »eigenen Wünsche nach Reifung und eigener Verarbeitung zugunsten einer Selbstfindung im Zusammenhang mit orgiastischen und identifikatorischen Erlebnissen«[129] realisiert werden. Das heißt Frauen, die nach Autonomie streben — und dies ist gleichbedeutend mit der Verweigerung der traditionellen Frauenrolle und außerdem damit, die eigene sexuelle Identität in Besitz zu nehmen und zu akzeptieren — stehen nicht nur, wie dies auch Chesler betont, plötzlich den um ihre Privilegien kämpfenden Männern gegenüber, sondern zuallererst der introjizierten, verbietenden Mutter-Imago, deren Bekämpfung Schuldgefühle und Vergeltungsängste hervorruft. Denn die Aneignung ihrer Privilegien: Autonomie und Macht — kommt einer symbolischen Kastration derselben gleich.[130]

Um sich dieser psychisch als sehr bedrohlich erlebten

Situation stellen zu können, das heißt um als »Persephone« »Demeter« verlassen zu können und das »ewig gleiche Los der Frauen« durchbrechen zu können, wird im Zuge der Neuen Frauenbewegung die Identifikation mit den mythischen Amazonen gewählt. Dadurch erfolgt erstens eine identifikatorische Annäherung an die bedrohlichen Aspekte der anal-phallischen Mutter-Imago und zweitens geschieht dies im Schutz einer Gruppe: der rebellischen Töchter. Das heißt, der Autonomiekonflikt der Frauen, der in engster Verbindung mit dem frühen Mutter-Tochter-Verhältnis steht, wird durch die Bezugnahme auf Demeter, Persephone und die Amazonen teilweise in die Geschichte verlegt und ermöglicht dadurch eine teilweise Distanzierung; gleichzeitig erfolgt aber durch die Identifikation mit den mächtigen Töchtern, den Amazonen, eine zumindest teilweise Entschärfung des Konflikts.

Doch die »Amazonen-Feministinnen« distanzieren sich nicht nur von den Müttern, sondern gleichzeitig von den Vätern und Söhnen und damit auch vom heterosexuellen Erleben. Obwohl dies im Kontext der Neuen Frauenbewegung strategische Beweggründe hat[131], scheint aus den vorhergegangenen Überlegungen zur Autonomieproblematik sich auch eine Erklärungsmöglichkeit für die Distanzierung — die großteils die Form der Entthematisierung der »Männerbeziehungen« annahm[132] — zu ergeben: Die Amazonen der Gegenwart, wie sich Feministinnen gern bezeichnen[133], entmachten zwar die Mutter im anal-phallischen Bereich, aber sie bleiben rebellierende »Töchter«, sie rivalisieren nicht mit der ödipalen Mutter. Wobei betont werden muß, daß diese Mutter-Imago, die in Verbindung mit dem Vater gesehen wird, der Mutter der Gegenwart entspricht und damit dem Bild der »kastrierten« Mutter als sozial impotenter Frau.[134] Die Usurpation der mütterlichen Macht, die, wie oben geschildert wurde, einer symbolischen Kastration der Mutter gleichkommt und Schuldgefühle und Vergeltungsängste provoziert, kann als Konsequenz dieses Prozesses zur Folge haben, daß der Weg in die ödipale Situation versperrt ist und Wiedergutmachungshandlungen ausgeführt werden: »Die durch die Phantasie erzeugten Schuldgefühle können den Wunsch auslösen, der Mutter den geraubten Penis zurückzugeben, sie zu entschädigen durch eine Regression zu einer aktiven homosexuellen Einstellung (...)«[135]

Die Verbindung zwischen der Entmachtung der analen Mutter und der Wiedergutmachung in Form einer Selbstkastration, die zur Distanzierung von heterosexueller Liebe führt, liegt meines Erachtens in der Diskrepanz zwischen der als omnipotent erlebten frühkindlichen Mutter, die im Demeter-Mythos wiederaufgefunden wird, und der real impotenten Mutter, die vom Mann abhängig ist. Die Anklagen und Vorwürfe dieser ohnmächtigen Mutter gegenüber[136], sollen im Grunde die Schuldgefühle übertönen, die eine Rebellion ihr gegenüber auslöst, und gleichzeitig diese Rebellion legitimieren. Denn durch ihre Ohnmacht verkörpert sie Sieg und Niederlage zugleich: Sieg über die omnipotente, kontrollierende Mutter und Niederlage durch die scheinbare Kastration derselben und die daraus resultierenden Talionsängste.

Die Amazonen als feministischer Mythos sind damit einerseits mächtige, phallische Frauen und andrerseits »ewige Töchter«[137] und symbolisieren damit eine sehr prekäre Situation, deren Umschlag in der nächsten Phase der Matriarchatsdebatte und den darin lebbaren und angestrebten Frauenbeziehungen und Beziehungen zwischen Müttern und Töchtern beobachtet werden kann. Zusammenfassend kann die Bedeutung des Rückgriffs sowohl auf Amazonen als auch auf den Demeter-Mythos in der ersten Phase der Matriarchatsdebatte für die Bildung von Frauengruppen, deren Ziel es war, Autonomie und Macht zu erlangen, in der Form beantwortet werden, daß dadurch eine distanzierte Auseinandersetzung mit akuten Konflikten von Feministinnen möglich wurde und daß gleichzeitig diese Konflikte damit teilweise entschärft wurden. Andrerseits blieb durch diese Verlagerung der Konflikte in die Geschichte, in den Kampf der Amazonen mit den

Mutterreichen auf dem aufkommenden Patriarchat, das ambivalente Verhältnis zwischen Töchtern und Müttern unbearbeitet und führte zu unreflektierten Abwehrhaltungen.[138]

4.2.2. DIE VERSÖHNUNG VON MUTTER UND TOCHTER

DARSTELLUNG

»Radikaler Feminismus ist nicht Versöhnung mit dem Vater. Er bedeutet vielmehr, unsere ursprüngliche Geburt bejahen, unsere ursprüngliche Quelle, Bewegung, Woge des Lebens. Auf diese Weise zu unserer ursprünglichen Integrität finden heißt unser Selbst erinnern. Athene erinnert sich an ihre Mutter und er-innert folglich ihr Selbst. Radikaler Feminismus setzt die Eigendynamik der Mutter-Tochter-Beziehung, die in dem männlichen System erstickt ist, zur Freundschaft frei.«[139] Diese Aussage Mary Dalys kann als programmatische Zielsetzung der nun zu besprechenden Texte gelesen werden: Die reale Beziehung zwischen Müttern und Töchtern, die meist unbefriedigend und von Rivalität gekennzeichnet ist[140], wird als patriarchale Verzerrung der ursprünglichen, idealen Mutter-Tochter-Beziehung gesehen. Das mythische Vorbild dieser Beziehung stellen die Eleusinischen Mysterien dar: »The ›mood‹ created by the story of Demeter and Persephone is one of the celebration of the mother-daugther bond, and the ›motivation‹ is for mothers and daughters to affirm the heritage passed on from mother to daughter and to reject the patriarchal pattern where the primary loyalties of mothers and daughters must be to men.«[141] Diese neu erwachte Sehnsucht nach der Mutter — neu nach den Distanzierungen in der ersten Phase der Frauenbewegung — sollte also die gegenseitige Loyalität zwischen Mutter und Tochter forcieren. Die Mutter-Tochter-Beziehung wird als wesentliche Voraussetzung für eine intensive »Schwesternschaft« gesehen: »Vor dem Gefühl, Schwestern zu sein, gab es das Wissen — flüchtig, fragmentarisch vielleicht, aber echt und entscheidend — von Mutter- und Tochternschaft.«[142]

Diese ideale Beziehung zwischen Mutter und Tochter ist gebunden an eine wesentliche Voraussetzung: an die Abwesenheit des Vaters. »Meine Mutter war Vestalin, meinen Vater kannte ich nicht.«[143] Daher möchte ich jetzt auch in der Darstellung kurz zurückgehen, zeitlich, »zur vergangenen Herrlichkeit und weisen Ausgewogenheit der Matriarchate«[144], in denen die Mutter-Tochter-Beziehung noch ihr unverfälschtes Gewicht entfalten konnte und damit auch zu dem Zeitpunkt, an dem die Veränderung festgemacht wird. Die emotional engagierte Beschreibung dieses Übergangs von Mary Daly mag hierzu als Beispiel dienen: »Dennoch ist die Anziehungskraft der Mutter immer da; die Tochter sucht sie überall; Demeter und Persephone suchen sich immer an den falschen Orten, in fremden Gesichtern und, am tragischsten, in den Männern. (...) Über den Diebstahl des Mutter-Rechts durch die Einsetzung des Patriarchats ist viel geschrieben worden. Eine Folge des Diebstahls ist die Institution patriarchaler Mutterschaft gewesen. (...) Revoltierende Furien geben auf diese heimtückische Zerstörung des Kerns weiblicher Bande eine radikale Anwort: Sie proklamieren und errichten, was Jan Raymond als Tochter-Recht definiert hat. (...) Sobald eine Frau anfängt, die Tochter in ihrer Selbst, in ihrer Mutter zu entdecken, kommt sie mit ihrer wahren Tradition in Berührung. (...) Wenn sie diese Erkenntnis teilen, werden Mütter und Töchter zu Schwestern in ihrem Kampf. Sie werden wieder Freunde.«[145]

Diese Trennung von Mutter und Tochter wird als »Verstümmelung«[146] erlebt, als Teil des »Urakts von Frauenmord«, der die Zerstörung des »selbstbestätigenden Seins«[147] von Frauen meint. Parallel zu diesen Ausführungen

Dalys spricht Johnston von »Muttermord«: »Die gesetzliche Sanktionierung der Oresttat geht zuende. Legalisierter Muttermord. Die Furien sind zurückgekehrt, um die Ermordung unserer Mütter zu rächen.« — wobei die Feministinnen die zeitgenössischen Furien sind. Für Johnston stellen die Eleusinischen Mysterien in diesem Kontext einen Kompromiß dar und werden als implizite Utopie geschildert: der Raub der Kore Persephone sei Zeichen für die aufkommende patriarchale Herrschaft gewesen, die Mutter Demeter verfügte jedoch als Konsequenz der matriarchalen Herrschaft noch über genügend Macht, um einen Kompromiß zu erzwingen, sodaß Persephone zu ihrer »ursprünglichen Jungfrauenschaft« und damit zu ihrer Mutter zurückkehren kann[148] — was auch, wie es bei Daly gut sichtbar wurde, von heutigen Feministinnen angestrebt wird.

Da gerade bei Johnston die Rivalität zwischen Tochter und Vater um die Mutter sehr deutlich wird, soll noch kurz ein Eindruck vom Bild des Vaters oder Mannes in diesem Zusammenhang vermittelt werden: »Die Rechte des Vaters auf die Mutter: Die lesbisch-feministische Revolution beinhaltet die Rechte der Mutter auf die Mutter.«[149] Da der Mann das »primäre Invasionsorgan« besitze und daher der »biologische Aggressor« sei[150], ist für »Frauen in der Revolution (...) Bisexualität in jedem Fall Kollaboration mit dem Feind.«[151] Auch Daly sieht in den Beziehungen der Frauen zum Mann — und damit auch in der Beziehung der Mutter zum Vater — die grundlegende Quelle der Zerstörung der Frauenbeziehungen und der Identität der Frauen: »Die Krankheit der Autoallergie, die in Frauen durch die betäubende Verführung der kleinen Herren Sirenen aus dem Geschlecht der Deckhengste hervorgerufen wird, geht so tief, daß Frauen nicht nur ihre eigene Selbst zu töten versuchen, sondern auch die Selbst ihrer Schwestern (...)«[152] In Matriarchaten war diese Gefahr nicht gegeben, sie waren entweder »einzellig« und vermehrten sich parthenogenetisch oder, falls es sich um Amazonenstaaten handelte, schlossen sie den

Mann aus ihren Sozietäten aus, sodaß der »Eindringling«[153] in jedem Fall entfernt worden war. Trotz der desolaten Verfassung der Mutter-Tochter-Beziehung in Patriarchaten ist nach Daly noch eine Umkehr möglich: »Aber noch ist die Zerstörung nicht vollständig gelungen und die Frauen beginnen wieder, von einem Ort und von einer Zeit zu träumen, in der Mutter und Tochter sich mit Stolz in die Augen sehen und wissen, daß sie beide Opfer waren und jetzt Schwestern und Kameradinnen sind.«[154]

Nach diesem Rückblick in die matriarchale Gestaltung der Mutter-Tochter-Beziehung, wie sie von Vertreterinnen des Kulturellen Feminismus gezeichnet wird und für sie die wesentliche Voraussetzung für eine »radikale Vision der Schwesternschaft«[155] darstellt, möchte ich nochmals auf die enorme Bedeutung der Frauengruppe und der Frauenbeziehungen im Kontext der feministischen Matriarchatsdebatte verweisen: Sie sind einesteils grundsätzliche Bedingung für die Gestaltung einer Frauenwelt, für den konkret-utopischen Entwurf einer Welt jenseits patriarchaler Verhältnisse, wie dies bereits im vorhergehenden Punkt herausgearbeitet wurde und sind hierin anderenteils Grundmoment für die Entwicklung einer neuen, »frauenidentifizierten« Identität, die als Quelle unumstößlicher »Frauenmacht« (»woman power«) erlebt wird: »Wenn sie (die selbstverwirklichte Frau, S. D.) nur mit einer einzigen anderen sprühenden/feuerschlagenden Selbst in Kontakt kommt, so entsteht eine Feuersbrunst. Jede Frau sieht ihr eigenes Wissen von der Realität in ihrer Schwester bestätigt. (...) Dieser Aufstand des Amazonen-Feuers, unser Leben-lieben, unser Sei-en, ist das Höllenfeuer, das die Großen Inquisitoren verdienten und fürchteten.«[156]

BESPRECHUNG

Die Abgrenzung und die Distanzierung von den Müttern, die Suche nach neuen Wegen — zwischen dem »Reich der

Mütter« und dem der Väter — in der ersten Phase der Matriarchatsdebatte — wird nun aufgegeben zugunsten einer Schwerpunktveränderung: die Frauen — als Schwestern und Töchter — streben nach völliger Vereinigung mit der Mutter, nach einer Symbiose von Mutter und Tochter, die niemand und nichts stören darf: am wenigsten der »Vater«. Nun kommt das mythische Vorbild der Demeter und ihrer Verteidigung der Tochter Persephone zu vollen Ehren: als Wunschbild, das die angestrebte Loyalität zwischen Mutter und Tochter darstellt und als Utopie einer möglichen Rückkehr zur Mutter und zur »ursprünglichen Integrität«. Demeter, die mächtige Mutter, wird anders als vorher nicht mehr gemieden, sondern gesucht. Die Trennung von ihr, von der »wirklichen« Mutter — im Gegensatz zur real existierenden »patriarchalen« Mutter — wird mit den emotionalsten Ausdrücken geschildert und als »Verstümmelung«, als Zerstörung des »selbstbestätigenden Sei-ens« der Frauen, als »Frauenmord« beschrieben.

Das heißt, die Darstellung der Mutter-Tochter-Beziehung in der zweiten Phase der Matriarchatsdebatte liegt im Spannungsfeld von real existierender und damit gegenwärtiger Mutter-Tochter-Beziehung — die als patriarchal verzerrt erlebt wird — und der »wirklichen« Mutter-Tochter-Beziehung, die angestrebt wird und die in der Vergangenheit — am charakteristischsten in den Eleusinischen Mysterien — wiedergefunden wird. Die einzige Funktion des Vaters besteht darin, die ursprüngliche, unverzerrte Beziehung zu stören. Umgelegt auf scheinbar historisch-gesellschaftliche Verhältnisse entspricht dies dem »Diebstahl des Mutterrechts« durch die Einsetzung des Patriarchats. Daß dieser Übergang nur oberflächlich sich auf gesellschaftliche Ereignisse bezieht, kann aus verschiedenen Aspekten der oben zitierten Darstellung geschlossen werden: vor der Erwähnung des »Diebstahls« wird die Suche der Töchter nach der Mutter geschildert, also individuell-persönliches Erleben, ebenso danach, wenn die Wiedervereinigung von Mutter und Tochter angestrebt wird. Weiters mutet die Bezeichnung »Diebstahl« für den Übergang eines gesellschaftlichen Systems in ein anderes etwas seltsam an — auch wenn dieser Übergang auf gewaltsame Art geschieht. Da die Konsequenz des »Diebstahls« die patriarchale Mutterschaft ist, möchte ich schlußfolgern, daß hier eingebettet in gesellschaftstheoretische Argumentation der Übergang von präödipaler zu ödipaler Mutter-Tochter-Beziehung geschildert wird.

Die Institution patriarchaler Mutterschaft bedeutet in diesem Kontext die Vereinigung der Mutter mit dem Vater, wobei die Mutter als passiv erlebt wird, denn sie wird »gestohlen«, ist also »Opfer«. Dieselbe Passivität der Frau in bezug auf den Mann drückt Dalys Formulierung der »betäubenden Verführung der kleinen Herren Sirenen aus dem Geschlecht der Deckhengste« aus, die zur Abtötung der Persönlichkeit der Frauen und der Frauenbeziehungen führe. Nur durch die »Betäubung« der Sirenen, also durch die Außerkraftsetzung der kritischen Realitätsprüfung mit unwiderstehlichen Mitteln (Sirenen), lasse die Frau sich auf die »Deckhengste« ein. Abgesehen von der »etwas« funktionalistischen und gleichzeitig in den rein tierischen Bereich transportierten Beschreibung des Koitus wird die Realisation der ödipalen Situation als tödlich für die Frauen erlebt.

Die angestrebte Lösung beziehungsweise die Aufhebung des »Diebstahls« ist, wie Daly beschreibt, die Errichtung des »Tochterrechts« und die Rückführung der Mutter in die Gemeinschaft der Schwestern und Töchter. Wird diese Sequenz erst einmal für sich betrachtet, so fällt als erstes die »Ent-Mütterlichung« der Mutter auf: sie soll zur Schwester werden, das heißt die »Töchter und Schwestern« setzen die »Spielregeln« ein, sie heben den Generationenunterschied ebenso auf wie die ödipale Situation als solche[157] — und triumphieren damit über die Mutter, sie wird als solche entmachtet. Einen analogen Prozeß schildert Joyce McDougall aus der therapeutischen Erfahrung mit homosexuellen Frauen: »Da die Urszene für einen oralen oder analen sadistischen Akt gehalten wurde, wurde die Beteiligung der Mutter an einem solchen Akt generell geleugnet, wobei die Wahrheit auf der Realitätsebene keine Rolle spielte. Zugleich bemerkte man den Wunsch, sich selbst und die Mutter vor derartigen Überfällen zu schützen. So konnte ein sekundärer Vorteil gewonnen werden: Wenn die Mutter in bezug auf ihr heterosexuelles Verhältnis zum Vater weder Interesse noch Bedürfnis zeigte, konnte das Mädchen sich selbst für den wesentlichen Vaterersatz in den Augen der Mutter halten.«[158]

Die nun angestrebte Symbiose, die die Mutter zur Schwester machen soll, hebt, wie bereits gesagt, die Verstümmelungen auf und rächt den Urfrauenmord, den Muttermord, wie es Johnston formuliert, und erscheint als »Quasi-Verschmelzung«, als Nachbildung der frühen Mutter-Kind-Symbiose[159]: »Das wesentliche Merkmal der Symbiose ist die halluzinatorisch-illusorische, somatopsychische omnipotente Fusion mit der Mutterrepräsentanz und insbesondere die ebenso illusorische Vorstellung einer gemeinsamen Grenze der beiden in Wirklichkeit physisch getrennten Individuen.«[160] Ebenso wie der Begriff des »Diebstahls« auf das individuelle Erleben der Mutter-Tochter-Beziehung verweist und nicht auf gesellschaftliche Vorgänge, so wird der Begriff der »Verstümmelung« erst dann verständlich und sinnvoll, wenn Mutter und Tochter als einziger psycho-physiologischer Organismus verstanden werden. Oder anders formuliert: Es existiert kein Bewußtsein individueller Körpergrenzen und individueller Identität, das Körper- und Selbstbild regrediert auf ein archaisches Niveau. Dieser Prozeß wiederholt sich bei der Beschreibung der »einzelligen Matriarchate«, die den Eindringling entfernt hatten: sie werden als riesiger Organismus beschrieben und bieten daher, in die Vorgeschichte projiziert, in die Zeit vor der Trennung, das bedeutet auch: vor der ödipalen Situation[161] — auf größerer Ebene das Bild der vollständigen Fusion von Gleichen.

Die Trennung von Mutter und Tochter — und damit der Autonomiezuwachs beider — wird als sadistisch-destruktiver

Akt an einer ursprünglichen Einheit erlebt. Die Formulierung des »Eindringlings«, des primären Invasoren, als der der Mann bezeichnet wird, verweist auf dieselbe Problematik und ist Zeugnis einer hohen narzißtischen Kränkbarkeit: »Der narzißtisch Kränkbare hingegen sieht den Feind, der archaische Wut in ihm wachgerufen hat, nicht als autonome Quelle eigenständiger Triebregungen, sondern als *Fehler in einer narzißtisch wahrgenommenen Realität,* er ist für ihn ein widerspenstiger Teil seines erweiterten Selbst (expanded self).«[162]

Als vorläufige Zusammenfassung der Ergebnisse, die sich bei näherer Betrachtung der beiden Hauptaspekte der Mutter-Tochter-Beziehung der zweiten Phase der Matriarchatsdebatte ergeben, muß gesagt werden: Die Gegenüberstellung »patriarchaler« und wahrer — und damit implizit: »matriarchaler« — Mutterschaft und die unumschränkte Idealisierung der letzteren bezieht sich auf den Unterschied von präödipaler und vor allem narzißtischer Vereinigung von Mutter und Tochter und ödipaler Mutter-Vater-Beziehung. Sie lehnt sich an nur oberflächlich definierte Gesellschaftssysteme an, die teilweise den Charakter biologischer Organismen tragen. Das Rückgängigmachen der ödipalen Situation, die zur »Ent-Mütterlichung« der Mutter führt und zur Aufhebung des Generationsunterschieds, ermöglicht die Aufwertung der Töchter. Die nun neuerlich verwirklichte Mutter-Tochter-Beziehung trägt den Charakter einer Quasi-Verschmelzung oder, man könnte auch sagen, sekundären narzißtischen Regression.

Die Beziehungen der Frauen untereinander, die nun alle Schwestern und Töchter sind und sich als »Furien«, »Häxen« und »Amazonen« fühlen, basieren natürlich auf den oben genannten Prämissen. Dadurch kann der Anspruch der Frauen, gemeinsam eine »Feuerbrunst« zu erzeugen, das heißt Macht zur Zerstörung des Patriarchats freizusetzen, ihre Energiekonzentration als »woman-power« gezielt zu verwenden, unter einem neuen Blickwinkel betrachtet werden. Das Vertrauen in die Macht der Frauenenergie hängt wesentlich mit dem Versuch des Rückgängigmachens der ödipalen Situation und damit mit dem Ausschluß des Vaters und des Mannes aus der Frauenwelt zusammen.[163] Aber gerade hier muß noch ein wesentlicher Aspekt beachtet werden: die Schilderung des Vaters/Mannes als »biologischen Agressor« mit dem »primären Invasionsorgan«, das heißt die Zeichnung des Mannes als extrem bedrohliches Wesen, das sich am besten »selbst ent-mannt oder sich als Mann ausschaltet«[164] verweist — wie bereits erwähnt — auf die hohe narzißtische Kränkbarkeit. Andrerseits ist aber die massive Bedrohung gerade durch den Penis, der als »Schwert«[165] die Frau und ihr Körperinneres zerstört, Hinweis darauf, daß diese Beschreibungen ein »Phallussymbol« meinen, das mit einem realen Penis wenig bis nichts zu tun hat: »Wenn das (...) Eindringen tatsächlich als ein Vorgang erscheint, der die körperliche und die Ich-Integrität massiv bedroht, wenn der Penis Träger einer übermäßigen phallischen Macht geblieben ist (der unverhältnismäßig große, disproportionierte Penis, den das Mädchen sich wünscht, ist ein Erbe der überfallenden, destruktiven, zerstückelnden, destrukturierenden, phallischen Macht des mütterlichen Urphallus), dann erscheint der Geschlechtsverkehr, das Eindringen, als unerträglicher Wunsch, der für das Ich nicht akzeptabel ist und im Gegensatz zur fundamentalen narzißtischen Abwehr und Selbsterhaltung steht.«[166] Das heißt, dieser extrem bedrohliche Penis, der zur Zerstörung und Niederlage der Frau führt und dessen Bedrohlichkeit erst mit der Ausschaltung der Männer gebannt werden kann, steht in engster Affinität mit der mütterlichen Macht — symbolisiert über den »Urphallus«.

Die gleichzeitige Idealisierung und Entmachtung der Mutter durch die Zuweisung des Status der Schwester einerseits und die Abwertung beziehungsweise Negierung des Vaters andrerseits, dienen dazu, die bedrohliche Vorstellung der negativen Mutter-Imago abzuwehren und damit die Vorstellung der Mutter konfliktfrei zu halten. Die bedrohlichen

Aspekte der Mutter werden auf den Mann übertragen[167], dieser soll eliminiert werden — damit ist die Welt der Schwestern und Töchter gereinigt von Ambivalenzen.

Was bedeuten nun abschließend diese Prozesse für das Erleben der Macht in Frauengruppen, für die Vorstellung einer von Frauen produzierten »Feuersbrunst« beispielsweise? Die Situation stellt sich zusammengefaßt folgendermaßen dar: die Mutter als Partnerin des Vaters wurde durch den ihr zugewiesenen Status der Schwester nivelliert und in die Gruppe der Schwestern und Töchter integriert. Die Bedrohlichkeit des Mannes/Vaters für die Frau wurde großteils aufgelöst als Projektion der angsterregenden Macht der omnipotenten Mutter-Imago[168] — als Konsequenz bleibt eine idealisierte, kaum differenzierte Frauenwelt und eine »fäkalisierte« Welt der Männer/Väter.[169] Der regressive Charakter der Beziehungsbildung, die Quasi-Verschmelzung von Mutter und Tochter — erweitert auf der Basis einer Verschmelzung aller Frauen der Gruppe — fixiert ein präödipales Ichideal und löst damit Omnipotenzgefühle aus.[170]

Ich möchte noch kurz einen scheinbar unvermeidlichen Nebeneffekt dieser Konstellation anführen: Da die Allmachtsphantasien nicht auf realistischer Grundlage beruhen, sondern Konsequenz einer Illusion sind, müssen »Außenseiter« zumindest theoretisch vernichtet werden. Dies ist bei Dalys Ausführungen zu den »Alibi-Frauen«[171] ebenso der Fall wie bei Johnstons Überlegungen, die in dem Satz: »Bist du nicht Teil der Lösung, dann bis du Teil des Problems«[172] ihren dezidiertesten Ausdruck finden. »Da diese sich nicht daran beteiligen, die Illusion aufrechtzuerhalten, repräsentieren sie ein Versagen der Illusion selbst. (...) (›wer nicht für uns ist, der ist gegen uns.‹)«[173] Dies ist auch die Basis eines immer wieder auftauchenden Elitebewußtseins, wie es etwa anhand der Äußerungen Starretts deutlich wird: »It takes only a minority of women to alter present reality, to create new reality, because our efforts are more completely focused, more total.«[174]

4.2.3. ZUSAMMENFASSUNG UND ABSCHLIESSENDE ÜBERLEGUNGEN

Das Konzept der Frauenbeziehungen ist seit Beginn der Neuen Frauenbewegung eng mit der Mutter (-repräsentanz), mit Macht und Sexualität verbunden. Zu Beginn der Matriarchatsdebatte, die mit dem Beginn der autonomen Frauenbewegung korreliert, wurde versucht, im Sinne einer Kompromißlösung diese drei Faktoren so produktiv als möglich zu vereinen: das Bild der Amazonen stand für die Distanz von den allmächtigen und gleichzeitig ohnmächtigen Müttern, für Macht über den eigenen Körper ebenso wie über Institutionen und für Sexualität unter Frauen, für die Distanz von den Vätern und Männern. Die Feministinnen waren in diesem Sinne mächtige Töchter, revoltierende Töchter — der Tribut, den sie für die Aneignung der Idee der Macht und Autonomie leisteten, war die Beschränkung auf die klitoridale Sexualität und die Verleugnung der vaginalen Lustempfindungen, in gewissem Sinne eine feministische Remystifizierung der Vagina[175], weil deren Inbesitznahme zu sehr in die Nähe der verbietenden und gleichzeitig kastrierten Mutter mit all den daraus resultierenden Schuldgefühlen und Vergeltungsängsten geführt hätte.[176]

Die nächste Phase der Matriarchatsdebatte bietet ein etwas unübersichtlicheres Bild, das ich anhand der Darstellung zweier wesentlicher Vertreterinnen dieses Aktions- und Argumentationszusammenhanges versuchte aufzuhellen. Es scheinen gewisse Verkehrungen vorher stattgefundener Prozesse und Ziele eingetreten zu sein: Nicht die Töchter wollten sich von den Müttern trennen, um Macht und Autonomie zu erlangen, sondern genau umgekehrt: Mütter und Töchter wurden getrennt und daher seien sie machtlos. Die neuerliche Vereinigung von Mutter und Tochter — unter dem Gesetz der Töchter — als Schwestern könne diese Trennung rückgängig machen, die Verstümmelungen aufheben und ungeahntes Machtpotential freisetzen — im Sinne von »energetischer Feuersbrunst« (vgl. o.) oder auch »Luftsäulen« und »Wasserstrudeln«.[177] Väter und Männer allgemein sind Eindringlinge in einer »reinen« Frauenwelt, deren mythisches Paradigma die Vereinigung von Demeter und Persephone — nun aber unter der Oberhoheit der Persephone — ist. Die Idee der Macht ist wesentlich gebunden an eine symbiotische Verschmelzung von Mutter und Tochter und damit auch aller Frauen unter dem Primat der Schwesterlichkeit, wobei auch sexuelles Erleben nur mehr in der Frauengruppe stattfinden kann — der Begriff der »Feuersbrunst«[178] verweist auf die Affinität von Freisetzung sexueller Energien und undifferenzierten, gleichwohl aber umfassenden Machterlebens.

Die hier besprochenen psychischen Prozesse und Interaktionsformen drücken sich in den jeweiligen politischen Aktionen und Realitäts- sowie Machtdefinitionen aus und werden von diesen wiederum rückwirkend fixiert. Kurz zur Erinnerung: Die mit den Anfängen der Matriarchatsdebatte und damit mit dem Bild der Amazonen korrelierende erste Phase die Frauenbewegung strebte danach, Macht in und über politische Institutionen zu erreichen, während in dem hier primär besprochenen Zweig der Frauenbewegung nach dem Paradigmenwechsel die Frauen sich gleichsam mit Macht identifizierten[179] und durch das — leicht ironisch so zu bezeichnende — politische Modell der vereinigten Frauenenergien gegen »Erdrevolutionen« und negative männliche Energien kämpften — also weit entfernt war vom Anstreben realer politischer Entscheidungsmacht.[180]

Ich habe mich hier darauf beschränkt nachzuvollziehen, welche psychische Dynamik durch die dargestellten Beziehungen unter Frauen und im speziellen zwischen Frauen und Mutter(-bildern) zu erwarten ist. Vergleicht man diese Darstellungen und Ziele der ersten Phase mit denjenigen der zweiten, so verblüfft zunächst die scheinbare Wendung ins Gegenteil bei der Argumentation. Dennoch scheinen beide Phasen einer inneren Logik zu folgen, die sich aus der Ambivalenz der Mutter-Imago speziell im Erleben einer »Frau im

Aufbruch« ergibt. Meines Erachtens kann nach den Ausführungen zu den »Absicherungsmaßnahmen« gegenüber der bedrohlich omnipotenten Mutter-Imago — verkörpert in der die Tochter nicht freigebenden Demeter — in der ersten Phase und nach der Analyse der massiv emotional gefärbten Bestrebungen der zweiten Phase, sich wieder mit der »wahren« Mutter — nämlich der die Tochter schützenden Demeter — in quasi-symbiotischer Verschmelzung zu vereinen, insgesamt von einer »Wiederkehr des Verdrängten« gesprochen werden. Die anfänglichen Versuche in den Gruppen, als Töchter über die Identifikation mit den phallischen Frauen, den Amazonen, die bedrohlichen Aspekte der frühen Mutter-Imago zu bannen, schlugen um in Bestrebungen, sich mit einer phantasierten Mutter zu verbinden, die jedoch ebenso zum Teil entmachtet wurde und deren bedrohliche Aspekte abgespalten und auf die Väter/Männer projiziert wurden. Daß dieser Prozeß teilweise wahnhafte Züge annahm, kann aus der Entdifferenzierung der Realitäts- und Weltwahrnehmung, die auf einer radikalen Dichotomisierung beruht, geschlossen werden.[181]

Als historischer Moment des Übergangs von einem aktiven Autonomie- und Machtstreben zu einer — oberflächlich zumindest — passiven Identifikation mit Autonomie und Macht über die Anlehnung an mythische Identifikationsfiguren, kann meines Erachtens jene Phase festgesetzt werden, in der die Neue Frauenbewegung gesamtgesellschaftliche Rückschläge erlitt und sich stärker in einer Frauenwelt abschottete, was wie oben bereits erwähnt, zum psychischen Erleben des »sozialen Todes« führte[182]: dadurch wurde weithin Regressionspotential freigesetzt und gerade die psychisch bedrohliche Auseinandersetzung mit den »Müttern« bot Fixierungsmöglichkeiten an.[183]

Die Funktion des relativ unsystematischen Rückgriffs sowohl auf den Demeter-Mythos als auch auf die undifferenzierten Bilder von »Amazonen«, »Furien«, »Häxen« und auf Matriarchate als »einzellige Organismen« bedeutet erstens die Remystifikation der präödipalen Phase der Mutter-Tochter-Beziehung, die noch vor jeglicher Geschlechtsdifferenzierung liegt. Aber sie scheint mir aufgrund der vorher beschriebenen Regressionstendenz mit wahnhaften Zügen noch eine weitere Funktion zu erfüllen: Diese Mythen dienen der Stabilisierung der labilen Ichidentität und damit dem Schutz vor »Erdbeben«, wie es Daly bezeichnet[184], das heißt dem Schutz vor psychotischen Einbrüchen der Persönlichkeitsstruktur durch die Identifikation mit idealisierten und allmächtigen, sonst aber kaum differenzierten Objekten.[185]

4.3. MÜTTER UND SÖHNE: DIE BEZIEHUNGEN ZWISCHEN MÄNNERN UND FRAUEN AUF MATRIARCHALER BASIS

4.3.0. VORBEMERKUNG

Nach den vorangegangenen Erörterungen zur psychischen Dynamik der für den feministisch-matriarchalen Alltag konstitutiven Frauenbeziehungen scheint die nun ausschlaggebende Fragestellung nach den Verhältnissen der Geschlechter zueinander — in historischen Matriarchaten ebenso wie bei den Versuchen der konkreten Umsetzung dieser matriarchalen Lebensformen — eigentlich überflüssig zu sein. Es wurde festgestellt, daß der Ausschluß des Mannes — spezifiziert des Vaters als Geliebter der Mutter (=Deckhengst, Eindringling) — wesentliche Voraussetzung und Basis ist für das Erleben der Stärke, Macht, Lust, Solidarität und Schwesterlichkeit innerhalb der Frauenbeziehungen, weil dadurch die Mutter als psychische Repräsentanz ebenso freigehalten werden kann von Ambivalenzen wie das durch sie verkörperte symbiotisch-ganzheitliche Welterleben. Wenn diese Dichotomisierung der Objekte verbindlich bleibt für die Beschreibung und Konstituierung der feministisch-matriarchalen Alltagspraxis, stellt sich natürlich die Frage 1. nach den spezifischen Voraussetzungen, die eine Integration des Männlichen erlauben, und 2. nach der daraus entstehenden Dynamik ebenso wie 3. nach den mythischen Vorbildern, die nun bemüht werden müssen, und nach der Bedeutung derselben.

Ein Teil der Antwort sei hier vorweggenommen: Die Gestalt des Männlichen ist zu differenzieren — ausgeschlossen aus der Welt der Frauen wird der Mann als Vater, der Partner der Mutter, das heißt der sexuell potente Mann, der der primäre Rivale des Mädchens um die Mutter ist.[186] Integriert wird demgegenüber der Sohn, die Schöpfung der Göttin zu ihrem Vergnügen[187], der, wie es Göttner-Abendroth betont, »ganz und gar eingebettet in ein weibliches Universum«[188] ist. Die Vereinigung zwischen »Göttin« und Sohn oder Heros ist heilig und eingebettet in die Gesetze des Kosmos.[189] Damit bin ich bei der spezifischen Konstellation angelangt, die die Integration des Männlichen in den gegenwärtigen feministisch-matriarchalen Alltag und die damit verbundene Weltdeutung bestimmt und weiters ein Licht wirft auf die damit verbundene Integration der Heterosexualität neben den im vorhergehenden Kapitel angedeuteten homosexuellen Tendenzen. In Stichworten gefaßt läßt sich diese Szene: Mann, Frau, Heterosexualität in matriarchaler Begrifflichkeit folgendermaßen formulieren: Heros, Göttin, Hieros Gamos (Opferung des Heros).

4.3.1. ALLGEMEINE TENDENZEN

In Kapitel 2 wurde bereits festgestellt, daß mit dem Paradigmenwechsel in der Argumentation der Frauenbewegung verbunden war, daß die »wahre« Position des Mannes als

Sohn, als Geschöpf definiert wurde im Gegensatz zur weiblichen Priorität und daß hierbei gerade die Wiederentdeckung der matriarchalen Kulturen maßgeblich war.[190] Die theoretische Grundlage dieser nun neu entdeckten und angestrebten Beziehungsformen bilden einerseits die Verwandtschaftsregelungen von als matriarchal bezeichneten Kulturen, die den Mutterbruder weit über den Gatten stellten in der Verwandtschaftshierarchie und die damit sowohl den Sohn als auch die Tochter primär mit der Mutter und ihrem Stammbaum verbunden sehen (=Matrilinearität) — wodurch sich für die Position der Frau ergibt, daß die »Mutterbeziehung und der Mutterstatus (...) sehr viel wichtiger als der Ehefrauenstatus (waren).«[191] Wesentlicher als dieses Strukturmerkmal gesellschaftlichen Zusammenlebens jedoch beeinflußte der Mythos Argumentation und Vorstellung. Es häuften sich die Bezugnahmen auf solche Mythen, die eine mächtige Muttergottheit — die »Große Göttin« — mit einem von ihr abhängigen Sohn-Geliebten schildern: »In der vorpatriarchalen Welt hatte der Phallus *(Herm)* eine ganz andere Bedeutung als in der androzentrierten (oder phallokratischen) Kultur. Er wurde weder verehrt noch als eigenständig mächtig angesehen; er existierte als Anhängsel der Göttin, (...) Die Große Mutter anerkannte keinen individuellen Ehemann, nur Söhne, die zu ihren Begleitern wurden.«[192] Dieselbe Tendenz drückt sich in Starhawks Beschreibung der Beziehung zwischen der »Göttin« und einem Mann aus: »She (the Goddess, S. D.) contains him, as a pregnant woman contains a male child.«[193]

Das Spezifische dieser Beziehungsform bestand damit erstens darin, daß die Frau primär als Göttin beschrieben wurde, während der Mann menschlich und zugleich kindlich erscheint[194], zweitens daß die Vereinigung beider heilig ist und drittens, daß sie mit der rituellen Tötung des Sohnes endet: »Von ihrem Sohn erwartet sie einen anderen Zyklus der Ehrung. Einmal im Jahr muß er geopfert und zerstückelt werden und sterben, um im Frühling wiedergeboren zu werden. Alle Männer sind Stellvertreter ihres Fruchtbarkeitsprinzips auf der Erde. Ein Mann pro Jahr muß geopfert werden, um sie als Ursprung zu ehren.«[195]

Diese Darstellungen beziehen sich jedoch in erster Linie auf die Vergangenheit, auf so bezeichnete matriarchale Kulturen, obwohl gerade im letzten Zitat, das von Rush stammt, diese Zeitdifferenz durch die Verwendung des Präsens im Satz nicht mehr klar ist. Hier interessiert vor allem, wie diese mythischen Vorbilder für Beziehungen zwischen Männern und Frauen in der Gegenwart verwirklicht werden sollen. Die differenziertesten Aussagen hierzu stammen von Göttner-Abendroth, deren Ziel darin besteht, eine »matriarchale Ästhetik« zu entwickeln, die basierend auf der Kenntnis der matriarchalen Kulturen und der Analyse der Gegenwart utopische Konzeptionen von unverzerrter Weiblichkeit und Männlichkeit entwerfen und in der Alltagspraxis verwirklichen soll — was in ihren Augen revolutionäre Implikationen hat.[196] Ehe ich jedoch auf Göttner-Abendroths Überlegungen näher eingehe, möchte ich kurz skizzieren, wie, unter welchen Voraussetzungen Sexualität von einzelnen Autorinnen, die sich auf Matriarchate beziehen, verwirklicht werden kann.

Ich habe bereits angeführt, daß sie durchwegs als etwas »Heiliges«, als ein »Mysterium« erlebt wird. Gerade in Sjöös Werk verkörpern Matriarchate zum Beispiel mithin eine Lebensform, in der ekstatisch-sexuelles Erleben im Zentrum religiöser Verehrung stand und als Epiphanie der Göttin galt: »Im Augenblick der Vereinigung sowohl auf psychischer wie auf sexueller Ebene wird die Göttin lebendig. (...) Der Ritus war dem Zweck gewidmet, die Verbindung mit der Göttin wiederherzustellen und das Ich-Bewußtsein der Frau mit den befruchtenden Kräften des Kosmos in Berührung zu bringen. So war es jeder Frau möglich, in sich selbst die Mondin zu erfahren.«[197] Die Enttabuierung der weiblichen Sexualität muß auch in der Gegenwart durch die Kontaktaufnahme mit der Göttin geschehen.[198] Wie Sjöö findet auch Rush in Matriarchaten eine Kultur verwirklicht, die sexuelle Ekstase als etwas Heiliges verehrte: »Es waren die Zeiten, in denen die Menschen ihre Fruchtbarkeitsinstinkte genossen und auf diese Weise die gleichen Eigenschaften auch im Universum ehrten und erweckten. (...) Die Sexualität war eine heilige Energie für den Mond und die gemeinschaftlich begangenen Festlichkeiten füllten die Fruchtbarkeitsenergie in der Welt wieder auf.«[199]

Nachdem nun das breitere Spektrum etwas dargestellt wurde, möchte ich noch auf einzelne Gedanken aus Göttner-Abendroths Werk eingehen, weil sie, wie bereits gesagt, am differenziertesten und umfassendsten sich mit dem hier behandelten Komplex auseinandersetzt. Die Besprechung dieses Teils — über die allgemeinen Tendenzen — soll in die Besprechung von Göttner-Abendroths Werk integriert werden.

4.3.2. DIE GÖTTIN UND IHR HEROS: HEIDE GÖTTNER-ABENDROTHS MATRIARCHALE KUNSTUTOPIE

DARSTELLUNG

Analog zu den eben skizzierten Vorstellungen über eine ideale Mann-Frau-Beziehung, die in relativ unsystematischer Weise sich sowohl auf matriarchale Kulturen also auf historische Bereiche als auch auf die Integration derselben in die Gegenwart beziehen, entwickelt Göttner-Abendroth aus Mythenanalysen, bei denen sie sich wesentlich auf Ranke-Graves stützt[200], ein Modell gesellschaftlicher Gegenpraxis, dessen wesentlichstes Kriterium die Erfüllung der Charakteristika der »matriarchalen Ästhetik«[201] ist: »Die ›matriarchale Kunst‹ ist nun keine andere Kunst-Form, sondern eine andere Lebensform. Sie stellt die Sichtweise des Patriarchats auf den Kopf, durchdringt seinen Tages- und Jahresablauf und sprengt seine abgezirkelten Grenzen.«[202] Das revolutionäre

Potential dieser Lebensform soll durch das bewußte Aufgreifen der immer schon unbewußt wirkenden »fundamentalen Kategorie der menschlichen Phantasie«[203] und deren Umsetzung in ritualisierte Aktivität verwirklicht werden. Den Inhalt dieser »fundamentalen Kategorie menschlicher Phantasie« bildet nach Göttner-Abendroth die von ihr herausgearbeitete Struktur matriarchaler Mythologie: Die dreifältige Göttin mit dem ihr zugeordneten Heros und den verschiedenen Phasen der Beziehung dieser beiden Gestalten zueinander.[204] Diese Beziehungskonstellation impliziert nach Göttner-Abendroth ein völlig neues Wertesystem[205] und stellt ausgeübt eine »Gegenpraxis dar, die nicht von Herrschaft durchsetzt ist, sie benötigt daher keine verschleiernde Ideologie.«[206] Denn: »Das einzige Vorbild war der Kosmos mit seinen Harmonien, dem entsprechend die Menschen leben wollten.«[207]

Göttner-Abendroth versucht in ihrem Werk, das ganzheitliche, in die Natur eingebundene Leben matriarchaler Kulturen nachzuvollziehen, die Stationen desselben zu bestimmen und in seinen zentralen Aspekten — der Göttin-Heros-Struktur und dem Eingebundensein in die Naturkreisläufe — für feministische Lebenspraxis nutzbar zu machen; unter dem Primat des »magischen Ethos«[208], das die Notwendigkeit der ganzheitlichen Betrachtung und Ausführung symbolischer Handlungen betont. Vor dem Fernziel der Veränderung der patriarchalen Gesellschaft steht für Göttner-Abendroth das Nahziel einer Entwicklung einer von patriarchalen Verzerrungen und Verstümmelungen unabhängigen Weiblichkeit und auch Männlichkeit — deren mythische Verkörperung die Göttin-Heros-Struktur darstellt.

Die Annäherung an diese unverzerrten Formen von Weiblichkeit und Männlichkeit und die Grundvoraussetzung für die Überwindung des Patriarchats sieht sie in der Praktizierung der Jahreszeitenrituale, die sie mit »Mondin-Sonnen-Spiel« bezeichnet: »Darum bedeutet das ›Mondin-Sonnen-Spiel‹ zuerst einmal einen Prozeß komplexer Selbstfindung:

um herauszukommen aus den gängigen, deformierenden Begriffen von ›Weiblichkeit‹, den üblichen Frauenrollen und eine Vorstellung von der Unabhängigkeit, der Kraft und der Vielfalt an Eigenschaften zu gewinnen, welche die ›Göttin‹ als Leitidee darstellt. Um auch die männlichen heroischen Seiten in uns kennenzulernen, die nichts mit der patriarchalen ›Männlichkeit‹ zu tun haben, sondern ohne deren zerstörerische Ambivalenz sind.«[209]

Das heißt: die »Göttin« und der »Heros« sind sowohl Kräfte in der Psyche jedes Menschen, als auch mögliche utopische Vorbilder für neue, wahrhafte »Sozialcharaktere« von Männern und Frauen und damit für ganzheitliche Beziehungen zwischen diesen — gleichwohl handelt es sich um soziale Organisationsprinzipien.[210] Die inhaltliche Ausgestaltung der Göttin-Heros-Beziehung, die momentan der Einfachheit halber als Beziehung zwischen Mann und Frau geschildert wird, orientiert sich am Zyklus der Jahreszeiten und ist vor allem für die Existenz des Heros von Bedeutung: »Die Göttin wird bei diesen zyklischen Jahreszeitenfesten repräsentiert durch ihre Priesterin oder die sakrale Königin; diese ist die gesetzgebende aktive Partnerin. Der sakrale König oder Heros ist dagegen der Vertreter der Menschen, mit dem sich die Göttin in Gestalt einer Priesterin verbindet, um ihrem Volk neues Leben zu schenken. Alle Rituale werden nicht nur symbolisch, sondern tatsächlich vollzogen: die Initiation ist Verleihung der Königswürde; die öffentliche Heilige Hochzeit ist das Fruchtbarmachen aller kosmischen Regionen; der Tod des Königs ist seine Opferung, um die kosmischen Regionen durch sein Blut für das nächste Jahr fruchtbar zu erhalten; seine Wiederauferstehung ist seine Wiederkehr im Nachfolger, wobei von der Idee der Seelenwanderung ausgegangen wird.«[211] Während die Göttin bei diesen Ritualen den Kosmos mit all seinen Kräften verkörpert und als Kraft der Integration wirkt, repräsentiert der Heros durch sein Selbstopfer vollkommene Integrität und ist gleichzeitig Vertreter der Menschen.[212]

Diese inhaltliche Gestaltung der Göttin-Heros-Beziehung in ihren vier Phasen: Initiation, Hieros Gamos, Opferung, Wiederkehr findet Abendroth nicht nur in den Mythen früher indogermanischer Völker, sondern auch in den Epen des Mittelalters wieder, dort meist in Form der »Aitheda«, der unglücklichen Liebe mit tragischem Ende: »Der Konflikt besteht immer zwischen einer ausgesprochen leidenschaftlichen Liebe, die magischen Charakter hat, und einer sozialen Ordnung. Oder genauer: zwischen zwei sozialen Ordnungen, der älteren matriarchalen und der jüngeren patriarchalen, die hier so direkt wie nirgendwo sonst aufeinanderprallen.«[213] Die »Aitheda« sei Ausdruck der »Rebellion gegen die Zwänge des frühen Patriarchats«[214] und Nachhall des matriarchalen Eros[215].

Wie bereits erwähnt, stellt die Göttin-Heros-Beziehung für Göttner-Abendroth — weil sie sowohl in so vielen Kulturen anzutreffen war als auch durch alle Epochen hindurch zu wirken schien — die fundamentale Kategorie menschlicher Phantasie dar und wird von ihr als »objektive Größe«[216] behandelt. Dies ermögliche nun aber auch die Wiederholung sowohl des Rahmens als auch des Inhalts dieser Kategorie in der Gegenwart: »Rituelle Tanzfeste mit diesen Inhalten scheinen heute jedoch völlig unwiederholbar. Aber ist das nicht ebenso ein Schein wie die Unwiederholbarkeit der Magie? Könnte sich diese Unwiederholbarkeit nicht verlieren, wenn wir uns vor Augen führen, daß diese rituellen Feste lediglich die fundamentalen Kategorien der menschlichen Phantasie verbildlicht haben? Und diese Kategorien sind heute keine anderen.«[217] Diesem Grundsatz eingedenk schildert Göttner-Abendroth denn auch im schon erwähnten »Mondin-Sonnen-Spiel«, das die Integration dieser matriarchalen Praxis und des matriarchalen Eros in die Gegenwart bewerkstelligen soll, die einzelnen Jahreszeitenrituale analog den für die von ihr als matriarchal bezeichneten Ritualen der Vergangenheit: als utopische Möglichkeit der Beziehung zwischen Frauen und Männern und als mögliche Konfrontation mit den eigenen Kräften. Der, die vollkommene Integrität verkörpernde Heros, gibt sich der, die kosmische Integration darstellenden Göttin, hin, bereit »bis zum Tod«, zur »Unterweltsfahrt«[218]: »Er lernt seinen Tod zu ertragen, und was nun in Erscheinung tritt, ist seine seelische Spannweite: nur so tritt das Heroische ans Licht.«[219] Doch auch die Göttin hat zu leiden: »Aber sie hat trotz ihrer überlegenen Stärke menschliche Gefühle wie eine Frau — und diese Ambivalenz, Göttin und Frau zugleich zu sein, scheint zuletzt ihre Kraft zu übersteigen.«[220] Aber: Der Ablauf der Rituale und mithin die Tötung des Heros ist der Vollzug der »kosmischen Gesetze nach ihrem ewigen Rhythmus«[221]. Dennoch wird die Totenklage angestimmt und die Göttin bricht in »übergroße Trauer aus und gibt das Bild der Mater Dolorosa ab«[222] — in matriarchalen Kulturen ebenso wie in der Gegenwart beim Mondin-Sonnen-Spiel.[223]

BESPRECHUNG

Für die Besprechung des hier sich ergebenden Themas — der Beziehung zwischen der göttlichen Frau und dem menschlichen Mann/Knaben — möchte ich kurz auf einen Aspekt in der Entwicklung der Neuen Frauenbewegung hinweisen: Das Thema ›Männerbeziehungen‹, also Beziehungen zwischen Männern und Frauen, war vor dem in Kapitel 2 dargestellten Paradigmenwechsel ebenso tabuiert wie die Diskussion um den Männerhaß. Dazu meint Enderwitz: »Jedenfalls ist das von vielen Feministinnen gezeigte Desinteresse am Thema »Männerbeziehungen«, ja an der Existenz von Männern überhaupt, nicht schon ein Beweis für die Aufhebung einer starken Männerorientiertheit. Es könnte sich dabei sehr wohl um einen verdeckten, vom Tabu eingeholten Männerhaß handeln.«[224] Das heißt aber, daß eine Thematisierung dieser Beziehung zwischen Männern und Frauen im Rahmen der Neuen Frauenbewegung erst möglich wurde, nachdem bereits utopische und primär mythische Modelle einer neuen Beziehungsform gefunden schienen, die weit von der realen Interaktionsform entfernt waren.

Zentrale Charakteristika der wahren, im Einklang mit den kosmischen Gesetzen definierten Beziehung waren: die göttliche Frau, der »puer aeternus« und die Sakralisierung der Sexualität.

Ich möchte diese Besprechung mit Heide Göttner-Abendroths Werk beginnen und erst danach versuchen, basierend auf der Analyse einzelner Gedanken Göttner-Abendroths, Schlußfolgerungen auf allgemeinerer Ebene zu ziehen. Der hier natürlich in erster Linie interessierende Aspekt in ihrem Werk ist die Göttin-Heros-Beziehung mit den ihr zugeordneten Phasen, die sie als fundamentale Kategorie menschlicher Phantasie bezeichnet und daher als nicht mehr weiter hinterfragbares Absolutum setzt. Wie kommt sie zu dieser Einschätzung der Frau-Mann-Beziehung und was bedeutet sie als Darstellung von jedem Menschen innewohnenden Kräften, sind die beiden zentralen Fragestellungen, die die folgenden Überlegungen lenken. Die ausschlaggebenden Aussagen diesbezüglich stellt sie in ihrem Buch »Die Göttin und ihr Heros« an, auf das sie sich im weiteren immer wieder bezieht, wenn sie eine matriarchale Kunst-Utopie der Gegenwart entwickelt. Es ist ihre theoretische Grundlage. Daher soll vor der Analyse der Kunst-Utopie ein Augenmerk auf ihre mythologischen Analysen gelegt werden.

Göttner-Abendroth arbeitet für den indoeuropäischen Raum die vorolympischen Mythenkonstellationen heraus: Diese sind gekennzeichnet durch die Beziehung einer mächtigen Muttergottheit zu ihrem Sohngeliebten, der jährlich getötet wurde und von den Toten wiederauferstand. Damit dringt sie in eine frühe Bewußtseinsschicht vor, die nach Frazer gekennzeichnet war durch den Übergang von magischem zu religiösem Bewußtsein.[225] Für Göttner-Abendroth stellen diese Mythen und die in ihnen enthaltene Göttin-Heros-

Struktur mehr dar als den Ausdruck früher magischer Fruchtbarkeitskulte und damit eine spezifische Form der Auseinandersetzung mit Natur und Gesellschaft: Für sie sind sie reales Abbild von Sozialgeschichte und daher kann daraus geschlossen werden, daß die Macht der Göttin die Macht der Frauen widerspiegelt — ihrer Ansicht nach: »Was die Göttin im Himmel tat, taten sie auf der Erde. Und so wie die dreifache Göttin als die Moiren oder die Parzen das Schicksal selber war, älter als alle späteren Götter und im Gegensatz zu ihnen ewig, genauso hing das Schicksal der Völker auf der Erde zuerst von den matriarchalen Frauen ab.«[226] Dies führt zur Problematik des Mythosbegriffes und zur Streitfrage, wie weit Mythen als historische Quellen anerkannt werden können.[227] Diesen Unsicherheiten gegenüber betont Göttner-Abendroth, daß diese Mythen und die matriarchalen Gesellschaftsformen keinerlei verschleiernde Ideologie benötigen und benötigten, denn ihr Vorbild ist ihrer Ansicht nach der Kosmos mit all seinen Harmonien und erst die frühpatriarchale Gesellschaftsform habe diesen Einklang zerstört: »Die frühere magische Übereinstimmung zwischen dem äußeren und dem inneren Kosmos und der Gesellschaft war damit zerbrochen.«[228] Das bedeutet, die Mythen und die mit ihnen zusammenhängenden Riten matriarchaler Völker orientieren sich an Werten, die dem Kosmos immanent sind. Damit werden Interpretationsmöglichkeiten naturhafter und kosmischer Erscheinungen ausgeschlossen. Demgegenüber steht eine frühere Aussage Göttner-Abendroths, daß matriarchale Mythen Bilder seien, die Frauen sich zu Weltdeutung geschaffen hätten[229]. Das heißt dann im Widerspruch zu oben, daß Frauen sehr wohl Naturabläufe interpretierten. Da die alleinige Berufung auf kosmische Gesetze als strukturierender Rahmen matriarchaler Rituale erst ab dem Moment deutlich wird, ab dem die Integration dieser matriarchalen Praxis in die Gegenwart gefordert wird, scheint gerade im Rahmen dieser Vermittlung sich ein problematischer Sinngehalt zu verbergen.

Kurz zusammengefaßt heißt das bis hierher: Die Konstellation Dreifältige Göttin mit dem von ihr abhängigen Heros und den vier dazugehörenden Phasen Initiation — Hieros Gamos — Opferung — Wiederkehr ist die der kosmischen Harmonie immanente Ordnung und wird in Matriarchaten ohne ideologischen Hintergrund verkörpert. Erst die Einsetzung des Patriarchats läßt die Menschen aus der kosmischen Ordnung herausfallen.

Der Konflikt zwischen der Erfüllung der kosmischen Prinzipien und Ordnung und deren Verleugnung zeigt sich nach Göttner-Abendroth zum Beispiel in den mittelalterlichen Epen, die in verzerrter Form die ekstatische Qualität des »matriarchalen Eros« spiegelten. Was hier von Göttner-Abendroth als die Konfrontation zweier sozialer Systeme: Matriarchat und Patriarchat, geschildert wird, fällt in den Kontext der bereits geschilderten Auflösung der mittelalterlichen »Ordo Mundi« durch die Entdeckungen und allgemeinen sozialen Veränderungen der beginnenden Neuzeit, die sich tiefgreifend auch im Verhältnis der Menschen zu ihren Körpern und damit auch zu ihrer Sexualität äußerte. Das heißt, die Tatsache der »unglücklichen Liebe«, die von Göttner-Abendroth als der rebellische »matriarchale Eros« geschildert wird, umschreibt die sozio-historische Situation der Auflösung des organisch-magischen Weltbilds des Mittelalters mit der Konsequenz — unter anderem — extremer Leibfeindlichkeit, der Instrumentalisierung und Zurichtung des Körpers und der Sexualität auf das »Leistungsprinzip«.[230] Woher die »Magie« dieser Liebe kommt, soll weiter unten noch detaillierter besprochen werden. Hier sei nur noch zusammenfassend vermerkt, daß vor allem bei der Besprechung der mittelalterlichen Epen die Affinität von Leidenschaft und Tod in der von Göttner-Abendroth als »matriarchaler Eros« bezeichneten »asozialen« — im Sinne von außerhalb der Normen stehenden — Liebe deutlich wird. Weiters erscheint bisher die Konfrontation Matriarchat versus Patriarchat und die Erfüllung kosmischer Prinzipien versus Verzerrung derselben mit dem Angelpunkt der Beziehung der Geschlechter zueinander und den Konsequenzen der Ideologie, Herrschaft und Entfremdung als Enthistorisierung und Mystifikation sozio-historischer Entwicklungen.

Nun soll aber vor diesem Hintergrund die Antizipation der »fundamentalen Kategorie der menschlichen Phantasie« in eine matriarchale Kunstutopie der Gegenwart genauer betrachtet werden. Zunächst unter dem Aspekt der Mann-Frau-Beziehung, deren Erfüllung als »Hoffnung in der Ferne«[231] immerhin möglich erscheint.

Die vier Phasen der Beziehung wurden schon wiederholt geschildert: Wie sie in archaischen Kulturen als Fruchtbarkeitsmagie verübt wurden, so sollen sie zum Zwecke einer psychosozialen Ganzwerdung der heutigen Menschen auch jetzt wieder realisiert werden.[232] Der Heros als Vertreter der Menschen — und wenn wir die Mann-Frau-Beziehung betrachten als Vertreter des Mannes — erlebt in völliger Abhängigkeit von der Göttin — das heißt in der konkret ausgeübten Ritualpraxis von der Frau — seine vier Stufen der Verwandlung. Auffällig ist seine vollkommene Passivität, sein »Erleiden« der Metamorphose im Gegensatz zur aktiven, den Verlauf der Rituale bestimmenden Frau. Aber — natürlich bestimmt auch die Frau nicht den Verlauf aus eigenem Interesse und eigener Verantwortung, sondern nach den übergeordneten Prinzipien des Kosmos und der Naturkreisläufe. Die Verbindung der Göttin/Frau mit dem Heros/Mann endet mit der Opferung des Heros/Mannes und der Trauer der Göttin/Frau. Dies ist wohl unter gegenwärtigen Verhältnissen die seltsamste und erstaunlichste »Phase« dieser Beziehungen und auch des matriarchalen Eros. In der Folge wird der Heros wiedergeboren als Kind: »Der Kind-Heros darf sich zu ihrer Rechten setzen, denn links, auf der Seite des Lebens, sitzt sie selbst.«[233]

Wenn das Heroische als Teil der psychischen Kräfte der Frau aufgefaßt wird, läßt sich diese Opferung eher nachvollziehen[234]: Göttner-Abendroth schildert in einem Gedicht diese innere Konfrontation als das die Handlung begleitende Gespräch zwischen Göttin und Heros. Die Aufspaltung der Persönlichkeit erinnert an das Jungsche Anima-Animus-Schema[235] — doch davon distanziert sich Göttner-Abendroth einmal, indem sie betont, sich nicht auf diffuse Archetypen, sondern auf konkrete historische Tatsachen zu beziehen,[236] und im weiteren muß von einem derartigen Vergleich aufgrund der inhaltlichen Unterschiede Abstand genommen werden.

Die Konfrontation zwischen »Göttin« und »Heros« als permanente psychische Konfliktsituation läßt sich weniger pathetisch umschreiben mit dem Kampf zwischen einer unerbittlich fordernden psychischen Instanz (= die Göttin) und einer noch ungestalteten Dimension psychischen Erlebens, die sich nach anfänglichem Wehren in ihr »Schicksal« fügt[237] und nach den Gesetzen der »Göttin« gestaltet wird: das heißt zuerst geopfert und dann wiedergeboren:

»und fügtest mich
jenseits nach den gesetzen
deines universums
wieder zusammen«[238]

Aufschlußreich erscheint mir die Berufung auf die notwendige Härte (»schwer ein kristall sein«) um:

»unter menschlichen bedingungen
erschütterungsloser
spiegel für bilder
von eros«[239] —

zu sein. Dies beinhaltet intensives Ambivalenzerleben, wobei als letzte »Berufungsinstanz« »eros«, das bedeutet in diesem Kontext der matriarchale Eros im Einklang mit den kosmischen Gesetzen — und damit letztendlich der Kosmos als ausschlaggebende Kraft — jenseits menschlicher Bedingungen fungiert.

Diese Struktur der »fundamentalen Kategorie menschlicher Phantasie« kann also im individuell psychischen Bereich nicht beeinflußt werden, sondern entzieht sich individuellen und persönlichen Bedürfnissen und unterliegt kosmischen Gesetzen. Sie erscheint damit wie ein Fremdkörper im psychischen Haushalt. Als solcher benimmt sie sich wie eine archaische Überich-Instanz: »Vielmehr geschieht jetzt (nach traumatischer Entwertung der jeweiligen Eltern-Imago, S. D.) eine Totalverinnerlichung: eine archaische Erlebnisgestalt ›Vater‹ (d. i. in diesem Kontext: ›Mutter‹, S. D.) wird global introjiziert und bildet von nun an einen Fremdkörper im psychischen Haushalt.«[240] Für den von Göttner-Abendroth beschriebenen permanenten Konflikt, der sich in regelmäßigen Abständen ritualisiert wiederholt, bedeutet das, daß die »Göttin-Frau« alle Charakteristika einer solcherart introjizierten Mutter-Imago besitzt; während der »leidende-überwindende Heros-Mann«[241] als Teil der dualistisch gedachten psychischen Kräfte das gegenüber der »machtvoll liebenden Göttin-Frau« hilflose Autonomiestreben verkörpert (und gleichzeitig das »Menschliche« als Vertreter der Menschen). Seine Integrität kann er nur durch völlige Aufopferung beweisen – durch das Sich-Fügen in das Universum der Göttin, durch die vollständige Aufgabe der Autonomie. Betrachtet man unter diesem Aspekt die Dynamik zwischen der Göttin-Frau und dem Heros-Mann als Verkörperung zweier psychischer Kräfte der Frau, so scheint hier ein nicht zur Ruhe kommender Konflikt zwischen den Gesetzen der archaischen – und gleichzeitig idealisierten – Mutterimago (als Identifikation mit dem Aggressor) und den individuell menschlichen Bestrebungen der Frauen (typischerweise verkörpert im Männlichen!![242]) sich abzuzeichnen, der durch seine Absolutsetzung als »objektive Größe« fixiert und der Reflexion entzogen wird.

Doch nun zurück zur Mann-Frau-Beziehung unter dem Göttin-Heros-Aspekt und der ekstatisch-magischen Qualität des daraus sich entwickelnden »matriarchalen Eros«: Hier finden sich die oben als psychische Kräfte oder Dimensionen beschriebenen Aspekte einer einzigen Person aufgespalten auf zwei Partner, von denen die Frau im wesentlichen die »Göttin« verkörpert und der Mann den »Heros«. Dadurch kann angenommen werden, daß in den Ritualen (im »Mondin-Sonnen-Spiel«) dieser zuerst auf individueller Ebene beschriebene Konflikt ausagiert wird — mit verteilten Rollen sozusagen. Die Frau identifiziert sich mit der Göttin und nach den vorhergegangenen Analysen mit der archaischen Mutter-Imago, während der Mann als Sohn völlig abhängig von dieser »Göttin« in ihren belohnenden und bestrafenden — das heißt hier: die Gesetze des Kosmos vollziehenden — Aspekten bleibt. Die nun geschilderte Dynamik geht aber über den ursprünglichen Konflikt, der im wesentlichsten auf Identitätsproblematik verweist, hinaus und bezieht nun aktiv die in diesem Kontext mögliche Triebbefriedigung mit ein.

Sie vollzieht sich im Rahmen des Mutter-Sohn-Inzests — hier geschildert in rein sakraler Terminologie als »Heilige Hochzeit«. Unter Berücksichtigung der in Punkt 4.2 herausgearbeiteten Verdrängung des »Vaters« kann damit gesagt werden, daß die Realisierung der genitalen Sexualität nur mehr in der Beziehung zwischen einer Muttergöttin und dem »puer aeternus«, dem ewigen Knaben, vorgestellt werden kann. Die mit dieser Außerkraftsetzung der ödipalen Situation verbundene Ekstase[243], die sich bei Göttner-Abendroth als »magische Qualität« des matriarchalen Eros Ausdruck verschafft und die durch den Bezug zu den Hieros Gamos sakralen Charakter — was auf das Wirken des Abwehrmechanismus der Idealisierung zurückzuführen ist — hat, endet jedoch unweigerlich mit der Opferung des Heros-Mannes.[244] Die Absicherung des gesamten Geschehens erfolgt einerseits durch die Berufung auf die Naturkreisläufe, andrerseits durch dessen »Enthistorisierung«, indem es als »objektive Größe« bezeichnet wird.[245] Dadurch kann die nicht zu verleugnende Aggressivität, die im übrigen die Kehrseite der Idealisierung darstellt[246], neutralisiert werden. Durch die anschließende

Trauer, die übermäßig und stereotyp ausfällt, wird die Einbettung in das kosmische Geschehen forciert, die Verbindung zur »Göttin« in all ihrer Emotionalität bekräftigt.

Das heißt zusammengefaßt, die Realisierung des Inzests zwischen Mutter und Sohn — über die Distanzierungsmöglichkeit Göttin und Heros — beinhaltet durch das Ergreifen und Ausleben sonst verbotener Impulse ekstatische Gefühlsqualität, die als »matriarchaler Eros« bezeichnet wird. Gleichzeitig ermöglicht dieses Übertreten des »patriarchalen Eros«, die Außerkraftsetzung der ödipalen Situation[247], durch die Opferung des Sohnes, des Heros, die Erfüllung aggressiver Wünsche: Einerseits gegenüber Männern, die nun als Liebespartner und Söhne einem »höheren Zweck«, der Erhaltung der kosmischen Ordnung dargebracht werden[248] durch die, diese Ordnung verkörpernde Göttin-Frau und andrerseits, wenn der innerpsychische Konflikt der beiden Kräfte in Betracht gezogen wird, werden auch die weiblichen Bestrebungen nach Distanz von der Mutter-Imago stellvertretend eingedämmt.

Damit schließt sich vorderhand der Kreis, der mit Enderwitz' Vermutung eröffnet wurde, daß die Entthematisierung der »Männerbeziehungen« einen latenten Männerhaß beinhalte. Beide Aspekte konnten erst auf kosmisch-mythischer Ebene thematisiert werden und auch hier erst nach Abtreten der Verantwortung an unbeeinflußbare kosmische Prinzipien. Andrerseits wird die in Punkt 4.2. aufgestellte Hypothese verstärkt, daß das Bestreben der Frauen nach Autonomie — auch und gerade von den Müttern — in einer »Wiederkehr des Verdrängten« zu einer neuerlichen Identifikation mit einer archaischen Mutter-Imago führte.[249]

Nun läßt sich auch beantworten, warum die Einführung der »modernen Magie« für Göttner-Abendroth so zentrale Bedeutung hat: »Moderne Magie meint nun nichts anderes als symbolische Praktiken, die in die psychosoziale Realität eingreifen, aber von einem ganzheitlichen Ethos getragen sind, das sich nicht egoistischen Privat- oder Gruppeninteressen unterwirft.«[250] Symbolische Handlungen stehen außerhalb eines direkten Ursache-Wirkungszusammenhangs und können daher auch nicht auf einen solchen hin reflektiert werden, sondern rechtfertigen sich in diesem Kontext nur durch die Erfüllung eines »ganzheitlichen Ethos«, den dem Kosmos immanenten Gesetzen. Nach den vorausgegangenen Überlegungen zu der, der Göttin-Heros-Struktur immanenten Dynamik, drängt sich die Vermutung auf, daß ein solcher Zusammenhang auch nicht gesucht werden soll. Es gelten hier dieselben Prinzipien wie im magischen Weltbild Dinkelmanns.[251]

4.3.3. ZUSAMMENFASSUNG UND ABSCHLIESSENDE ÜBERLEGUNGEN

Die eingangs geäußerte Befürchtung, daß nach dem Ausschluß des »Väterlichen« aus der Welt der Frauen die Thematisierung von Beziehungen zwischen Frauen und Männern per se sinnlos sei, erwies sich als unbegründet, wenn in Betracht gezogen wird, daß die nun angestrebten Beziehungsformen sich auf die Mutter-Sohn-Konstellation beschränken. Das mythische Vorbild hierzu stellt das von Göttner-Abendroth am differenziertesten herausgearbeitete Göttin-Heros-Schema dar, das die Beziehung zwischen einer vorolympischen Muttergottheit mit einem Sohngeliebten beschreibt. Die mit dieser Beziehungsform verbundene Sexualität, die in Anlehnung an archaische Fruchtbarkeitskulte als heiliges Mysterium geschildert wird, wird durchwegs idealisiert. Ein wesentlicher Beweggrund dieser Idealisierung beziehungsweise Sakralisierung wurde bei der Besprechung von Göttner-Abendroths utopischem Entwurf herausgearbeitet: Sie dient der Abwehr latenter Schuldgefühle, die sich bei Übertretung der Inzestschranke unweigerlich einstellen und ist weiters Gegenpart der destruktiven Tendenzen, die in der Vernichtung des »Liebesobjekts« Sohn — der hier alle Charakteristika eines Partialobjekts hat — resultieren.²⁵²

Doch ich glaube, daß neben dieser Abwehrfunktion der Idealisierung, die übrigens auch die für die weibliche Sexualentwicklung typische »Triebentmischung«²⁵³ forciert, noch ein anderer — utopischer — Faktor eine Rolle spielt bei der Schilderung der sexuell befriedigenden Verhältnisse in Matriarchaten und im speziellen bei der Mutter-Sohn-Beziehung: Dies ist die schon angesprochene Außerkraftsetzung der ödipalen Situation, die zur möglichen Freisetzung der Partialtriebe und dadurch zur Verweigerung der funktionalisierten Sexualität führen kann.²⁵⁴ Dieser Aspekt scheint Göttner-Abendroths Darstellung der Rebellion des matriarchalen Eros im Mittelalter zugrundzuliegen. Durch die von ihr postulierte Affinität von ekstatischer Lust und Tod jedoch wird diese Utopie wiederum von den Kriterien des Leistungsprinzips durchsetzt: »Die unterdrückten Partialtriebe kehren also in Form konfliktreicher Perversionen zurück, oder etwa (soferne wir hier von den übrigen ›neurotischen‹ Symptomen absehen wollen) in Form der ›unglücklichen Leidenschaft‹, um von der Zensur des eigenen Überichs durchgelassen zu werden. In *dieser* Form kann das Verbotene um so leichter wiederkehren, weil es die Strafe in sich trägt: das Unglück. Und so kommt es zu der paradoxen Situation, daß unsere Kultur die Triebansprüche, die sie durch Trennung zur Vernichtung verurteilt, als *unglückliche* Liebe zuläßt und unter der Bedingung der Bestrafung sogar glorifiziert. (...) Tatsächlich bilden Trennung und Tod das Hauptthema der gesamten Literatur des abendländischen Individualismus von *Tristan und Isolde* bis *Madame Bovary* und *Anna Karenina*.«²⁵⁵

Dennoch liegt gerade auch hier die Bedeutung des Rekurses auf matriarchale Gegebenheiten: Durch die sowohl mythische als auch weitgehend kosmische Bestätigung dieser Beziehungs- und Befriedigungsmöglichkeiten erst konnte dieser tabuierte Bereich thematisiert werden — wenn auch jetzt noch eingebettet in ritualisierte und oft unreflektierte, überichgesteuerte Verhaltensweisen.

4.4. DIE »ENTTABUIERUNG« WEIBLICHER KÖRPERFUNKTIONEN MIT HILFE »MATRIARCHALEN BEWUSSTSEINS«: DARGESTELLT AM BEISPIEL DER MENSTRUATION

4.4.0. VORBEMERKUNG

Ich möchte als letztes Beispiel der Integration matriarchalen Bewußtseins und matriarchaler Praxis in die Gegenwart die von manchen Feministinnen vorgeschlagene und praktizierte Neudefinition des Menstruationserlebens — auf der Grundlage der Entdeckung der ambivalenten Menstruationstabus archaischer Kulturen — anführen. Ehe ich jedoch auf die oft euphorischen Beteuerungen über eine radikal neue Erlebnisqualität der Menstruation näher eingehe, möchte ich noch die »triste« Situation der Menstruation vor der Entdeckung matriarchalen Menstruationserlebens kurz umreißen, weil daran die Bestrebungen der Feministinnen, den weiblichen Körper und damit die Menstruation wieder in Besitz zu nehmen, gemessen werden müssen. Daran kann aber auch der ungeheure psychische Kraftaufwand, der notwendig ist, um sich von traditionellen Werten zu befreien beziehungsweise sie erst einmal zu thematisieren, gesehen werden.

»Schätzungen schwanken im allgemeinen, aber die Zahlen lassen vermuten, daß bis zu 90% aller Frauen, ohne organisch krank zu sein, an schmerzhaften Menstruationsstörungen leiden.«[256] Menstruationsstörungen stehen nach Rodewald in engem Zusammenhang mit einem negativen Weiblichkeitsbild und sind vor allem durch das Verhältnis der Mütter zur Weiblichkeit ihrer Töchter stark beeinflußt[257], das heißt mithin durch die Akzeptanz der sexuellen Identität der Töchter.[258] Für Shuttle und Redgrove ist die Menstruation der »Augenblick der Wahrheit«[259], der Augenblick, in dem sich jede Frau mit ihrer Weiblichkeit konfrontiert sieht und sich mit ihr auseinandersetzen muß: sei es in Form von Schmerzen oder in bewußter Besinnung darauf. Genau dieser sensible Moment wurde nun gerade auch in der christlich-abendländischen Kultur tabuiert, mit negativen Zuschreibungen wie dem Tabu der »Unreinheit« oder »Krankheit« vergällt.[260] Dies führt rückwirkend zur negativen Besetzung der Menstruation durch die Frau, sodaß die Wahrscheinlichkeit für Störungen im Menstruationszyklus auch aufgrund dieser — vorerst äußeren — Faktoren steigt.

In welcher Form nun dieser Circulus vitiosus durch das Aufgreifen als matriarchal bezeichneter Menstruationstabus durchbrochen werden sollte, soll nun nachvollzogen werden.

4.4.1. DAS »UTOPISCHE POTENTIAL« DER MENSTRUATION UND DER GÖTTINNENRITUALE

DARSTELLUNG

Selbstbestimmung über den eigenen Körper zu erlangen bildete ein zentrales Problem zu Beginn der Frauenbewegung.[261] Dabei wurde auch die Erfahrung der Menstruation thematisiert: »Meist wurde uns die Menstruation entweder gar nicht erklärt oder als etwas Schmerzhaftes und Schmutziges dargestellt, etwas worüber frau nicht spricht.«[262] Durch die Auseinandersetzung mit archaischen Kulturen — beziehungsweise den zum Teil veränderten Blickwinkel dabei — wurden Menstruationstabus, die zuvor als Einschränkung der Frauen interpretiert worden waren, in ihrem ambivalenten Charakter wahrgenommen: die Absonderung der Frauen hatte auch für sie selbst positive Aspekte: »In primitiven Gemeinschaften war eine solche Periode der Absonderung geradezu vorgeschrieben, sodaß sie nicht ›krank‹ zu sein brauchten, um die Vorteile zu genießen, die eine monatliche Einsamkeitsperiode gewährt.«[263] Dies ermöglichte den Frauen, sich mit ihrer Weiblichkeit und ihren »Instinkten« auseinanderzusetzen ebenso wie es im gesellschaftlich-sozialen Bereich die Kulturentwicklung förderte — nach Hardings Ansicht.

Weiters wird der Zyklus der Frau aufgewertet, die Zyklizität gegen das lineare Zeitmodell der herrschenden Rationalität gesetzt und als utopisches Potential gesehen: »das Eingehen auf sie (die Menstruation, S. D.) könnte zu einer Identitätsfindung führen, die von Verinnerlichungen befreien, die herrschende Rationalität in Frage stellen und damit zu einem Widerstandspotential gegen die herrschenden gesellschaftlichen Bedingungen führen könnte.«[264]

Diese Zyklizität der Frau findet ihr Pendant in den Wiedergeburtstheorien der archaischen Kulturen.

Es wurde also versucht, mit Hilfe positiver Darstellungen der Menstruation diese in das alltägliche Leben zu integrieren und sie als Quelle möglicher neuer Erfahrungen zu sehen und zu nützen. Gleichzeitig mit diesen positiven Aspekten der Menstruation werden aber auch die Zuschreibungen der magischen Fähigkeiten an Frauen übernommen, diesmal jedoch positiv bewertet. Dies führt zu einer gewissen »Bluteuphorie«, in der die positiven, magischen Qualitäten des Frauenblutes beschworen und verehrt werden. Frauenblut ist heilig und geheimnisvoll[265], die natürlichen Körpervorgänge werden zu Wundern erklärt: »Für Frauen ist die Initiation eine Einführung in das Geheimnis des Blutes, ihres eigenen wunderbaren Blutes, das die Quelle des Lebens und der Fruchtbarkeit ist. (...) Bei Frauen hingegen beruht die Initiation auf sichtbaren *Wundern,* da Frauen ursprünglich verehrt wurden, weil sie Leben und Nahrung produzierten und bluten konnten, ohne zu sterben.«[266] Diese Magie des Frauenblutes wird auch aus der »Welt der Magie« herausgenommen und im Sinne eines Ursache-Wirkungszusammenhanges als reale Tatsache genommen. So finden sich Mutmaßungen über die Möglichkeiten des Menstrualblutes als Düngemittel und Köder bei Jagden: »Die Frauen, die auch, wie es bei manchen Experten heißt, den Ackerbau erfunden haben, taten dies, weil nur sie das Geheimnis der Fruchtbarkeit des Saatkornes kannten. Das lag daran, daß die Frauen ursprünglich die Saat mit ihrem Menstruationsblut, dem bestmöglichen Dünger, vermischt hatten. (...) Wir vermuten, daß hier der Fruchtbarkeitszauber des Menstruationsblutes nicht aufgehört hat. Uterines Blut könne ein sehr wirksamer ›Köder‹ zum Auslegen von Geruchsspuren bei der Jagd gewesen sein.«[267]

Das »Wunderbare« der Menstruation wird in Ritualen zelebriert: »Was in den Göttinnen-Ritualen vermittelt wird, ist feministische Lebenspraxis. So stehen im Sommer-Sonnenwende-Ritual (...) der weibliche Zyklus, Gebärfähigkeit und Menstruation der Frauen im Mittelpunkt der Anbetung. (...) Aus der Scham wird Bejahung, aus dem ›Fluch der Frau‹ wird Anbetung weiblicher Lebenskraft.«[268] Die Eindrücke einer Frau von einem derartigen Ritual zur Göttin sollen hier kurz wiedergegeben werden: »... Hallie und ich nahmen einen Kelch mit dunklem, stark riechendem Frauenblut und gingen im Kreis herum, tauchten unsere Hände hinein, bemalten das Gesicht jeder Frau und sagten: Dies ist das Blut, das Erneuerung verspricht. Dies ist das Blut das Leben verspricht. Wir — ein Kreis bemalter Kriegerinnen — sangen das Lied unserer Stärke.«[269] Voraussetzung für die Feier solcher Rituale sind Gruppen, und gerade die Menstruation war nach Ansicht verschiedener Autoren in »Matriarchaten« die Zeit kollektiver Frauenfeste, weil vor »hunderten von Jahren, als die Menschen unter den Sternen schliefen und empfänglich waren für die regelmäßigen Zyklen des Mondlichts, (...) alle Frauen in der gleichen Mondphase (menstruierten).«[270] Sjöö schwärmt ebenso: »Die Frauengemeinschaften zogen sich zur Zeit ihrer Menstruation von den Männern zurück, sie meditierten, liebten sich untereinander und kommunizierten im Körpergebet mit der Göttin.«[271] In diesem Sinne werden von Shuttle und Redgrove die Ursprünge der Eleusinischen Mysterien und der Thesmophorien »als besonderes menstruelles Mysterium«[272] vermutet, wobei sie hier, wie bereits erwähnt, den heiligen und den praktischen Charakter des Menstrualblutes verbinden.

BESPRECHUNG

Die Annäherung an die Menstruation erfolgt auf unterschiedlichen Ebenen wie gezeigt werden sollte: vom abstrakten Zyklusbegriff, der eine utopische Komponente erhält, wenn er bewußt gegen das lineare Zeitmodell gesetzt wird, über Zeiten der Besinnung und des Rückzugs für Frauen, die von diesen kreativ genützt werden könnten, zu Göttinnenritualen, die das Blut der Frau und ihre Fruchtbarkeit anbeten sollen. Dennoch stehen diese drei Ebenen unter dem Primat einer »Idee«: Die Menstruation soll als etwas spezifisch Weibliches akzeptiert und in ihrer Eigenart in das Leben integriert werden. Dies beinhaltet implizit eine Absage an die Identifikation mit männlichen Normen — wie dies gerade beim Zyklusbegriff am deutlichsten wird — von der Position der weiblichen Biologie her.[273] Die Akzeptanz der Menstruation bekommt also eine politische Komponente, die über das körperliche Erleben derselben weit hinausreicht. Die Gefahr, die hierbei besteht, wenn biologische Prozesse als Agens politischer Auseinandersetzung — und sei es in Form utopischer Entwürfe — verwendet werden, liegt darin, daß diese körperlichen Vorgänge »veräußert« und objektiviert werden. Das bedeutet, daß bei aller Betonung des spezifisch Weiblichen der Menstruation, diese ihren Bezug zur Frau, die sie erlebt, verliert, sodaß der Eindruck entsteht, die Menstruation bringe die Frau hervor und nicht umgekehrt.[274] Diese Tendenz der »Objektivierung« der Menstruation zeigt sich auf allen drei hier dargestellten Ebenen der Auseinandersetzung mit ihr.

Bei der Betonung der Zyklizität der Menstruation als Gegenmodell zur herrschenden Rationalität scheint ein Aspekt einer in die Naturkreisläufe eingebetteten animistischen oder matriarchalen Gesellschaft extrahiert zu werden und als spezifisch weiblicher dem männlich-linearen Zeitbegriff gegenübergestellt zu werden. Hier wiederholt sich auf gesellschaftstheoretischer Ebene die schon oft beobachtete Reduktion gesellschaftlich-sozialer Bedingungen auf biologische Geschlechtsunterschiede[275]; die zeitspezifischen Überformungen des Erlebens solcher hormonell-biologischer Vorgänge wie etwa der Menstruation werden dabei zugunsten von essentiell-zeitlosen Kategorien vernachlässigt.

Alle hier durchgesehenen Texte verknüpfen das positive Erleben der Menstruation mit dem Status des Besonderen. Beim Rekurs auf magisch-matriarchale Gesellschaften und deren ambivalenten Bluttabus kommt aber noch ein weiterer Aspekt für die Auseinandersetzung mit der Menstruation hinzu: sie wird geheimnisvoll, wunderbar, heilig — verliert gewissermaßen den letzten Bezug zu einem »natürlichen« Vorgang und wird »unbegreifbar«. Sie wird in den sakralen Bereich transponiert als neues Mysterium. Die Auseinandersetzung mit Menstruation resultiert in einer Verkehrung ins Gegenteil — das magische Denken, das vorher Menstruation und Menstrualblut mit rein negativen Charakteristika beschrieb[276], wird zum magischen Denken, das es nun mit positiven Eigenschaften verbindet. Die Idealisierung der Menstruation, die die oben beschriebene Veräußerlichung derselben fixiert, erscheint mir als die Kehrseite der Unreinheitsvorstellungen, die nicht aufgearbeitet wurden. Dieser Eindruck wird verstärkt, wenn in Betracht gezogen wird, daß die Menstruation keineswegs mehr das nun wieder so vehement propagierte »Mysterium« ist, sondern daß die hormonellen und organischen Veränderungen, die sie provozieren, bekannt sind. Das heißt, das »Geheimnis«, das sie umgeben sollte, damit sie akzeptiert werden kann, bezieht sich auf etwas anderes als auf den Menstruationsvorgang und das Menstrualblut. Es kann hier von einer Verschiebung als Abwehrmechanismus gesprochen werden, deren Konsequenz Regression in magisches Denken ist. Da die Ritualpraxis am deutlichsten die Prozesse, die mit dem Erleben der Menstruation zusammenhängen, zeigt, soll sie nun näher betrachtet werden, um von hier aus eine Antwort auf die Frage danach zu bekommen, welches »Mysterium« hinter dem Menstruationserleben steht.

Bei der Zelebrierung der Rituale, die die weiblichen Körpervorgänge anbeten, bekommt das Symbol der »Göttin« zentrale Bedeutung. Außerdem wird versucht, die Menstruation derjenigen Frauen, die Rituale gemeinsam veranstalten oder die zusammenwohnen und -leben zu synchronisieren, wie es ja auch für die matriarchalen Kulturen angenommen wird.[277] Diese »Gruppenmenstruation« wird verbunden mit lesbischen Phantasien beziehungsweise Liebespraktiken und gibt, wie oben angeführt, das Gefühl der Stärke. Diese lustvolle Aneignung der Menstruation und die Verherrlichung des Menstrualblutes, das bisher als »schmutzig« und »unrein« wahrgenommen wurde, setzt eine Gruppe von Frauen voraus, in deren Schutz dies geschehen kann. Die Anrufung und Preisung der Göttin, die hier integrierter Bestandteil ist[278], kann nach den vorangegangenen Darstellungen zum Symbol der »Göttin«[279] als der Versuch interpretiert werden, die verbietende, omnipotente Mutter-Imago zu beschwören, sie als externalisierte Instanz durch eine Gruppe von »Töchtern« zu besänftigen, wenn diese Töchter sich ihrer eigenen Weiblichkeit und ihrer Sexualität — vermittelt über die Menstruation — annähern.

Damit können die Göttinnen-Rituale zum Teil als Fortsetzung der zu Beginn der Frauenbewegung ins Leben gerufenen Selbstuntersuchungsgruppen gesehen werden, die die bereits damals vorhandenen Tendenzen auf krasse Art verdeutlichen und die vor allem darauf verweisen, daß die Grundproblematik nicht gelöst wurde. Moeller-Gambaroff meint zur Dynamik in den Selbstuntersuchungsgruppen: »In der Geborgenheit der Schwesternhorde ist die verbotene Beschäftigung mit dem eigenen Genitale nicht so gefährlich. Die Frauen beschützen sich gegenseitig vor der ›bösen‹ und ›verbietenden‹ Mutter.«[280] Das heißt, ein wesentlicher Aspekt der Selbstuntersuchungsgruppen war der Versuch, sich den weiblichen Körper anzueignen und damit zur eigenen Weiblichkeit zu stehen — wobei gerade die introjizierte »omnipotente« Mutter-Imago als bedrohlich erlebt wurde. Wenn dies nun verglichen wird mit den Göttinnenritualen und der darin enthaltenen Dynamik, so scheint die Menstruation und das Menstrualblut, das wie De Beauvoir es ausdrückt, die »Essenz der Weiblichkeit«[281] darstellt, die Frauen auf die je eigene Weiblichkeit zurückzuwerfen — und damit auf die notwendige Aneignung derselben —, wodurch es zu einer Konfrontation mit der introjizierten Mutter in ihren verbietenden Aspekten kommt. Das Besondere der Menstruation, ihre Sakralisierung und das »Mysterium« des Blutes, das in den Ritualen zelebriert wird, ermöglicht eine Distanzierung von dieser angstbesetzten Problematik und gleichzeitig deren symbolische Darstellung. Was dieses symbolische Ausagieren jedoch nicht leisten kann, ist die Integration des menstruellen Erlebens als »natürlichen« und ichsyntonen Vorgang und damit die Befreiung von den tiefliegenden und nun ins Gegenteil verkehrten Gefühlen der Unreinheit. Das Mysterium der Menstruation ist in diesem Zusammenhang das Bild autonomer und selbstbestimmter Weiblichkeit und Sexualität.

Die Entdeckung der Ambivalenz in den Menstruationstabus archaischer Völker, die sowohl Angst wie auch Ehrfurcht ausdrückten, konnte zwar das Bild positiven Menstruationserlebens vermitteln und senkte damit die Thematisierungsschwelle. Der Versuch aber, Menstruationserleben als zeitloses Mysterium zu integrieren[282], muß an der Historizität der »menstruierenden Frau« scheitern und ist zudem Abwehr gegen die jeweils zeit- und kulturspezifische Sozialisation derselben.

4.5. ZUSAMMENFASSUNG

Die Frage nach Funktion und Sinn der Integration matriarchaler Praxis und matriarchalen Bewußtseins — entweder über den Versuch einer an ganzheitlich-animistischem Denken orientierten Welt- und Alltagsgestaltung oder über die Berufung auf mythische Vorbilder »wahrhafter« Beziehungsformen — in die Gegenwart von Vertreterinnen des Kulturellen Feminismus stand im Mittelpunkt der vorangegangenen Überlegungen. Übereinstimmende Gemeinsamkeiten ergaben sich bei allen angeführten Problembereichen darin, daß die als matriarchal bezeichneten Konstellationen und Lebensformen erstens immer als Ausdruck kosmischer und natürlicher Prinzipien aufgefaßt wurden und damit als konkrete Verwirklichung derselben nicht mehr weiter hinterfragbar sein sollten, und zweitens darin, daß bei allen Bereichen das »Mütterliche« idealisiert und das »Väterliche« ausgeschlossen wurde. Dennoch mußte durchwegs festgestellt werden, daß die Idealisierung der Mutter — auf verschiedenen Ebenen — der Abwehr ihrer bedrohlichen Aspekte diente, die bei der Thematisierung psychisch konflikthafter Bereiche deutlicher gewahr wurden.

Diese Bereiche sind Autonomie- und Machtstreben der Frauen, die Aneignung des eigenen, weiblichen Körpers mit den Schwerpunkten Sexualität, Menstruation (und Schwangerschaft, wobei diese hier nicht besprochen wurde) und stehen implizit in engstem Zusammenhang mit den hier behandelten Themenkomplexen der Frauen- und Männerbeziehungen. Der Rekurs auf Muttergottheiten und mächtige matriarchale Frauen dient nach den vorangegangenen Überlegungen dazu, diese massiven Konfliktsituationen durch ihre zeitliche Distanzierung zu entschärfen einerseits, andrerseits werden sie aber gerade durch die Betonung des »kosmischen Hintergrunds« fixiert, als zeitlose Mysterien behandelt und nicht aufgelöst. Dafür sprechen unter anderem gerade auch die Versuche, »matriarchale Praxis« in der Gegenwart zu verwirklichen, was nichts anderes als die Ideologisierung einer extrem regressiven und teilweise irrationalen Bewußtseinshaltung bedeutet.

Der Lustgewinn, der aus dieser Form der Auseinandersetzung mit aktuellen Konfliktsituationen resultiert, besteht darin, daß die schmerzhafte und angsterregende Auseinandersetzung mit dem »psychischen Matriarchat«[283] erspart bleibt und daß durch die freigesetzten Größen- und Allmachtsphantasien die Illusion der Omnipotenz die Arbeit an realen Machtstrukturen erspart — oder anders formuliert: die Distanz zwischen Ich und Ichideal löst sich auf dem kürzestmöglichen Weg, dem der Illusion, auf.[284]

Zusammenfassend kann gesagt werden, daß durch die »Wiederentdeckung« des historischen Matriarchats und die Versuche zu dessen neuerlicher Aktualisierung das »psychische Matriarchat« — das wie oben ausgeführt, eben auch Lilith und Kali, die grausamen Muttergöttinnen enthält[285] — lautstark übertönt werden soll. In diesem Sinne dient der feministische Mythos vom Matriarchat in bezug auf die hier besprochenen Bereiche einer kollektiven Angstbewältigung. Sie wurde provoziert durch den Bruch mit der »patriarchalen« weiblichen Tradition, der Infragestellung des herkömmlichen Rollenverständnisses der Frau und ist Antwort auf die daraus resultierende existentielle Unsicherheit in allen weiblichen Lebensbereichen, die — wie in diesem Kapitel ausgeführt — zu einer Konfrontation mit den introjizierten Ge-

und Verboten einer mächtigen und ambivalent erlebten Mutter-Imago führten. Mit Hilfe matriarchaler Bilder konnte das Selbstwertgefühl der Frauen gestärkt werden, ohne aber das Ich — als psychische Instanz, der die Realitätsprüfung obliegt — miteinzubeziehen.[286]

5. SCHLUSSBEMERKUNGEN

Abschließend möchte ich noch kurz auf die Frage nach der Dimension des Utopischen in der feministischen Matriarchatsdebatte eingehen. Gerade dieser Bereich wird von Feministinnen immer wieder betont — sei es als »konkret utopische Neubestimmung von Weiblichkeit und Männlichkeit« oder allgemeiner als Möglichkeit utopischer Lebensentwürfe in einer nicht durch Entfremdung und Ausbeutung geprägten Kultur.[1] Wenn als Kriterium des Utopischen mit Bloch der Entwurf einer »historisch neuen Zukunft«[2], basierend auf der Analyse der gesellschaftlichen Verhältnisse, angenommen wird, so muß nach den vorangegangenen Überlegungen zur feministischen Matriarchatsdebatte deren utopischer Charakter negiert werden. »Vielmehr: sie (Sozialutopien, S. D.) zeigen sich in ihrem scheinbaren Bilderbuch- und Revuecharakter als ziemlich genau sozial bedingt und zusammenhängend. Sie gehorchen einem sozialen Auftrag, einer unterdrückten oder sich erst anbahnenden Tendenz der bevorstehenden gesellschaftlichen Stufe. Dieser Tendenz geben sie Ausdruck, wenn auch mit privater Meinung vermischt, sodann mit dem Traum von der besten Verfassung schlechthin.«[3]

Die Schwäche der feministischen Matriarchatsdebatte liegt in ihrem — so paradox dies für den Versuch einer Geschichtsaufarbeitung klingt — unhistorischen Ansatz, darin, daß sie es verabsäumt, ihre Darstellungen auf den konkreten historischen und gesellschaftlichen Zusammenhang hin zu hinterfragen durch ihre Konfrontation der »Prinzipien« — des Mütterlichen gegen das Väterliche — und sich auf eine scheinbar unterbrochene »weibliche Evolution« beruft[4] — an die nun wieder angeknüpft werden soll, die vorhanden sein soll, »gleich einem Goldenen Vlies, das aus vorhandenem Kolchis nur herbeizuholen wäre, nachdem es beschrieben und abgebildet ist«.[5] Dadurch wird, trotz — oder gerade wegen — der Betonung des kritisch-revolutionären Potentials der Matriarchatsdiskussion, Bestehendes und sozial Notwendiges fixiert und verklärt.

Der erste Bereich, bei dem diese Abhängigkeit auffällt, ist der Zusammenhang zwischen der Entwicklung der Neuen Frauenbewegung, ihren Aktionen und Argumentationen mit dem Paradigmenwechsel der Matriarchatsdebatte. Aus der Analyse der Themen der Matriarchatsdebatte kann rückblickend oft die schon vorher aktualisierte und dann in matriarchaler Begrifflichkeit abgehandelte und ausagierte Problematik — zumindest im psychischen Bereich — angegeben werden.

Die spezifische Ausformung dieser Konflikte, die sich im jeweiligen Bild vom Matriarchat wiederfindet, ist nun abhängig von einem umfassenderen Kontext als ihn die Entwicklung der Frauenbewegung darstellt. Ich habe oben[6] bereits angeführt, daß sich mit dem Werk Ranke-Graves', das als Hauptquelle der Matriarchatsdebatte des Kulturellen Feminismus betrachtet werden kann, eine neue, das heißt in den früheren Schriften zum Mutterrecht noch nicht explizit auszumachende Konstellation zeigt: Das Mütterliche wird idealisiert, das Väterliche kurzerhand ausgeschlossen beziehungsweise entwertet und die Söhne (bei Ranke-Graves) oder die Töchter (bei den Feministinnen) werden durch den exklusiven Kontakt zur »Großen Mutter«, der »Großen Göttin« als allmächtige gezeichnet. Dies entspricht genau der Entwicklung der Sozialisationsbedingungen und -agenturen ab den fünfziger Jahren dieses Jahrhunderts, wobei die primäre Rolle im Sozialisationsgeschehen die Mutter — die dabei aber gesellschaftlich machtlos bleibt — übernimmt und der Vater im Gegensatz zu den bürgerlichen Verhältnissen zu Beginn dieses Jahrhunderts dabei immer »unsichtbarer« und als emotional bedeutsame Person unwesentlicher wird.[7]

Das heißt, in der feministischen Matriarchatsdebatte spiegelt sich eine ganz spezifische Situation zeitgenössischer Sozialisationsweise wider, die durch das Übergewicht des »Mütterlichen« bestimmt wird. Unter diesem Gesichtspunkt könnte schlagwortartig gesagt werden, daß Matriarchate — in der von Feministinnen dargestellten Form — die Ideologie (und nicht Utopie) des »neuen Sozialisationstypus« darstellen.[8]

Der letzte Bereich, der auf die Zeitgebundenheit der Matriarchatsdebatte verweist, ist die in ihr zum Ausdruck kommende Rationalitätsfeindlichkeit und die Sehnsucht nach organischen, sich selbst nach den Gesetzen der Göttin regulierenden gesellschaftlichen Verhältnissen, ohne Entfremdung und abstrakte Macht. Dies verbindet sie mit allen hier besprochenen romantischen Mutterrechtstheorien, die ebenso Rationalität »dem Männlichen« schlechthin zuschreiben, während das »Weiblich-Mütterliche« als essentielle Kategorie mit Natur und Emotionalität identifiziert wird. Matriarchate sind hier jeweils als »Einspruchsfiguren« konzipiert, als Einspruch gegen nicht mehr durchschaubare und scheinbar anonyme gesellschaftliche Verhältnisse.[9] Dennoch glaube ich, daß diese neuerliche Idealisierung der weiblichen Seinsform über diesen Einspruch hinausgeht und im Sinne Blochs auch eine anbrechende gesellschaftliche Stufe unbewußt — und wahrscheinlich auch ungewollt — verkörpert, die von Vinnai gut charakterisiert wird: »Zugleich bedeutet dies aber auch, daß der Kapitalismus zunehmend einen Sozialcharakter erzwingt, der fragwürdige Züge aufweist, die traditionell Frauen zugerechnet werden. Daß die kapitalistische Entwicklung in mancher Hinsicht immer mehr passive Anpassung und Unterwerfung, außengeleitete Formen der Subjektivität, Verständnis für Unterdrücker und privatistischen Rückzug erzwingt, hat eine ›Feminisierung‹ des Sozialcharakters zur Konsequenz, die keineswegs besonders positiv bewertet werden sollte.«[10]

Zusammenfassend läßt sich feststellen, daß die feministische Matriarchatsdebatte all diese Bereiche nicht überschreitet, sondern sie durch ihren Rekurs auf kosmische und naturhafte Dimensionen fixiert und gleichzeitig noch sakralisiert.

ANHANG

ANMERKUNGEN

VORWORT

1 Mitscherlich, Alexander, Auf dem Weg zur vaterlosen Gesellschaft, 1983, S. 200
2 Dieser Blickwinkel ergibt sich auch zwingend aus der tiefenhermeneutischen Textanalyse: »Die logischen, psychologischen und szenischen Widersprüche des Textes werden nur dann evident, wenn der Interpret sich mit demjenigen Objekt der Szene identifiziert, gegen das sich die Abwehr richtet,« Leithäuser, Th., et al., Anleitung (...), 1979, S. 182
3 Memmi, Albert, Der Kolonisator und der Kolonisierte. Zwei Porträts, 1980, S. 123

EINLEITUNG

1 Wolf, Christa, Voraussetzungen einer Erzählung: Kassandra, 1983, S. 115 f.
2 Sir Galahad, Mütter und Amazonen, 1981, S. 7
3 Sir Galahad als letzter Ritter der Tafelrunde des Königs Arthur fand den Gral — dies mag die Bedeutung, die Diener-Eckstein ihrem Werk beimaß, erhellen.
4 vgl. Kap. 3
5 vgl. Lüthi, Kurt, Feminismus und Romantik, 1985, S. 108
6 Definitionen siehe Pkt. 1.1.
7 ebda.
8 Bovenschen, Silvia, Die aktuelle Hexe, die historische Hexe und der Hexenmythos. Die Hexe: Subjekt der Naturaneignung und Objekt der Naturbeherrschung, In: Becker et al., Aus der Zeit der Verzweiflung, 1980, S. 260
9 op. cit., S. 261

10 Wittig, Monique, zit. n. Spretnak, Charlene, The Politics of Women's Spirituality, 1982, S. 131
11 Göttner-Abendroth, Der unversöhnliche Traum, 1979, S. 15
12 Neusüß, Arnhelm, Utopie, 1968, S. 32

1. VORÜBERLEGUNGEN

1 Detailliert soll auf die Bedeutungsverschiebungen, die die Begriffe beinhalten, in Kap. 3 eingegangen werden.
2 Bachofen, J. J., Mutterrecht und Urreligion, o. Jg., S 109
3 Sir Galahad, Mütter und Amazonen, 1981, S. 22
4 vgl. Wesel, Uwe, Der Mythos vom Matriarchat, 1980, S. 150
5 Wesel meint zur Verwendung des Begriffs »Gynaikokratie« durch Herakleides Pontikus in bezug auf die Lykier: »Wahrscheinlich ist sein Wort nur die normale griechische Beurteilung solcher Verhältnisse. Die Stellung der griechischen Frau zu seiner Zeit war sehr schlecht. Für einen griechischen Mann war die Kombination von Matrilinearität, Matrilokalität und Frauenerbrecht und die damit verbundene gesellschaftliche Gleichstellung von Frauen und Männern unerhört. (...) Es war einfach eine unglaubliche Verrücktheit.« In: op. cit., S. 40
6 ebda., S. 151
Diese prägnante Formel, die ich von Wesel übernahm, darf dennoch nicht darüber hinwegtäuschen, daß innerhalb dieser Definition noch viel Interpretationsspielraum enthalten ist, daß sie eher als hypothetisches Konstrukt des kleinsten gemeinsamen Nenners denn als inhaltlich bestimmende Aussage gesehen werden kann.
7 vgl. etwa Borneman, Ernest, Das Patriarchat, 1979, S. 13
8 Rich, Adrienne, Von Frauen geboren, 1979, S. 84
9 Danner, Helmut, Methoden geisteswissenschaftlicher Pädagogik, 1979, S. 15 f.
10 Volmerg et al., Kriegsängste und Sicherheitsbedürfnis, 1983, S. 335
11 Leithäuser et al., Anleitung zur empirischen Hermeneutik, 1979, S. 96
12 vgl. etwa Devereux, George, Angst und Methode in den Verhaltenswissenschaften, 1984, S. 157
13 Lorenzer, Alfred, Die Wahrheit der psychoanalytischen Erkenntnis, 1974, S. 123 f.
14 ebda., S. 161
15 zur Begriffsklärung: Übertragung: »Bezeichnet in der Psychoanalyse den Vorgang, wodurch die unbewußten Wünsche an bestimmten Objekten im Rahmen eines bestimmten Beziehungstypus, der sich mit den Objek-

ten ergeben hat, aktualisiert werden. (...) Es handelt sich dabei um die Wiederholung infantiler Vorbilder, die mit einem besonderen Gefühl von Aktualität erlebt werden.« n. Laplanche, J., Pontalis, J.-B., Das Vokabular der Psychoanalyse, Bd. II, 1982, S. 550; unter »Übertragungsschirm« wird daher in diesem Kontext ein Thema verstanden, das von einer Gruppe deutlich durch regressiv-emotionale Zuschreibungen gestaltet wird.

2. DIE PARALLELITÄT DES PARADIGMENWECHSELS DES RADIKALEN FEMINISMUS UND DER FEMINISTISCHEN MATRIARCHATSDISKUSSION

1 Wolff, Charlotte, Psychologie der lesbischen Liebe, 1973, S. 73
2 »Danach schrumpft die Bedeutung von Unterschieden *zwischen* einzelnen europäischen nationalstaatlichen Gesellschaften im Vergleich zu ihren *gemeinsamen* Eigenschaften, die sie von der amerikanischen Entwicklung trennen. (...) Neue soziale Bewegungen konnten sich deshalb in den USA früher entwickeln als in Europa, weil sie auf einen Traditionsbestand an Protestformen zurückgreifen konnten, welcher sich zur Artikulation ihrer material andersartigen Forderungen eignete.« Kitschelt, Herbert, zur Dynamik neuer sozialer Bewegungen in den USA. Strategien gesellschaftlichen Wandels und »American Exceptionalism«, In: Brand, K.-W., (Hg.), Neue soziale Bewegungen in Westeuropa und den USA, 1985, S. 249
3 Piercy, M., Die große kalte Wut, In: Becker et al. (Hg.), Women's Liberation, 1977, S. 38
4 Schwarzer, Alice, So fing es an!, 1981, S. 13
5 einer der wichtigsten war zum Beispiel der »Aktionsrat zur Befreiung der Frau«, 1968 in West-Berlin
6 Linnhoff, Ursula, Die neue Frauenbewegung, 1974, S. 42
7 vgl. Schwarzer, op. cit., S. 16
8 ebda, S. 21
9 Frauenjahrbuch 76, S. 91
10 Becker et al., Women's Liberation, 1977, S. 25. Diese neue Ebene der politischen Auseinandersetzung und Analyse erscheint, wenn sie verabsolutiert wird, manchmal sehr problematisch. So meint etwa Jutta Menschik: »Der jedem geschichtsbewußten Menschen als präfaschistische Unverfrorenheit noch im Ohr schmerzende Ausspruch (von Wil-

helm II.) ›Ich kenne keine Parteien mehr ...‹ wird hier durch eine feministische Variante vervollkommnet: ›Wir kennen nur noch Frauen‹, Menschik, J., Feminismus, 1979, S. 109
11 Schenk, Herrad, Die feministische Herausforderung, 1980, S. 90
12 Schwarzer, Alice, op. cit., S. 40
13 Schenk, Herrad, op. cit., S. 91
14 Landweer, H., Politik der Subjektivität-Praxis ohne Theorie, In: Großmaß/Schmerl, 1981, S. 34, Anm. 5
15 Frauenjahrbuch 76, S. 68
16 Krechel, Ursula, Selbsterfahrung und Fremdbestimmung, 1975, S. 17
17 Mitscherlich-Nielsen, Margarete, Die friedfertige Frau, 1985, S. 10
18 Bei der Auseinandersetzung um Gewalt gegen Frauen berufen Feministinnen sich ebenso wie bei den Selbstuntersuchungen auf die Hexen und den »Hexenmythos« (Bovenschen); die erste Walpurgisnacht-Demonstration fand 1977 statt — vgl. Schwarzer, op. cit., S. 82
19 ebda., S. 41
20 Schenk, H., op. cit., S. 174; auch die Reaktionen gegen die erste Frauenbewegung zu Beginn dieses Jahrhunderts zeigten diesen Argumentationstil »unterhalb der Gürtellinie«. Die Forderung der Frauen wird scheinbar als massive sexuelle Bedrohung erlebt — oder anders formuliert: der »Machtkampf« zwischen Männern und Frauen, der in erster Linie mit Sexualität noch nichts zu tun hat, etwa wenn Gleichberechtigung im Beruf gefordert wird, wird »sexualisiert«. Diese Form der Auseinandersetzung scheint als Abwehr von Konflikten in anderen Bereichen zu fungieren. Ich nehme an — doch dies sei hier nur nebenbei formuliert, weil es nicht in den Kontext dieser Arbeit gehört — daß sich hier die Auflösungserscheinungen des »bürgerlichen Individuums« (i. S. Riesmans), also sozio-ökonomische Prozesse widerspiegeln. Durch nicht mehr libidinös besetzbare Arbeits- und Produktionsbedingungen wird das Individuum auf sein problemloses sexuelles Funktionieren als einziger Möglichkeit auch »soziale Potenz« zu beweisen, zurückgeworfen. Sowohl die sexuelle Verweigerung der Frauen als auch deren Machtstreben schränken den Selbstbestätigungsbereich des Mannes ein und ernten somit den Haß und die Verwirrung, die eigentlich einem die Menschen entfremdenden System entgegengebracht werden sollten. Ähnliches scheint Vinnai zu meinen, wenn er schreibt: »Je mehr sich die Menschen austauschbar vorkommen müssen, desto verzweifelter suchen sie in Liebesbeziehungen ihre Einmaligkeit zu erfahren.« (Vinnai, Gerhard, Liebeselend und verinnerlichte Ökonomie, 1982, S. 147) Auch wenn Frauen ihren Kampf auf der sexuellen Ebene allein ansetzen, werden sie trotz der scheinbaren Radikalität ihrer Forderungen und Thesen nur die Symptome einer zerfallenden Ichstruktur aufgrund soziohistorischer Bedingungen bekämpfen, die natürlich — und damit haben Feministinnen recht — auf dem Rücken der Frauen ausagiert werden.

21 Stefan, Michael, Frauenherrschaft Männerherrschaft Gleichberechtigung, o. Jg., Klappentext
22 So meint etwa Firestone, die wahrscheinlich radikalste Vertreterin der These zur Aufhebung der Geschlechtsunterschiede: »*Die Befreiung der Frauen von der Tyrannei der Fortpflanzung durch jedes nur mögliche Mittel; Verlagerung der Kindererziehung auf die gesamte Gesellschaft, auf Männer sowohl wie Frauen*« Firestone, Sh., Frauenbefreiung und sex. Revolution, 1975, S. 191
23 Frauenjahrbuch 1977, S. 56
24 Interessanterweise wird gerade zu dieser Zeit auch der »Gebärneid« des Mannes und damit Bettelheims Buch »Die symbolischen Wunden«, das bereits 1954!! erschienen war, wiederentdeckt.
25 Schwarzer, Alice, op. cit., S. 92
26 Als Kontrast möchte ich kurz die Auffassung über weibliche Friedfertigkeit, die zu Beginn der Frauenbewegung vorherrschend war, zitieren: »Wie wir noch sehen werden, entspricht dies in etwa dem, daß Frauen Gewalt oder Selbstverteidigung ›prinzipiell‹ ablehnen — zumal ihnen dazu ohnehin jegliche Möglichkeit fehlt. Ein solcher Verzicht beruht nicht auf freier Wahl oder auf einem moralischen Entschluß, sondern ist schlichte Notwendigkeit. Der ›Pazifismus‹ der Frauen verdient ebensowenig Bewunderung wie die ›Gewalttätigkeit‹ der Männer.« (Chesler, Phyllis, Frauen — das verrückte Geschlecht?, 1979, S. 269 f.)
27 Rush, Anne Kent, Mond Mond, 1978, S. 301
28 dies ist die Bezeichnung für Hexenzirkel, die ursprünglich aus 13 Frauen gebildet wurden; vgl. Courage 6/79, S. 25
29 Starrett, Barbara, Ich träume weiblich, 1978, S. 5; vgl. Darstellung des Kulturellen Feminismus, Pkt. 2.1.3.2.
30 Es soll hier vermerkt werden, daß die grundlegenden theoretischen Reflexionen zur Situation der Frau in erster Linie von amerikanischen Feministinnen geleistet wurden. Mit etwas zeitlicher Verzögerung wurden diese Analysen dann auch im deutschsprachigen Raum angewendet.
31 Prominenteste Vertreterinnen dieses Ansatzes: Firestone, Mitchel, Millett
32 Millett, Kate, Sexus und Herrschaft, 1982, S. 37
33 Mitchel, Juliet, zit. n. Menschik, J., Feminismus, 1979, S. 49
34 Diese »zweite Natur« der Frau wird oft als das spezifisch Weibliche bezeichnet — so zum Beispiel auch von Marcuse, der ebenfalls einen feministischen Sozialismus propagiert — Zeitmessungen, 1975; Krechel meint dazu: »Zweifelhaft scheint mir eben der Wert eines sozialistischen Feminismus, der sich vornehmlich auf Sklaveneigenschaften stützt und diese als revolutionäres Potential verherrlicht.« Krechel, U., op. cit., S. 87

35 Rita MaeBrown und Charlotte Brunch, zit. n. Menschik, op. cit., S. 58
36 vgl. Daly, Mary, Gyn/Ökologie, 1981, S. 388
37 »Wenn Frauen Männern Energie geben, die ihr Leben damit verbringen, die Todesmaschine zu bedienen, dann geben wir dem ganzen Vampir Energie. Wir versehen den Vampir mit Macht.« (Starrett, Barbara, op. cit., S. 50)
38 vgl. Daly, Mary, 1981, S. 128
39 vgl. hierzu Kap. 4.1.
40 Starrett, Barbara, op. cit., 1978, S. 5
41 vgl. Wisselinck, Erika, Frauen denken anders, 1984, S. 50
42 Daly, Mary, Jenseits von Gottvater Sohn und Co, 1982, S. 116. Diese Verbindung eschatologischer Gedanken mit Erlösungsphantasien nach chiliastischem Muster stellt eine fatale Parallele zur Aufbruchsstimmung im 3. Reich dar. vgl. etwa Treusch-Dieter, Gerburg. Ferner als die Antike ... Machtform und Mythisierung der Frau im Nationalsozialismus und Faschismus, S. 196
43 Vaerting, Mathilde, Frauenstaat – Männerstaat, o. Jg. (1973 von Stefan Michael angegeben); nebenbei sei noch auf den zweiten Teil des Buches verwiesen, den »Mythos vom vaginalen Orgasmus« von Anne Koedt; vgl. Kap. 4.2.
44 Vaerting, Mathilde, zit. n. Stefan, M., Frauenherrschaft ..., S. 23,
45 Vaerting, Mathilde, zit. n. Diener-Eckstein, Mütter und Amazonen, 1981, S. 254
46 ebda., S. 254 f.
47 Diener-Eckstein, Berta, op. cit., 1981, S. 298
48 vgl. Pkt. 2.1.2.2.
49 eindrucksvolles Beispiel dieser Auseinandersetzung ist etwa die Menschik-Stefan-Kontroverse; vgl. Menschik, J., op. cit., 1979, S. 124 ff. und Stefan, M., op. cit., o. Jg.
50 vgl. Winnicott, Donald W., Übergangsobjekte und Übergangsphänomene, 1985
51 vgl. Pkt. 2.1.2.2.
52 Davis, Elizabeth Gould, Am Anfang war die Frau, 1977; bis 1981 hatte dieses Buch bereits 4 Auflagen erreicht! Zur »Neuen Weiblichkeit« vergleiche Pkt. 2.1.2.3.
53 Davis, Elizabeth Gould, op. cit., 1981, S. 39
54 ebda., S. 33
55 »Der Verdacht, daß das männliche Geschlecht abnormal und das Y-Chromosom eine zufällige Mutation ist, die nichts Gutes für die Menschheit bedeutet, wird nachdrücklich durch die kürzliche Endeckung von Genetikern unterstützt, daß kongenitale Mörder und Verbrecher nicht nur ein, sondern zwei Y-Chromosome besitzen und damit

eine doppelte Menge sozusagen unerwünschter Männlichkeit.« ebda., S. 28; Die Tatsache, auf die sich Davis stützt, ist, daß bei 2 von 1000 männlichen Neugeborenen der Chromosomensatz 44+xyy vorhanden ist und dies sich in verminderter Intelligenz und möglicher Gewalttätigkeit ausdrückt. (vgl. Bauer, Ernst, Humanbiologie, 1978, S. 36f.) Durch ihre massive Wertung verzerrt sie die Fakten bis zur Unwahrheit.

56 Davis, op. cit., 1981, S. 66 ff.
57 ebda., S. 354, Anm. 1; wissenschaftstheoretisch ist diese Aussage nicht haltbar, weil sie das Falsifizierbarkeitsprinzip umgeht.
58 Courage 10/1977, S. 40; dieser Satz stammt aus einem Werbetext für Davis. Natürlich sind hier keine Zweifel angebracht aus verkaufstechnischen Gründen — aber ich glaube, daß dieser Satz die allgemeine Stimmungslage der Davis-Rezeption gut wiedergibt.
59 Rich, Adrienne, von Frauen geboren, 1978, S. 83
60 vgl. hierzu Pkt. 2.2.3.2.
61 Davis, op. cit., 1981, S. 27
62 Courage 6/1979, S. 28; zit. n. Spare Rib, »Hexenkräfte gegen Regierungsgewalt«
63 Caruso, Igor A., Soziale Aspekte der Psychoanalyse, 1972, S. 63
64 vgl. Göttner-Abendroth, Pkt. 2.2.3.2.
65 Barthes, Roland, Mythen des Alltags, 1964, S. 113
66 ebda., S. 131 f.
67 »Nach unserer Einsicht in den Mechanismus des Lachens werden wir vielmehr sagen, die zur Hemmung verwendete Besetzungsenergie sei nun durch die Herstellung der verpönten Vorstellung auf dem Wege der Gehörswahrnehmung plötzlich überflüssig geworden, aufgehoben und darum zur Abfuhr durch das Lachen bereit.« (Freud, Sigmund, Der Witz und seine Beziehung zum Unbewußten, 1970, S. 140)
68 ebda., S. 152
69 vgl. etwa Anmerkung 55; reale Fakten werden durch weltanschauliche Notwendigkeiten völlig verzerrt und bleiben als Worthülsen zurück. Weiters versieht Davis ihr Werk mit vielen Anmerkungen und Zitaten, die bei genauer Durchsicht oftmals falsch oder durch die bereits angesprochene Verzerrung oft unseriös verwendet werden.
70 Spretnak, Ch., The Politics of Women's Spirituality, 82, S. 90
71 vgl. etwa Ranke-Graves, R., Griechische Mythologie I, 1982, S. 10; dieser Prozeß läßt sich zum Beispiel bei Sjöö nachvollziehen, vgl. u., S. 45 f.
72 s. Pkt. 1.1
73 Rich, Adrienne, op.cit., 1978, S. 85
74 ebda., S. 77
75 vgl. ebda., S. 60
76 Daly, Mary, op.cit., 1982, S. 65

77 Starrett, Barbara, op.cit., 1978
78 Spretnak, Charlene, op.cit., 1982, S. XIV
79 In Anlehnung an Ranke-Graves (vgl. Kap. 3.3.), z. B. Göttner-Abendroth 1980, Sjöö 1985, Francia 1983
80 z. B. Daly 1981, Johnston 1977, Sjöö 1985
81 Ranke-Graves, Robert, op.cit., Bd. I, 1982, S. 13
82 Göttner-Abendroth, Heide, Die Göttin und ihr Heros, 1980, S. 8
83 vgl. Pkt. 2.2.3.1.: der Mann als Geschöpf — nun in kosmischen Dimensionen
84 Göttner-Abendroth, Heide, op.cit., 1980, S. 9
85 Daly, Mary, op.cit., 1981, S. 63 und S. 132
86 Johnston, Jill, Lesben Nation, 1977, S. 210
87 ebda., S. 211 f.
88 ebda., S. 139
89 Starrett, Barbara, op.cit., 1978, S. 5
90 vgl. Pkt. 2.1.2.2.
91 vgl. etwa Rush, Anne Kent, Mond Mond, 1978, S. 94
92 »Zwar ist im Umkreis der Frauenbewegung gelegentlich versucht worden, auf der Grundlage der wenigen historischen Zeugnisse politischer oder kultureller Aktivitäten der Frauen eine separate, eigenständige Kulturgeschichte bzw. Kulturgeschichtsschreibung zu initiieren; aber diese Konstruktionen laufen Gefahr, in dem Maße, wie sie die Geschichte der weiblichen Geschichtslosigkeit vernachlässigen und vernachlässigen müssen, die traditionellen anthropologischen und biologistischen Vorurteile nicht wahrhaft aufzuheben, sondern sich wiederum in der Ausbildung neuer Frauenmythen zu verstricken.« (Bovenschen, Silvia, Die imaginierte Weiblichkeit, 1979, S. 10 f.
93 Starrett, Barbara, Ich träume weiblich, 1978, S. 10
94 detailliertere Ausführungen zum Mythos finden sich in Punkt 4.3.
95 vgl. Richs Beschreibung des Selbstgefühls matriarchaler Frauen, S. 39 f.
96 Die weiter oben angeführten Argumentationsebenen des Kulturellen Feminismus: biologisch, kosmisch, mythisch — unter dem Hauptaspekt naturhafter Evolution — sind jederzeit gegenseitig austauschbar.
97 Leithäuser et al., Anleitung zur empirischen Hermeneutik, 1979, S. 48; diese Überlegungen werden in Kap. 4 wieder aufgegriffen und anhand einzelner Beispiele erläutert.
98 Daly, Mary, 1981, S. 388
99 Dies widerspräche dem energetischen Politikmodell des Kulturellen Feminismus
100 vgl. weiter unten
101 Sjöö, Monica, Mor, Barbara, Wiederkehr der Göttin, 1985, S. 163
102 ebda., S. 161
103 Eleusis liegt westlich von Athen, das Gebirgsmassiv Cithaeron in Böo-

tien, also ebenfalls am griechischen Festland und Babylon im früheren Mesopotamien (heute Irak)
104 Freud, S., Die Zukunft einer Illusion, 1982, Bd. IX, S. 165
105 ebda., S. 164
106 Erdheim, Mario, Nadig, Maya, Größenphantasien und sozialer Tod, 1979, S. 125
107 Einen derartigen typischen Prozeß des Ichverlusts schildert Daly für »Häxen« und »Furien« bei ihrer Reise in feministische Zeiten/Räume und beschreibt scheinbar manisches »Spinnen« als Abwehr des totalen Zusammenbruchs: »Sie weiß, daß zu spinnen aufhören die größte Gefahr für sie bedeuten würde. Spinnen ist Überleben (darüberhinausleben).« (Daly, Mary, 1981, S. 429)
108 Erdheim, Mario, Nadig, Maya, 1979, S. 122; vgl. hierzu Pkt. 4.1
109 Frauenjahrbuch 1976, S. 79
110 vgl. Chasseguet-Smirgel, Janine, Das Ichideal, 1981a, S. 162; hier meint sie: »Bekanntlich soll der Analytiker seinen Patienten nicht beschwichtigen, wenn dieser Schuldgefühle wegen seiner Masturbation zeigt, z. B. indem er ihm sagt ›aber das tut doch jeder‹. Sonst hat er nicht nur die Übertragung nicht analysiert und die Neutralität aufgegeben, sondern vgl. auch Krechels Ausführungen zu Frauengruppen, Krechel, U., Selbsterfahrung und Fremdbestimmung, 1975, S. 17 f. sogar ein regressives Ichideal begünstigt (...)«
111 vgl. a. Pkt. 4.2.
112 vgl. Chasseguet-Smirgel, Janine, 1981a, S. 151; ich vermute, daß die Betonung der Körperlichkeit als politischer Waffe gerade bei der »Neuen Weiblichkeit« und »Mütterlichkeit« bereits in diesen regressiven Trend gehört.
113 Chasseguet-Smirgel, Janine, 1981a, S. 88
114 Adler, M., Meanings of Matriarchy, In: Spretnak, 1982, S. 130 f.
115 vgl. Einleitung zu Kap. 4
116 vgl. Kap. 3, Einleitung

3. MYTHOS UND MUTTERRECHT: DIE QUELLEN DER FEMINISTISCHEN MATRIARCHATSDEBATTE

1 Neuwirth, Barbara, Anmerkungen zur Matriarchatsdiskussion, 1985, S. 152
2 Mühlmann, W., Rassen, Ethnien, Kulturen. Moderne Ethnologie, 1964, S. 216

3 vgl. Fromm, Erich, Die sozialpsychologische Bedeutung der Mutterrechtstheorie, In: Analytische Sozialpsychologie, Bd. I, 1980,
4 Engels, Friedrich, Der Ursprung der Familie, des Privateigenthums und des Staates, 1884, S. 36
5 vgl. Pkt. 3.3.
6 vgl. Pkt. 3.3.
7 vgl. Pkt. 3.4.
8 vgl. Pkt. 3.1.
9 Johann Wolfgang von Goethe, Faust II, 1976, S. 48
10 Bloch, Ernst, Über Beziehungen des Mutterrechts (Antigone) zum Naturrecht, 1954, S. 243
11 Bachofen, Johann Jakob, Versuch über die Gräbersymbolik der Alten (1858), In: Gesammelte Werke, 1954, Bd. IV Zitat aus: ders., Gesammelte Werke, Bd. III, S. 1069, zit. n. Meuli
12 Wesel, Uwe, Der Mythos vom Matriarchat, 1980, S. 10
13 ebda., S. 14
14 vgl. Janssen-Jurreit, Marielouise, Sexismus, 1979, S. 112
15 Bachofen, Johann Jakob, Mutterrecht und Urreligion, o. Jg., S. 108
16 zit. n. Zinser, Der Mythos des Mutterrechts, 1981, S. 12 f., Anm. 2
17 vgl. Wesel, Uwe, Der Mythos vom Matriarchat, 1980, S. 28
18 »Die Lebensphilosophie ist ein Teil der großen Gegenbewegung gegen Aufklärung und Rationalismus und darin die Fortsetzung der Romantik. Es ist eine Philosophie, die das Leben, das mit den Mitteln des bloßen Denkens nicht zu erfassende ›lebendige‹ Leben verstehen will. Der Vernunft weist sie eine dienende Rolle zu, teils steht sie ihr mit ausgesprochener Feindschaft gegenüber.« (Störig, Kleine Weltgeschichte der Philosophie, 1978, S. 231)
19 ebda., S. 238
20 zit. n. Diener-Eckstein, B., Mütter und Amazonen, 1981, S. 29
21 Bachofen, Johann Jakob, Mutterrecht und Urreligion, S. 54
22 ebda., S. 101
23 ebda., S. 120
24 ebda., S. 123
25 ebda., S. 136
26 ebda., S. 170
27 ebda., S. 165
28 ebda., S. 130
29 ebda., S. 133
30 Zinser, Hartmut, Der Mythos des Mutterrechts, 1981, S. 27
31 Theweleit arbeitet in seinem Buch »Männerphantasien« ähnliche Ängste bei den von ihm analysierten faschistischen Männern als Abwehr des Lustempfindens bei Körpersekretionen heraus. vgl. Theweleit, Klaus, Männerphantasien, 1980, S. 403 f.

32 Genetisch gesehen muß gesagt werden, daß hier das Bild der frühkindlichen polymorph-perversen Sexualität, also noch vor der ödipalen Ausrichtung, gezeichnet wird.
33 Bachofen, Johann Jakob, Mutterrecht und Urreligion, S. 37
34 Janssen-Jurreit, Marielouise, Sexismus, 1979, S. 101
35 Caruso beschreibt ebenfalls diese Ambivalenz in der Imago des Weibes: »Jeder in der Praxis stehende Psychoanalytiker weiß, wie oft sich in den Analysen das Bild der Mutter mit den Bildern der Jungfrau, aber auch der Hure assoziiert.« (Caruso, Igor A., Die Trennung der Liebenden, 1983, S. 285)
36 Bachofen, Mutterrecht und Urreligion, S. 149
37 zit. n. Wesel, 1980, S. 11
38 Aufschlußreich sind diesbezüglich Bachofens frühere Schriften, in denen er sich mit der zeitgenössischen Situation auseinandersetzt. So meint er in den »Politischen Betrachtungen«: »Die Formen, in welchen unser Staatswesen herangewachsen war und welchen unser Volk Jahrhunderte ungetrübten inneren Glücks zu verdanken schien, wurden angefeindet als Hindernisse freier und glücklicher Kraftentfaltung. (...) Es kann Ihnen, meine werten Freunde, nicht entgangen sein, wie sehr sich unter dem Einfluß falscher Lehre und unter dem Stachel aufgeregter Leidenschaft der Glaube an die ewigen unabänderlichen Grundlagen aller Staatsordnung geschwächt, wie tief sich der Zweifel an der Berechtigung der hergebrachten Formen des Lebens in den Geistern der Menschen eingenistet hat.« Bachofen, J. J., Gesammelte Werke, Bd. I, 1954, S. 25
39 Janssen-Jurreit, Marielouise, 1979, S. 111
40 Mühlmann, W., 1964, S. 216
41 Wesel, U., 1980, S. 53
42 ebda., S. 64
43 Sie verbarg sich hinter dem Pseudonym »Sir Galahad«, dem Namen des letzten Gralsritters der Artus-Runde.
44 Diener-Eckstein, 1981, S. 61
45 ebda., S. 68 f.
46 ebda., S. 7
47 ebda., S. 51
48 ebda., S. 22
49 ebda., S. 28
50 ebda., S.195
51 ebda., S. 285
52 Reclus, zit. n. ebda., S. 125
53 ebda., S. 125
54 ebda., S. 299 f.
55 vgl. ebda., S. 32 f.
56 ebda., S. 320

57 ebda., S. 320
58 ebda., S. 318
59 ebda., S. 318
60 ebda., S. 319
61 ebda., S. 256
62 ebda., S. 8
63 ebda., S. 319
64 ebda., S. 274
65 ebda., S. 319
66 ebda., S. 97
67 Es ist interessant zu beobachten, daß diese von mir dargestellten Aspekte in D.-E. Werk, obwohl sie eine der am häufigsten zitierten nicht-feministischen Autorinnen ist, in keinem der von mir durchgesehenen feministischen Werke (z. B. Ploil 1984, Davis 1981, Courage 6/7, 1977) erwähnt oder auch nur angedeutet werden, obwohl sich doch hier eine zumindest gedankliche Nähe zu faschistischer Terminologie und auch Ideologie nicht verleugnen läßt. Dies bestimmte auch die ebenfalls einseitige Darstellung von mir, weil ich den »vergessenen« Teil aus D.-E. Werk bewußt machen wollte.
68 Ranke-Graves, Robert, Griechische Mythologie, Bd. I., 1982, S. 12
69 ebda., S. 10
70 ebda., S. 11
71 ders., Die Weiße Göttin, 1981, S. 25
72 »Herakles« ist das Paradigma eines Sakralkönigs, dessen Schicksal, wie beschrieben, nach Ranke-Graves Auffassung, Inhalt des »echten Mythos« ist.
73 Ranke-Graves, Robert, 1981, S. 534
74 ebda., S. 23
75 ebda., S. 555
76 ebda., S. 556; hier bleibt nur noch hinzuzufügen, daß Ranke-Graves seit 1929 auf Mallorca lebt.
77 ebda., S. 589
78 ebda., S. 539 f.
79 ebda., S. 465
80 vgl. ebda., S. 537
81 ebda., S. 538
82 ebda., S. 488
83 ebda., S. 488
84 ebda., S. 578
85 ebda., S. 578
86 ebda., S. 559
87 ebda., S. 580
88 vgl. ebda., S. 586

89 ebda., S. 232
90 Sir James Frazer, The Golden Bough, Bd. IV, Teil II, 1980, S. 201
91 Leithäuser und Volmerg geben als Kriterien für die tiefenhermeneutische Textanalyse an: »Wiederholung, erlebnishafter Sprachgebrauch, Betroffenheit und Beteiligung sind also die Kriterien der Auswahl einer Textstelle für die Interpretation.« (Volmerg, Ute et al., Kriegsängste und Sicherheitsbedürfnis, 1983, S. 381)
92 Chasseguet-Smirgel, Janine, Das Ichideal, 1981 a, S. 64
93 im Sinne des »Familienromans«, vgl. Freud, S. Der Mann Moses und die monotheistische Religion, Bd. IX, 1982, S. 463 f.
94 vgl. Freud, S., Das Unheimliche, Bd. IV, 1982, S. 259
95 vgl. Freud, S., Über eine Weltanschauung, Bd. I, 1982, S. 594 f.
96 ders., Zur Einführung des Narzißmus, Bd. III, 1982, S. 61
97 Neumann, Erich, Die Große Mutter, 1956, S. 16
98 ebda., S. 16
99 ebda., S. 95
100 ebda., S. 29
101 ebda., S. 279
102 vgl. ebda., S. 279
103 ebda., S. 314
104 Harding, Esther, Frauenmysterien. Einst und Jetzt., 1949, S. 8
105 ebda., S. 14
106 ebda., S. 55
107 ebda., S. 299
108 ebda., S. 295 ff
109 ebda., S. 55
110 ebda., S. 290; Diesen Gedankengang des Zusammenhangs von Sexualunterdrückung und Kulturentwicklung formulierte bereits Freud mit jedoch völlig anderer Akzentuierung: »Wir wissen schon, daß die Kultur dabei dem Zwang der ökonomischen Notwendigkeit folgt, da sie der Sexualität einen großen Betrag der psychischen Energie entziehen muß, die sie selbst verbraucht. Dabei benimmt sich die Kultur gegen die Sexualität wie ein Volksstamm oder eine Schicht der Bevölkerung, die eine andere ihrer Ausbeutung unterworfen hat.« (Freud, S., Das Unbehagen in der Kultur, Bd. IX, 1982, S. 233) Während Freud jedoch den allgemeinen Charakter der Sexualunterdrückung erkannte, reduziert ihn Harding auf die Frau.
111 Harding, Esther, 1949, S. 310
112 ebda., S. 323
113 ebda., S. 17
114 ebda., S. 19
115 ebda., S. 174
116 Wobei »Ideologie« hier im Sinne Revers' verstanden werden soll: »Dort

wo ›Selbstverständlichkeiten‹ als indiskutabel gelten und für jeden Zweifel tabu sind, handelt es sich um ›Ideologie‹ (...)« (Revers, W., Ideologische Horizonte der Psychologie, 1962, S. 17)

117 Harding, Esther, 1949, S. 28

118 »Da der Großteil der Männer — sofern sie den Krieg überlebt hatten — noch nicht zurückgekehrt war, lag die Hauptlast der Anstrengungen auf den Frauen. Sie waren es meist, die den Schutt wegräumten, die Häuser und Wohnungen notdürftig instandsetzten, (...) kurz: das Überleben sicherten.« (Projektgruppe Ausstellung (Hg.), Zwischen Mutterkreuz und Minirock, 1985, S. 11)

119 vgl. Einleitung zu Kap. 3

120 Zinser, Hartmut, 1981, S. 88

121 ebda., S. 88

EXKURS: MYTHOS UND AUFKLÄRUNG

1 Kant, Immanuel, Beantwortung der Frage: Was ist Aufklärung? 1974, S. 9

2 Horkheimer, M., Adorno, Th. W., Dialektik der Aufklärung, 1969, S. 15

3 ebda., S. 9

4 vgl. Becker et al., Aus der Zeit der Verzweiflung, 1978

5 Frauen waren im Mittelalter und zu Beginn der Neuzeit noch die Volksärzte, die die medizinische Versorgung vor allem auf dem Land und bei den unteren Schichten innehatten. Die »Weisen Frauen« wurden im magischen Denken ambivalent erlebt: »Denn ihre therapeutischen Erfolge wurden weniger ihrer Kräuterkenntnis, der Verwendung ihres gesunden Menschenverstandes zugeschrieben, als vielmehr der Fähigkeit, den verwendeten Mitteln durch Zauberei Heilkraft zu verleihen.« (Becker, G., et al., Zum kulturellen Bild und zur realen Situation der Frau im Mittelalter und in der frühen Neuzeit, In: Becker et al., 1978, S. 94)

Dieser Aspekt der Zähmung des Naturhaft-Sinnlichen verkörpert in dem Angstbild der Hexe sowie die nachfolgend noch angeführten Gründe der Hexenverbrennungen sind jeweils nur einzelne Aspekte des Phänomens, das in seiner Gesamtheit hier nicht bearbeitet werden kann. Meine Intention geht dahin, den »dunklen Hintergrund«, der das »helle Licht der Aufklärung« mitstrukturierte, zumindest in Ansätzen anzudeuten.

6 Brackert, H., Unglückliche, was hast du gehofft? In: Becker et al., 1978, S. 179

7 ebda., S. 179 f.

8 Fischer, M. W., Die Aufklärung und ihr Gegenteil, 1982, S. 107

9 ebda., S. 110

10 ebda., S. 110

11 Boehm, Gottfried, Mythos als bildnerischer Prozeß, 1983, S. 533; Die Affinität von Mythos, Natur und Frau als Imagination des Unbeherrschbaren findet sich auch in der Romantik wieder — hier jedoch positiv bewertet und gleichzeitig zum Teil »entschärft« als »Metamorphose der Hexe« wie es Bovenschen beschreibt. (In: Becker et al., 1978, S. 295)
12 Horkheimer, M., Adorno, Th. W., 1969, S. 18
13 Fischer, M. W., 1982, S. 107
14 Boehm, G., 1983, S. 533
15 vgl. hierzu die Ausführungen Fromms, In: Fromm, E., Die sozialpsychologische Bedeutung der Mutterrechtstheorien, 1980, S. 90 f.
16 Hüppauf, B., Mythisches Denken und Krise der deutschsprachigen Literatur und Gesellschaft, 1983, S. 512
17 Bohrer, K. H., Mythos und Moderne, 1983, S.9
18 Post, W., Eurozentrismus wider Willen, 1985, S. 11
19 »Demnach trägt der Mythos als kollektiv geteilte Phantasie zur Identitätsbildung des Einzelnen bei, indem er Identifikationsmöglichkeiten (Idealbilder) bereithält, (...)« Vogt, R., Theorien über den Mythos, 1985, S.796
   Dieser rein psychologische Ansatz ist natürlich richtig, greift aber meines Erachtens zu kurz, weil damit nicht erklärt werden kann, warum welche Bilder des Mythos zu welchem Zeitpunkt und in welcher Funktion aufgegriffen werden. Die Ausklammerung sowohl des historischen als auch des ideologischen Aspektes aus einer psychologischen Analyse kann möglicherweise im Extremfall zu einer Verfälschung der Ergebnisse führen.
20 Post, W., 1985, S. 12
21 Barthes, Roland, Mythen des Alltags, 1964, S. 86
22 Bloch, zi. n. Bovenschen, In: Becker et al., 1978. S 304
23 Bohrer, K.-H., 1983, S. 9 f.
24 Lenz, R., Mystifizierung der Ratio — oder Aufklärung der Aufklärung?, 1981, S. 398
25 Hüppauf, B., Mythisches Denken und Krise der deutschsprachigen Literatur und Gesellschaft, 1983, S. 522
26 Post, W., 1985, S. 14

---

122 vgl. etwa für die Feministinnen: Göttner-Abendroth 1982, S. 238 ff, Sjöö 1985, S. 151 ff; bei den Vertretern der romantischen Mutterrechtstheorien wurde dieser Zusammenhang noch viel unverhüllter ausgesprochen, vgl. Kap. 3
123 vgl. v. a. Pkt. 4. 1.

124 Vergleicht man damit etwa die psychische Dynamik, die Bachofens Ausführungen zugrundeliegt, so fällt vor allem die unterschiedliche Position auf, die dem »väterlichen Prinzip« zugeschrieben wird.
125 vgl. Brand, K. W., Neue Soziale Bewegungen in West-Europa und den USA, 1985, S. 74
126 vgl. Bohleber, W. und Leuzinger, M., Narzißmus und Adoleszenz, 1981, S. 119 ff.; vgl. hierzu auch die Beschreibung Riesmans zur Entwicklung des »außengelenkten« Menschen, Riesman, Die einsame Masse, 1982
127 Schülein, J. A., von der Studentenrevolte zur Tendenzwende, 1977, S. 103
128 Strotzka, H., Fairness, Verantwortung, Fantasie, 1983, S. 33 f.

4. DIE INTEGRATION »MATRIARCHALEN BEWUSSTSEINS« UND »MATRIARCHALER PRAXIS« IN DIE GEGENWART

1 Definition des Kulturellen Feminismus vgl. 2.1.3.2.
2 vgl. 4.1.
3 vgl. Darstellung der Entwicklung der Neuen Frauenbewegung, S. 25
4 vgl. 4.2.
5 vgl. hierzu 2.2.3.1.
6 vgl. 4.3.
7 vgl. 4.4.
8 Mitscherlich, Alexander und Margarete, Die Unfähigkeit zu trauern, 1977, S. 9
9 diese und die folgenden »doppelten« Überschriften sind der Versuch, die Diskrepanz zwischen »matriarchalem« und »patriarchalem« Denken zu illustrieren.
10 Göttner-Abendroth, Heide, Die Göttin und ihr Heros, 1980, S. 123
11 z. B. Göttner-Abendroth, H., Der unversöhnliche Traum, 1979, S. 5
12 »Minerale und Metalle reiften nach dieser Vorstellung im Schoß der Mutter und für das Eindringen in die »Vagina«, die Mine, und die Plünderung der natürlichen Ressourcen versuchten die Bergleute die Erde durch Opfer und Riten zu besänftigen.« (Wichterich, Ch., Von Mutter-Natur zu Maschine-Natur, 1984, S. 12)
13 Das »meist« wurde deshalb in Parenthese gesetzt, weil zwar teilweise Distanzierungen von einer direkten Rückkehr in Matriarchate ausgedrückt werden, die »prinzipielle« Argumentation jedoch erhalten bleibt. (z. B. Ploil 1984, D'Eaubonne 1976, Göttner-Abendroth 1982)

14 vgl. etwa Daly, 1981, S. 81: »Die Herrscher des Patriarchats – Männer mit Macht – führen einen unentwegten Kampf gegen das Leben selbst. Da weibliche Energie ihrem Wesen nach biophil ist, ist der weibliche Geist/Körper das Hauptziel dieses fortgesetzten Aggressionskriegs gegen das Leben.«
15 D'Eaubonne, Francoise, feminismus oder tod, 1981, S. 206 ff.
16 vgl. 2.2.3.2.1.
17 Fischer, M. W., Verheißungen des Glücks, 1982, S. 106
18 Sjöö, M., Mor, B., Wiederkehr der Göttin, 1985, S. 32
19 ebda., S. 29
20 Göttner-Abendroth, H., Die tanzende Göttin, 1982, S. 14
21 Starhawk, Ethics and Justice in Goddess Religion, 1982, S. 416
22 Ploil, E., Autonome Frauenbewegung und offizielle Frauenpolitik vor dem Hintergrund matriarchalen und patriarchalen Denkens. 1984, S. 24
23 Starhawk, Bewußtsein, Politik, Magie, 1984, S. 33
24 Göttner-Abendroth, H., 1980, S. 125
25 Rush, A. K., Mond Mond, 1978, S. 51
26 Spretnak, Ch., Frauen und ganzheitliches Denken, 1984, S. 15
27 Rich, A., Von Frauen geboren, 1979, S. 51
28 Göttner-Abendroth, H., 1980, S. 8
29 vgl. Göttner-Abendroth, 1980, S. 5 f.
30 ebda., S. 6
31 vgl. etwa Rich, 1979, S. 108 f.
32 Rush, 1978, S. 61
33 Sjöö, B., 1985, S. 180 f.
34 vgl. etwa Spretnak, 1982, S. 250
35 Adler, M., Meanings of Matriarchy, 1982, S. 132
36 zu »matrifokal« vergleiche Spretnak, 1984, S. 15
37 Shinell, G., Women's Collective Spirit: Exemplified and Envisioned, 1982, S. 511 f.
38 Griffin, S., Sinnlich, gierig, grausam, tödlich, 1981, S. 27
39 »Mich überkam ein Gefühl der Nostalgie für diese Welt, für dieses System, das ich nie erlebt hatte.« (Anthony, M., Re-Mythologisieren des Mondes, 1978, S. 47)
40 vgl. 2.2.3.2.
41 DeBeauvoir, Simone, Das andere Geschlecht, 1968, S. 77
42 vgl. Göttner-Abendroths Mythenbegriff, s. a. 4.3.
43 Daly, M., 1981, S. 36
44 »Ursprünglich enthält das Ich alles, später scheidet es eine Außenwelt von sich ab. Unser heutiges Ichgefühl ist also nur ein eingeschrumpfter Rest eines weitumfassenderen, ja – eines allumfassenden Gefühls, welches einer innigeren Verbundenheit des Ichs mit der Umwelt entsprach. Wenn wir annehmen dürfen, daß dieses primäre Ichgefühl sich im See-

lenleben vieler Menschen — in größerem und geringerem Ausmaße — erhalten hat, so würde es sich dem enger und schärfer umgrenzten Ichgefühl der Reifezeit wie eine Art Gegenstück an die Seite stellen, und die zu ihm passenden Vorstellungsinhalte wären gerade die der Unbegrenztheit und der Verbundenheit mit dem All, dieselben, mit denen mein Freund das ›ozeanische Gefühl‹ erläutert.« Freud, S., Das Unbehagen in der Kultur, Bd. IX, 1982, S. 200

45 Kohut, H., Narzißmus, 1976, S. 339
46 vgl. Kap. 3
47 vgl. Griffin, S., 1981, S. 25
48 »Allein die psychoanalytische Erforschung des einzelnen Menschen lehrt mit einer ganz besonderen Nachdrücklichkeit, daß für jeden der Gott nach dem Vater gebildet ist, daß sein persönliches Verhältnis zu Gott von seinem Verhältnis zum leiblichen Vater abhängt (...) und daß Gott im Grunde nichts anderes ist als ein erhöhter Vater.« (Freud, S., Totem und Tabu, Bd. IX, 1982, S. 430 f.) Dasselbe Verhältnis besteht dann natürlich auch zwischen »Göttin« und »Mutter«.
49 Göttner-Abendroth, H., 1980, S. 130
50 detaillierte Besprechung s. 4.3.
51 vgl. Exkurs zu Mythos und Aufklärung, S. 90
52 Bezeichnung eines Frauenlandprojektes in Wisconsin, zit. n. Courage 9/81, S. 43
53 vgl. 4.1.2.3.
54 »Sisterhood of the Wicca«, als gesetzliche Kirche für die Göttin und für Frauen eingetragen (...)«: Budapest, Z., Mein Salem in L. A., 1978, S. 328
55 Foglia, G., Wolffberg, D., Spiritual Dimensions of Feminist Anti-Nuclear Activism, 1982, S. 448
56 Körbler, S., »Töchter der Erde«, 1981, S. 40
57 ebda., S. 43
58 Spretnak, 1982, S. 507
59 Körbler, S. 1981, S. 43
60 zit. n. Ploil, 1984, S. 161
61 »We must begin to put good nurturing energy into the Earth in order to counteract man's manipulation of her.« Antonelli, J., Feminist Spirituality: The Politics of the Psyche, 1982, S. 403
62 Körbler, 1981, S. 43
63 Antonelli, 1982, S. 403
64 vgl. Erörterungen Spretnaks zu diesem Komplex; Spretnak, Charlene, Frauen und ganzheitliches Denken, 1984, S. 15
65 Gearhart, S., Womanpower: Energy Re-Sourcement, 1982, S. 206
66 vgl. Kap. 2
67 Dinkelmann, Anna, Kreisen, Frauenrituale und Feste, 1983, S. 66

68 ebda., S. 26
69 ebda., S. 16
70 ebda., S. 16
71 Dinkelmann, A., 1983, S. 18
72 ebda., S. 19
73 ebda., S. 62 ff.
74 ebda., S. 120
75 ebda., S. 132
76 Dinkelmann, A. 1983, S. 134
77 vgl. ebda., S. 144 f.
78 ebda., S. 23
79 vgl. ebda., S. 178
80 Sie greift dabei nicht nur auf feministische Literatur zu weiblicher Spiritualität zurück, sondern stützt sich inhaltlich wesentlich auf das »Handwörterbuch des deutschen Aberglaubens«, das von 1927 bis 1942 vom Verband deutscher Vereine für Volkskunde herausgegeben wurde. Im Vertrauen auf ihre Intuition meint sie: »Ich hatte zumindest immer ein sehr sicheres Gefühl für diejenigen Elemente in den im Buch aufgeführten Bräuchen und Überlieferungen, die rein und unverfälscht geblieben waren, und die im Einklang mit den ursprünglichen Symbolen und Bedeutungen standen.« (S. 187) Die Distanzierungen von diesem, während des deutschen Faschismus' herausgegebenen Buches, beziehen sich in erster Linie darauf, daß die Herausgeber Männer sind und erst sekundär auf die teilweise faschistische Verbrämung der Inhalte. Auch bei Dinkelmann kommt Biologie eindeutig vor Weltanschauung.
81 Dinkelmann, 1983, S. 26
82 Mitscherlich, Alexander und Margarete, Die Unfähigkeit zu trauern, 1977, S. 69
83 Leithäuser und Volmerg meinen hierzu: »Das Verdrängte erschließt sich über die Position der abgewehrten Ansprüche.« (Leithäuser, Th., et al., Anleitung zur empirischen Hermeneutik, 1979, S. 182)
84 Dinkelmann, 1983, S. 116
85 Dinkelmann, A., 1983, S. 132 f.
86 Analog dazu findet sich eine Definition Freuds zu den Tabuvorschriften animistischer Stämme: »Wenn die Übertretung eines Tabu gutgemacht werden kann durch eine Sühne oder Buße, die ja einen *Verzicht* auf irgendein Gut oder eine Freiheit bedeuten, so ist hiedurch der Beweis erbracht, daß die Befolgung der Tabuvorschrift selbst ein Verzicht war auf etwas, was man gern gewünscht hätte.« Freud, S., Totem und Tabu, Bd. IX, 1982, S. 326
87 »Wenn die Frau in der Mitte sich erhob, bestätigten die Frauen im Kreis den Wunsch mit den Worten: ›So wird es sein‹, heute würde ich hinzufügen: ›Wenn es im Sinne der Göttin ist‹.« (Dinkelmann, 1983, S. 156)

88 vgl. Freud, S., Totem und Tabu, 1982, S. 319 f.
89 vgl. Ranke-Graves, 3.3.
90 Geht man den Überlegungen noch einen Schritt weiter nach, so kann gemutmaßt werden, daß die Welt »außerhalb« und deren Nicht-Wahrhaben-Wollen ebenfalls in der Verdrängung der sexuellen Impulse ihre Wurzel hat: sie könnte an die irdischen Bedürfnisse gemahnen.
91 Adorno, Th. W., Minima Moralia, 1982, S. 322
92 Francia, Luisa, Berühre Wega, kehr' zur Erde zurück, 1983, S. 9
93 ebda., 1983, S. 8
94 ebda., S. 68 f.
95 ebda., S. 67
96 ebda., S. 67
97 Damit steht sie in der Tradition magischen Denkens: »Weil alles mit allem zusammenhängt, wirkt alles allezeitfort, auch wenn Jahrhunderte zwischen jetzt und einst liegen. (...) omnia in omnibus esse (...)«; Holtz, G., Die Faszination der Zwänge, 1984, S. 19
98 Francia, 1983, S. 14 f.
99 ebda., S. 49
100 ebda., S. 27; Obwohl gerade hier Quellenangaben möglich und notwendig wären, weil es sich im Grunde um eine nachprüfbare, sich zumindest vorgeblich auf reale Verhältnisse beziehende Aussage handelt, fehlen sie. Dies vermittelt den Eindruck der Darstellung einer Scheinrealität, die hier aufgebaut werden soll.
101 Francia, 1983, S. 75
102 ebda., S. 77
103 ebda., S. 75 ff.
104 ebda., 1983, S. 87
105 Erdheim, M., Nadig, M., Größenphantasien und sozialer Tod, 1979, S. 123
106 ebda., S. 123
107 Francia, 1983, S. 29
108 Freud, S., Totem und Tabu, Bd. IX, 1982, S. 372 f. Der »primitive Mensch« des Zitats verweist auf die eurozentristische Einstellung den »Wilden« gegenüber, die zu Beginn des 20. Jahrhunderts vorherrschend war. Da hier nur die Dynamik der seelischen Vorgänge beschrieben werden soll, ist dieser Aspekt sekundär.
109 vgl. Francia, 1983, S. 86 f.; zur detaillierten Analyse der Funktion der Mutterimago innerhalb von Frauenbeziehungen vgl. 4.2.
110 Interesse wird hier ebenso wie Libido im psychoanalytischen Sinn verstanden: »Wir nannten die Energiebesetzungen, die das Ich den Objekten seiner Sexualstrebungen zuwendet, ›Libido‹, alle anderen, die von den Selbsterhaltungstrieben ausgeschickt werden ›Interesse‹, Freud, S., Die Libidotheorie und der Narzißmus, 1982, S. 400, Bd. I

111 vgl. Johnston, Jill, Lesben Nation, 1977, S. 229; dies beschreibt insgesamt das Phänomen des sekundären Narzißmus; auf gruppenspezifischer Ebene hat dieser sein Äquivalent im »sekundären Egozentrismus«. vgl. hierzu Leithäuser, Th. et al., 1979, S. 97 f. (Anm.)
112 »Personen, welche nicht völlig vom Stadium des Narzißmus losgekommen sind, also dort eine Fixierung besitzen, die als Krankheitsdisposition wirken kann, sind der Gefahr ausgesetzt, daß eine Hochflut von Libido, die keinen anderen Ablauf findet, ihre sozialen Triebe der Sexualisierung unterzieht und somit ihre in der Entwicklung gewonnenen Sublimierungen rückgängig macht.« Freud, S., Über einen autobiographisch beschriebenen Fall von Paranoia, Bd. VII, 1982, S. 185; vgl. weitere Ausführungen hierzu 4.2.
113 Ein ähnlicher Prozeß wurde von der Kommune II beschrieben und soll hier zur Illustration des Gemeinten wiedergegeben werden: »Ein Kollektiv — so resümiert die Kommune II —, das ohne Zwang zu regelmäßiger Arbeit oder anderen Faktoren des Realitätsprinzips das Privileg genießt, gruppendynamische Aspekte zum Hauptinhalt des Alltags zu machen, schwebt in Gefahr, den Bezug zur gesellschaftlichen Realität allmählich zu verlieren.... wir waren mehrfach (vor allem während der Zeit der Analyse) verlockt, dem Wunsch nach einer totalen Regression in eine infantile Traumwelt nachzugehen. Wir malten uns einen Zustand aus, in dem jede äußere Organisation aufgehoben wäre.« zit. n. Lehnhardt, K. H., Volmer, L., Politik zwischen Kopf und Bauch, 1979, S. 151
114 vgl. hierzu ausführliche Darstellung in Kap. 2
115 Freud, S., Über einen autobiographisch..., Bd. VII, 1982, S. 193
116 Volmerg, B., et al., Kriegsängste und Sicherheitsbedürfnis, 1983, S. 18
117 Denselben Eindruck vermittelt auch eine Untersuchung Perinciolis mit 85 Frauen, die sich der Frauenbewegung zugehörig fühlen: sie befragte sie unter Tiefenentspannung nach ihren Visionen in bezug auf eine mögliche Katastrophe und auch nach den Vorstellungen, wie die Welt »danach« aussehen würde: es wurden durchwegs Naturkatastrophen oder Bedrohungen durch kosmische Strahlung gesehen, also diffuse Bedrohungen und die Welt danach bot »erfreuliche () Einblicke() in eine wahrhaft utopische Welt. (...) Viele Frauen sahen bei den ›Menschen danach‹ nur Frauen und Kinder.« (Perincioli, Reise in die Zukunft, 1984, S. 45) — das heißt, für Frauen war die »Katastrophe« also keineswegs katastrophal, sondern eher positiv verlaufen.
118 z. B. Chesler, Phyllis, Frauen, das verrückte Geschlecht? 1979, S. 273
119 dies., The Amazon Legacy, 1982, S. 102
120 Die Reaktionen der Mütter auf die Distanzierungsversuche der Töchter schildert sie folgendermaßen: »›Rebellische Töchter‹ werden deshalb von ihren Müttern unnachsichtig behandelt, weil diese in ihnen so

etwas wie abtrünnige Liebhaber und Gefährten sehen. Die gegenseitige Bespitzelung der Frauen wurzelt in ihrer Angst vor Machtlosigkeit.« Chesler, 1979, S. 265
121 ebda., 1979, S. 288
122 ebda., S. 16
123 ebda., S. 28
124 vgl. Chesler, 1979, S. 277; dies sei hier als Gegenpol zur nächsten Phase der Matriarchatsdebatte betont.
125 vgl. dies., 1982, S. 101
126 vgl. o. und Kap. 2
127 Mitscherlich, Margarete, Die friedfertige Frau, 1985, S. 86
128 vgl. Torok, M., Die Bedeutung des »Penisneides« bei der Frau, 1981b, S. 200
129 ebda., S. 202
130 Zur Dynamik der frühen Mutter-Tochter-Beziehung meint Torok in Hinblick auf das Autonomiestreben: »Nun stößt diese Entwicklung freilich auf eine doppelte Schwierigkeit: zunächst eine anale, in dem Sinne, daß Autonomie in der masturbatorischen Befriedigung notwendigerweise eine sadistische Aneignung mütterlicher Vorrechte bedeutet; sodann eine ödipale, da eine phantasmatische Realisierung der Urszene durch Identifizierung mit beiden Eltern die Vertreibung der Mutter impliziert. (...) Auf beiden Ebenen zugleich angegriffen, bleibt der Mutter keine Wahl, sie muß als höchst bedrohlich erscheinen – von restloser Zerstörung bedroht, droht sie selbst mit restloser Zerstörung.« Torok, 1981b, S. 228 f.
131 vgl. Ausführungen zur »Sexualpolitik«, 2.1.3.1.
132 vgl. 4.3.
133 vgl. 2.2.3.2.2.
134 Demeter war demgegenüber die omnipotente Mutter ohne Mann, eine typisch präödipale Mutter-Imago.
135 Chasseguet-Smirgel, J., Die weiblichen Schuldgefühle, 1981b, S. 157 f.; um diese Passage etwas verständlicher werden zu lassen von ihren theoretischen Prämissen her, vergleiche Chasseguet-Smirgels Ausführungen zur Bedeutung des Penis im Unbewußten: »Die Annahme, der Besitz des Penis biete die Möglichkeit, die durch die omnipotente Mutter zugefügte narzißtische Kränkung wiedergutzumachen, gibt Auskunft über die Bedeutung des Penis im Unbewußten in bezug auf den Wert, die Kraft, die Vollständigkeit und die Autonomie. In diesem Organ verdichten sich alle mit der Macht zusammenhängenden Bedeutungen auf allen Ebenen.« Chasseguet-Smirgel, 1981b, S. 163
136 vgl. o., oder auch: »Warum erzählten uns unsere Mütter und Großmütter und Urgroßmütter nicht, welche Schlacht das war, die sie verloren oder nie geschlagen haben, damit wir begriffen hätten, wie vollkom-

men unsere Niederlage ist und daß Religiosität und Wahnsinn und Frigidität die Antwort unserer Trauer ist?« Chesler, 1979, S. 225
137 Eine Konsequenz dieser Distanzierung von der Heterosexualität sei hier kurz erwähnt: es kommt zu einer Idealisierung der Klitoris und zur Verleugnung der Vagina, was meines Erachtens mit den Vergeltungsängsten zusammenhängt; dadurch kann auch die »innere Genitalität« nicht in das psychische Erleben integriert werden: »Paradoxerweise ist die Verleugnung der Vagina und die Überschätzung des Penis nirgendwo so ausgeprägt wie in der Überzeugung vieler Feministinnen, daß es nur einen klitoralen Orgasmus gibt. Diese Lehrmeinung bedeutet letztlich, daß dem charakteristischsten Organ der Frau — ihrer Vagina — die Fähigkeit abgesprochen wird, ihr volle Befriedigung zu verschaffen.« (Devereux, G., Baubo. Die mythische Vulva, 1981, S. 11)
138 vgl. etwa 4.4.
139 Daly, M., 1981, S. 61
140 So beschreibt Chesler als Vertreterin der frühen Phase der Neuen Frauenbewegung und der Anfänge der Matriarchatsdebatte: »Mit wenigen Ausnahmen wuchsen alle Feministinnen in Familien auf, in denen die Geschlechtsrollen, wie auch immer sie definiert waren, starr gehandhabt wurden, in Familien, in denen die Mütter zur Kindererziehung und Hausarbeit zu Hause blieben — zumindest in den ersten fünf Lebensjahren ihrer Tochter; (...) Die meisten hatten ›gestörte‹ Beziehungen zu ihren Müttern« (Chesler, 1979, S. 239 f.)
141 Christ, C. P., Why Women need the Goddess, 1982, S. 84
142 Rich, A., Von Frauen geboren, 1979, S. 217
143 Johnston, Jill, Lesben Nation, 1977, S. 219
144 ebda., S. 205
145 Daly, M., 1981, S. 364 f.; sie entwickelt eine weiblich-feministische Sprache, daher: »ihre Selbst« im Zitat.
146 vgl. 2.2.3.2.1.
147 Daly, 1981, S. 132
148 Johnston, 1977, S. 209 f.
149 ebda., S. 138
150 ebda., S. 134
151 ebda., S. 147
152 Daly, 1981, S. 355
153 vgl. 2.2.3.2.1.
154 Daly, M., Die nicht-heilige Johanna und die Hexe in ihr, 1978, S. 325
155 Rich, A., 1979, S. 245
156 Daly, 1981, S. 401 f.; zu ihrer Sprache vergleiche Anm. 145
157 Gerade die Wahrnehmung dieser beiden Faktoren erachtet Chasseguet-Smirgel als den »Prüfstein der Realität«: »Ich glaube wirklich,

daß der *Prüfstein der Realität nicht allein der Geschlechtsunterschied ist, sondern auch das, was untrennbar mit ihm verbunden ist, wie die beiden Seiten einer Medaille: der Generationsunterschied.*«, Chasseguet-Smirgel, Janine, 1981 a, S. 23

158 McDougall, Joyce, Über die weibliche Homosexualität, 1981 b, S. 274
159 ebda., S. 290
160 Mahler, M., Symbiose und Individuation, 1972, S. 15
161 Damit kann in diesem Kontext »matriarchal« als Zeitangabe mit »präödipal« übersetzt werden.
162 Kohut, Heinz, Überlegungen zum Narzißmus und zur narzißtischen Wut, 1973, S. 540
163 vgl. hierzu auch 4.1.
164 Johnston, 1977, S. 156
165 ebda., S. 134
166 Luquet-Parat, C. J., Der Objektwechsel, 1981 b, S. 127
167 vgl. die schon erwähnten Analysen McDougalls in bezug auf homosexuelle Frauen, McDougall, 1981 b. S 264
168 Denselben Mechanismus beschreibt Möller-Gambaroff: »Dies wirft nun die Frage danach auf, welche Ängste das Symptom Männerfeindlichkeit mildert und wofür es symbolischer Ersatz ist. Meiner Meinung nach handelt es sich hier um auf den Mann verschobene Ängste aus der frühen Mutter-Kind-Beziehung.»Moeller-Gambaroff, M., Emanzipation macht Angst, 1977, S. 3
169 vgl. Chasseguet-Smirgel, 1981 a, S. 35
170 vgl. ebda.: »*Die prägenitale Sexualität mit ihren erogenen Zonen und ihren Partialobjekten muß selbst einem Idealisierungsprozeß unterzogen werden.*«, S. 25, — Um das Bewußtsein der genitalen Komplementarität und damit der ödipalen Situation auszuschalten. Damit bekommt man nach Chasseguet-Smirgels Ansicht das Gefühl »am Geheimnis der Götter teilzuhaben, ein besonderes ›Rezept‹ gefunden zu haben«; ebda., S. 28
171 »Während wir uns immer tiefer in das Labyrinth hineinspinnen, müssen wir auch lernen, die Tarnkappe der Pseudo-Schwester aufzuribbeln, Alibifrauen und Häxen zu unterscheiden, das Alibi-Selbst von der Häxen-Selbst in uns zu trennen.« Daly, 1981, S. 428
172 Johnston, 1977, S. 148
173 Chasseguet-Smirgel, 1981 a, S. 90
174 Starrett, The Metaphors of Power, 1982, S. 193; dieselbe Tendenz verrät auch Davis' Betonung der »kognitiven Minderheit«, die allein im Besitz der Wahrheit sei; ebenso z. B. Rush, Mond Mond, S. 195
175 vgl. etwa Anne Koedts Darstellungen zum »Mythos vom vaginalen Orgasmus«, In: 1. Frauendruck, Frauenzentrum Berlin, Raubdruck, o. Jg.

176 vgl. Moeller-Gambaroff, 1977, S. 22 f.
177 »Spinsters *sind* spiralig kreisende Luftsäulen.« Daly, 1981, S. 410
178 »(...) daß das Feuer dem Primitiven als etwas der verliebten Leidenschaft Analoges — wir würden sagen: als Symbol der Libido erscheinen mußte.« Freud, S., Zur Gewinnung des Feuers, Bd. IX, 1982, S. 451; vgl. hierzu auch 4.1.3.
179 vgl. Kristeva, Julia, Produktivität der Frau, In: alternative 108/109, 1976, S. 167 f.
180 vgl. 4.1.
181 Damit kann ich auch den Überlegungen mancher Feministinnen, daß dieser Rückzug zu den »Müttern« als vorübergehendes »Kräftesammeln« - also als Regression im Dienste des Ichs — zu betrachten ist, nicht zustimmen.
182 vgl. Kap. 2
183 Ehe eine Regression einsetzen kann, muß eine gewissen Disposition zur Fixierung der Libido gegeben sein: die »Wiederkehr des Verdrängten« erfolgt von der »Stelle der Fixierung her und hat eine Regression der Libidoentwicklung bis zu dieser Stelle zum Inhalte.« Freud, S., Über einen autobiographisch beschriebenen Fall (...), Bd. VII, 1982, S. 191
184 »Manchmal ist das Erdbeben-Gefühl noch tiefer, drastischer, überraschender. Die weise Frau bewegt sich geschwind auf sicherem Grund und plötzlich fühlt/merkt sie mit Entsetzen, daß sich zu ihren Füßen der Abgrund auftut.« Daly, 1981, S. 429
185 vgl. hierzu Kohut, Narzißmus, 1976, S. 26
186 »Die Entsprechung für das perverse Ausweichen des Knaben vor dem Geschlechts- und Generationsunterschied, das ihn zum Partner der Mutter erhebt, wäre in dieser Sicht beim Mädchen die Negation, daß ein Vater für das Kind notwendig ist (d. h. die Negation jeder Entwicklung, die vom Untergang des primären Narzißmus zum Ödipus geht).« Chasseguet-Smirgel, 1981 a, S. 42
187 vgl. Rush, 1978, S. 61
188 Göttner-Abendroth, 1980, S. 6
189 Sjöö M., Mor, B., 1985, S. 165
190 vgl. Kap. 2
191 Rich, 1979, S. 91; zur Problematik der Matrilinearität vgl. Kap. 1.1. und 3.
192 Rich, 1979, S. 91
193 Starhawk, Witchcraft as Goddess Religion, 1982, S. 52
194 Weitere Beispiele dieser Mythen vgl. 4.1.1., dasselbe drückt auch eine Erörterung Sjöös aus, in der sie die Unterscheidung zwischen der Göttlichkeit der Mutter und der Sterblichkeit des Vaters, die seine Menschlichkeit bekundet, trifft, vgl. Sjöö/Mor, 1985, S. 232

195 Rush, 1978, S. 61
196 vgl. Göttner-Abendroth, Die tanzende Göttin, 1982, S. 87 f.
197 Sjöö/Mor, 1985, S. 147; vgl. a. Harding, S. 83
198 ebenda., S. 134
199 Rush, 1978, S. 52 f.
200 vgl. Kap. 3.3
201 Göttner-Abendroth, H., Die tanzende Göttin, 1982, S. 43
202 ebda., S. 249
203 ebda., S. 63
204 ebda., S. 71
205 ebda., S. 66
206 ebda., S. 66
207 dies., Du Gaia bist Ich, 1981, S. 31
208 dies., 1982, S. 69
209 ebda., S. 237
210 ebda., vgl. S. 60 und S. 237 f.
211 Göttner-Abendroth, 1980, S. 20
212 ebda., S. 8
213 ebda., S. 209
214 ebda., S. 211
215 ebda., S. 229
216 dies., 1982, S. 63
217 ebda., 1982, S. 80
218 ebda., S. 197
219 ebda., S. 244
220 ebda., S. 198
221 dies., 1981, S. 31
222 dies., 1980, S. 130
223 dies., 1982, S. 245
224 Enderwitz, Elke, Wer hat Angst vor Männerhaß? 1979, S. 15
225 Frazer meint dazu: »For although men now attributed the annual cycle of change primary to corresponding changes in their dieties, they still thought that by performing certain magical rites they could aid the god, who was the principle of life, in his struggle with the opposing principle of death. (...) The ceremonies which they observed for this purpose were in substance a dramatic representation of the natural processes which they wished to facilitate.« Frazer, Sir J. G., Adonis, Attis, Osiris, In: The Golden Bough, ders., Part IV, Vol. I, S. 4
226 Göttner-Abendroth, 1980, S. 49
227 vgl. hierzu 4.1. und auch Exkurs S. 90
228 Göttner-Abendroth, 1982, S. 15; man könnte hier von einer Verwechslung von Ursache und Wirkung sprechen.
229 vgl. dies., 1980, S. 9

230 vgl. hierzu auch die Ausführungen im Exkurs; insgesamt führte diese Entwicklung zur Unterdrückung der Partialtriebe, die sich nicht entsprechend den neuen Gegebenheiten ohne Zwang normieren lassen: »›Die repressive Verwandlung des Eros‹ (...) führte nun dahin, den Körper auch in lustlosem Zustand zu der Leistung zu zwingen. Arbeit und Lust wurde in dieser Organisation getrennt, der Körper mit Gewalt enterotisiert, desexualisiert, während die Lust nur in gewissen Formen, und zwar in solchen, die dem Leistungsprinzip am wenigsten widersprechen, nach strengen Gesichtspunkten normiert wurde.« Caruso, I.A., die Trennung der Liebenden, 1983, S. 307; Zur Geschichte der sich entwickelnden Leibfeindlichkeit vgl. Becker et al., Aus der Zeit der Verzweiflung, 1978, S. 188 ff.
231 Göttner-Abendroth, 1982, S. 238
232 vgl. ihre Ausführungen zur »Modernen Magie«, ebda., S. 69 f.
233 ebda., 1982, S. 248
234 Ich möchte hier zur Reflexion der Gegenübertragung kurz meine ersten Eindrücke diesbezüglich einfügen: Es dauerte relativ lange, bis ich wahrnehmen konnte, daß Göttner-Abendroth ihre Ausführungen genauso meint, wie sie sie darstellt, daß sie eben nicht Phantasien, sondern ganz konkret zu praktizierende Rituale schaffen wollte. Ich führe dieses »black out« auf die »Ungeheuerlichkeit« ihrer Vorstellungen zurück, die bei mir derartige Widerstände auslösten, daß ich einfache Tatsachen nicht mehr wahrnehmen konnte. Außerdem bietet ihr Hinweis auf innerpsychische Kräfte als weniger provozierende Aussage die Möglichkeit an, daß diese Konstellation als innerpsychischer Kampf angesehen werden kann. Aber damit erschöpft sich Abendroths Intention keineswegs.
235 vgl. hierzu Neumann und Harding, 3.4.
236 Göttner-Abendroth, 1982, S. 78
237 ebda., S. 190: »von deinen Augen
   durchbohrt
   kannst du noch
   fragen
   was gut für mich
   sei?«
238 Göttner-Abendroth, 1982, S. 194
239 ebda., S. 196
240 Mitscherlich, A., Väter und Väterlichkeit, 1983, Bd. III, S. 393; der hier beschriebene Prozeß kann m. E. auch für die Mutter-Imago angenommen werden.
241 Göttner-Abendroth, 1982, S. 199
242 vgl. die Erörterung über die Bedeutung des Phallussymbols im Unbewußten, 4.2.

243 vgl. hierzu Chasseguet-Smirgels Ausführungen zur Perversion, In: dies., 1981a, S. 25

244 Es liegt in der Logik von Göttner-Abendroths Überlegungen, daß diese »Opferung« real vollzogen werden müßte, denn erst die Aufhebung des »Fiktionalitätsprinzips« setzt die revolutionäre Kraft der matriarchalen Kunst-Utopie frei. vgl. Göttner-Abendroth, 1982, S. 63

245 Demgegenüber betont Mitscherlich: »Die Form der Triebbefriedigung, die in den Instinktregulationen (Beuteverhalten, Paarungsverhalten) artspezifisch fixiert ist, ist beim Menschen variabel und durch geschichtlich (d. h. in relativ kurzen Zeiträumen) sich wandelnde gesellschaftsspezifische Verhaltensnormen ersetzt.« Mitscherlich, A., Der psychoanalytische Ansatz in der Sozialpsychologie, 1983, Bd. V, S. 15

246 vgl. Laplanche, J., Pontalis, J. B., Das Vokabular der Psychoanalyse, Bd. I, 1982, S. 219

247 Dahmer meint in ähnlichem Zusammenhang in Anschluß an Freud, daß Lust keine psycho-physiologische, sondern eine soziale Kategorie sei und aus den Übertretungen gesellschaftlicher Verbote resultiere. Dahmer, 1983

248 vgl. Göttner-Abendroth, 1982, S. 14; hier wird das Problem »weiblicher Aggressivität« gestreift — wobei auffällt, daß sie als solche nicht einmal wahrgenommen werden kann, sondern im Dienste eines übergeordneten Gesetzes steht und daher in ritualisierter Form als Erfüllung desselben und nicht etwa als Aggression gesehen wird. Dies erinnert an Mitscherlichs Beschreibung der Aggressionsverarbeitung im nationalsozialistischen Deutschland: »Bevor eine Aggression gezeigt werden durfte, mußte sie als im Dienste eines Ideals geschehend bezeichnet werden können — und wenn es ein noch so verstiegenes Ideal war.« Mitscherlich, A. u. M., Die Unfähigkeit zu trauern, 1977, S. 62 f.

249 vgl. 4.2.3.

250 Göttner-Abendroth, 1982, S. 70 f.

251 vgl. 4.1.2.2.

252 vgl. 4.3.1.: der Phallus — und damit der Sohngeliebte — ist Anhängsel der Göttin

253 vgl. Chasseguet-Smirgel, 1981b, S. 138

254 Marcuse schildert als Prototypen dieser Tendenz Orpheus und Narziß: »Die orphische und narzißtische Welterfahrung negiert die Erfahrungsform, die die Welt des Leistungsprinzips aufrechterhält. Der Gegensatz zwischen Mensch und Natur, Subjekt und Objekt ist überwunden.« Marcuse, H., Triebstruktur und Gesellschaft, 1982, S. 164

255 Caruso, I. A., Die Trennung der Liebenden, 1983, S. 288 f.

256 Shuttle, P., Redgrove, P., Weise Wunde Menstruation, 1982, S. 41

257 Sie meint: »Was die Mütter der 8 Frauen (mit denen sie ihre Untersuchung durchgeführt hatte, S. D.) ihren Töchtern über Menstruation erzählt hatten, erwies sich als weniger wichtig als das, was die Mütter über ihre Töchter als Frauen dachten und glaubten.« Rodewald, R., Magie, Heilen und Menstruation, 1985, S. 158; vgl. ebda., S. 145
258 Den Zusammenhang von Sexualität und Menstruation betont auch Harding, vgl. 3.4.1.2.
259 Shuttle, P., Redgrove, P., 1982, S. 59
260 Der Begriff der »Unreinheit« verweist wiederum auf den Zusammenhang von Menstruation und Sexualität. Bei der Beschreibung der Menstruation als »Krankheit« scheint ein Prozeß einer sich-selbst-erfüllenden Prophezeiung in Gang gesetzt zu werden, wie Krell überzeugend darstellen kann: »Zugespitzt läßt sich daraus schließen, daß gerade jene, die darauf pochen, die Frau habe ihrer ›natürlichen‹ Aufgabe nachzukommen, letztendlich mit zur Entstehung menstrueller Störungen beitragen, die dann wiederum als Argument dafür herhalten müssen, in welch hohem Maße die Frau der Fortpflanzung unterworfen und wie ungeeignet für berufliche Arbeit sie ist.« Krell, G., Frauen sind anders, 1983, S. 17
261 vgl. Kap. 2
262 Hexengeflüster 2, o. Jg., S. 16
263 Harding, E., Frauenmysterien, 1949, S. 275
264 Knegendorf, B., Das Menstruationstabu, 1985, S. 152
265 vgl. 4.1.
266 Rush, 1978, S. 165 f.
267 Shuttle, P., Redgrove, P., 1982, S. 184
268 Rheinz, H., In den Kreis gerufen, 1979, S. 25
269 MyOwn, B., Ursa Maior: Sommersonnenwendefest, 1978, S. 341
270 Rush, 1978, S. 258
271 Sjöö, M., Mor, B., 1985, S. 132
272 Shuttle, P., Redgrove, P., 1982, S. 184
273 »Daß wir Frauen wieder Besitz ergreifen von unseren Körpern wird weitaus größere und wesentlichere Veränderungen der menschlichen Gesellschaft bewirken als die Aneignung der Produktionsmitel durch die Arbeiter.« (Rich, A., 1979, S. 276) – Diese Überlegungen stehen im Kontext des Kulturellen Feminismus, vgl. Kap. 2
274 Shuttles und Redgroves Buch »Die weise Wunde Menstruation« stellt hierfür ein hervorragendes Beispiel dar: so schließt bereits der Titel das eigentliche Subjekt der Menstruation – die Frau – aus und weist jener Eigenschaften zu, die in den menschlich-geistigen Bereich gehören, personifiziert sie also. Diese Tendenz bestimmt alle Überlegungen dieses Buches.

275 Die auch bei Männern nachgewiesene Zyklizität wird hierdurch kaum in Betracht gezogen — vgl. Krell, 1983, S. 18
276 Menstruierenden Frauen wurden dieselben Eigenschaften zugeschrieben wie Hexen — bis in unser Jahrhundert, vgl. ebda., S. 20
277 vgl. o., s. a. Rush, 1978, S. 258; in diesem Kontext ist vor allem die Darstellung Shuttles und Redgroves anzuzweifeln, die die Thesmophorien und die Eleusinischen Mysterien als Menstrual-Kulte deuten. Sie vernachlässigen gerade bei den Eleusinischen Mysterien wesentliche Bereiche — so zum Beispiel den Raub der Kore — weil dieser sich nicht nahtlos in eine Menstruationsdeutung dieses Kultes integrieren läßt: »Raub, Vergewaltigung und Todeshochzeit sind die großen Motive, die im Mythos vom Raub der Kore, der Trennung von Mutter und Tochter, das zentrale Geschehen der Eleusinischen Mysterien mitbestimmen.« Neumann, 1956, S. 288
278 »Wir alle sagen: ›Göttin sei mit uns — Göttin sei mit uns.‹ (...) Wir rufen die Göttin, deren Blut wie unser Blut, mit den Zyklen des Universums fließt.« MyOwn, B., Ursa Maior, 1978, S. 347
279 vgl. Mutter-Tochter-Beziehung, 4.2.
280 Moeller-Gambaroff, M., Emanzipation macht Angst, 1977, S. 19
281 De Beauvoir, S., Das andere Geschlecht, 1968, S. 162
282 »Das heilige Blut der Frau war ein großes Geheimnis: Wir bluten im Mondrhythmus, (...)« Spretnak, Ch., Frauen und ganzheitliches Denken, 1984, S. 15; die Aufhebung der Geschichte und damit der Zeit spiegelt sich hier in der verwendeten Zeitform des Satzes wider.
283 »Zumindest im Psychischen besteht ein Matriarchat vor dem Patriarchat«, Moeller-Gambaroff, M., 1977, S. 15
284 vgl. Chasseguet-Smirgel, J., 1981 a, S. 91
285 Ironischerweise richtet sich der Kampf des Kulturellen Feminismus gegen den »Vampir«, der als Symbol für das Patriarchat steht: aber sowohl phylo- wie ontogenetisch sind die ersten Vampire Frauen — als Verkörperung der negativen Mutter-Imago. Neumann bezeichnet diesen Aspekt des Weiblichen als den »negativen Elementarcharakter des Weiblichen«: »Denn dieses Weib, welches das Leben und alles Lebendige der Erde gebiert, ist zugleich auch die alles wieder Fressende und in sich Einschlingende, die ihre Opfer jagte und mit Schlinge und Netz einfängt.« Neumann, Erich, 1956, S. 148
286 Genau dieser Mechanismus ist auch die Grundlage der in Kap. 2 erwähnten »Pseudologik«, die viele der hier durchgesehenen Werke und Texte zumindest teilweise (vor allem in konfliktträchtigen Bereichen) strukturiert; vgl. hierzu Mitscherlich, A., Auf dem Weg zur vaterlosen Gesellschaft, 1983, Bd. III, S. 293

5. SCHLUSSBEMERKUNGEN

1 vgl. v. a. 4.1. und 4.3.
2 Bloch, E., Freiheit und Ordnung, 1969, S. 133
3 ebda., S. 15
4 vgl. Kap. 2
5 Bloch, E., 1969, S. 134
6 vgl. 3.6.
7 vgl. hierzu Mitscherlichs Untersuchung zur vaterlosen Gesellschaft: »Die Kleinfamilie (Eltern/Kinder) lebt oft auf engstem Raum, relativ insulär, zellenhaft neben gleichen anderen Familien. Das erzwingt eine engere Zusammenpferchung und bringt damit eine stärkere Belastung der emotionellen Beziehungen zwischen Mutter und Kind mit sich. (...) Mit anderen Worten, die ganze ambivalente Gefühlsspannung des Kindes konzentriert sich überwiegend auf die Mutter, die sich dadurch oft überfordert fühlt und ihrerseits ambivalenter dem Kind gegenüber wird.« (Mitscherlich, A., Auf dem Weg zur vaterlosen Gesellschaft, 1983, III, S. 95 f.)
8 »Beide (Ideologie und Utopie, S. D.) unterscheiden sich jedoch wesentlich darin, daß Ideologien Vergangenes in der gesellschaftlichen Gegenwart konservieren wollen, während Utopien, wie sie hier gemeint sind, von der geschichtlich erreichten Stufe des Verhältnisses von Sein und Bewußtsein aus den Entwurf einer freieren und gerechteren Gesellschaft konzipieren.«Neumann, F., Handbuch politischer Theorien und Ideologien, 1977, S. 8
9 vgl. 3.5.
10 Vinnai, Gerhard, Liebeselend und verinnerlichte Ökonomie, 1982, S. 162

BIBLIOGRAPHIE

ADLER, Margot, Meanings of Matriarchy, In: Spretnak 1982
ADORNO, Th. W., Minima Moralia, Suhrkamp Vlg., Frankfurt 1982
ANTHONY, M., Re-Mythologisieren des Mondes, In: Rush 1978
ANTONELLI, J., Feminist Spirituality: The Politics of the Psyche, In: Spretnak 1982
BACHOFEN, J. J., Gesammelte Werke, Bd. I und Bd. II, Benno Schwabe & Co Vlg., Basel 1954
– ders., Mutterrecht und Urreligion, Alfred Kröner Vlg., Leipzig, o. Jg.
BARTHES, Roland, Mythen des Alltags, Suhrkamp Vlg., Frankfurt 1964
BAUER, Ernst, Humanbiologie, Cornelsen-Velhagen & Klasing Vlg., Bielefeld 1978
BECKER, B. et al. (Hg.), Women's Liberation, Vlg. Roter Stern, Frankfurt 1977
BECKER, G., BOVENSCHEN, S., BRACKERT, H., et al., Aus der Zeit der Verzweiflung, Suhrkamp Vlg., Frankfurt 1978
BETTELHEIM, B., Die symbolischen Wunden, Fischer Vlg., Frankfurt 1982 (1. Aufl. 1954)
BLOCH, E., Über Beziehungen des Mutterrechts (Antigone) zum Naturrecht, In: Sinn und Form, 1954/1–3
– ders., Freiheit und Ordnung, Rowohlt Vlg., Reinbeck/Hamburg 1969
BOEHM, G., Mythos als bildnerischer Prozeß, In: Bohrer 1983
BOHLEBER, W., LEUZINGER, M., Narzißmus und Adoleszenz, In: Psychoanalytisches Seminar Zürich (Hg.), Die neuen Narzißmustheorien: zurück ins Paradies?, Syndikat Vlg., Frankfurt 1981
BOHRER, K.-H., Mythos und Moderne, Suhrkamp Vlg., Frankfurt 1983
BORNEMAN, E., Das Patriarchat, Fischer Vlg., Frankfurt 1979
BOVENSCHEN, S., Die imaginierte Weiblichkeit, Suhrkamp Vlg., Frankfurt 1979
BRAND, K.-W., (Hg.), Neue soziale Bewegungen in West-Europa und den USA, Campus Vlg., Frankfurt/New York 1985
BUDAPEST, Z., Mein Salem in L. A., In: Rush 1978
CARUSO, I. A., Die Trennung der Liebenden, Fischer Vlg., Frankfurt 1983
– ders., Soziale Aspekte der Psychoanalyse, Rowohlt Vlg., Reinbeck/Hamburg 1972

CHASSEGUET-SMIRGEL, J., Das Ichideal, Suhrkamp Vlg., Frankfurt 1981a
— dies., Psychoanalyse der weiblichen Sexualität, Suhrkamp Vlg., Frankfurt 1981b
CHESLER, Ph., Frauen, das verrückte Geschlecht?, Rowohlt Vlg., Reinbeck/Hamburg 1979
— dies., The Amazon Legacy, In: Spretnak 1982
CHRIST, C. P., Why Women need the Goddess, In: Spretnak 1982
DAHMER, H., Vortrag zur Sexualökonomie, geh. in Salzburg am 20. 5. 1983
DALY, M., Gyn/Ökologie, Vlg. Frauenoffensive, München 1981
— dies., Jenseits von Gottvater Sohn & Co, Vlg. Frauenoffensive, München 1982
— dies., Die nicht-heilige Johanna und die Hexe in ihr, In: Rush 1978
DANNER, H., Methoden geisteswissenschaftlicher Pädagogik, Ernst Reinhardt Vlg., München/Basel 1979
DAVIS, E. G., Am Anfang war die Frau, Vlg. Frauenoffensive, München 1977
DeBEAUVOIR, S., Das andere Geschlecht, Rowohlt Vlg., Reinbeck/Hamburg 1968
DEVEREUX, G., Baubo. Die mythische Vulva, Syndikat Vlg., Frankfurt 1981
— ders., Angst und Methode in den Verhaltenswissenschaften, Suhrkamp Vlg., Frankfurt 1984
DIENER-ECKSTEIN, B., (Sir Galahad), Mütter und Amazonen, Ullstein Vlg., Frankfurt 1981
DINKELMANN, Anna, Kreisen. Frauenrituale und Feste, Selbstverlag, Holthausen 1983
D'EAUBONNE, F., feminismus oder tod, Vlg. Frauenoffensive, München 1981
ENDERWITZ, E., Wer hat Angst vor Männerhaß?, In: Courage 3/79
ENGELS, F., Der Ursprung der Familie, des Privateigenthums und des Staats, Hollingen/Zürich 1884
ERDHEIM, M., NADIG, M., Größenphantasien und sozialer Tod, In: Kursbuch 58/1979
FIRESTONE, Sh., Frauenbefreiung und sexuelle Revolution, Fischer Vlg., Frankfurt 1975
FISCHER, M. W., Die Aufklärung und ihr Gegenteil, Duncker & Humbolt Vlg., Berlin 1982
— ders., Verheißungen des Glücks, Vlg. Peter Lang, Frankfurt/Bern 1982
FOGLIA, G., WOLFFBERG, D., Spiritual Dimensions of Feminist Anti-Nuclear Activism, In: Spretnak 1982

FRANCIA, Berühre Wega, kehr' zur Erde zurück, Vlg. Frauenoffensive, München 1983

FRAUENJAHRBUCH 76, Hg. Jahrbuchgruppe des Münchner Frauenzentrums, Vlg. Frauenoffensive, München 1976

FRAUENJAHRBUCH 77, Stahmer, A., et al. (Hg.), Vlg. Frauenoffensive, München 1977

FRAZER, Sir J. G., Adonis, Attis, Osiris, In: ders., The Golden Bough, Teil IV, Bd. I und Bd. II, The Macmillan Press LTD, London/Basingstoke 1980

FREUD, S., Über eine Weltanschauung, In: ders., Neue Folge der Vorlesungen zur Einführung in die Psychoanalyse, Studienausgabe, Bd. I., Fischer Vlg., Frankfurt 1982

— ders., Die Libidotheorie und der Narzißmus, In: Vorlesungen zur Einführung in die Psychoanalyse, Studienausgabe, Bd. I., 1982

— ders., Zur Einführung des Narzißmus, Studienausgabe, Bd. III, 82

— ders., Der Witz und seine Beziehung zum Unbewußten, Studienausgabe Bd. IV, S. Fischer Vlg., Frankfurt 1970

— ders., Das Unheimliche, Studienausgabe Bd. IV, 1970

— ders., Über einen autobiographisch beschriebenen Fall von Paranoia, Studienausgabe, Bd. VII, 1982

— ders., Die Zukunft einer Illusion, Studienausgabe, Bd. IX, 1982

— ders., Das Unbehagen in der Kultur, Studienausgabe, Bd. IX, 1982

— ders., Totem und Tabu, Studienausgabe, Bd. IX, 1982

— ders., Zur Gewinnung des Feuers, Studienausgabe, Bd. IX, 1982

— ders., Der Mann Moses und die monotheistische Religion, Studienausgabe, Bd. IX, 1982

FROMM, E., Die sozialpsychologische Bedeutung der Mutterrechtstheorie (1934), In: ders., Analytische Sozialpsychologie, Bd. I, Deutsche Verlagsanstalt (DVA), Stuttgart 1980

GEARHART, S., Womanpower: Energy Re-Sourcement, In: Spretnak 1982

GOETHE, J. W., Faust. Der Tragödie zweiter Teil, Reclam Vlg., Stuttgart 1976

GÖTTNER-ABENDROTH, H., Der unversöhnliche Traum, In: Ästhetik und Kommunikation, 37/1979

— dies., Die Göttin und ihr Heros, Vlg. Frauenoffensive, München 1980

— dies., Die tanzende Göttin, Vlg. Frauenoffensive, München 1982

— dies., Du Gaia bist Ich, In: religion heute, 3/1981

GRIFFIN, S., Sinnlich, gierig, grausam, tödlich, In: psychologie heute 7/1981

HARDING, E., Frauenmysterien. Einst und Jetzt, Rascher Vlg., Zürich 1949

HELLRIEGEL-RENTZEL, Meo, Allmacht, In: Courage 6/1981

HEXENGEFLÜSTER 2. frauen greifen zur selbsthilfe, Ewert, Ch. et al. (Hg.), sub rosa Frauenverlag, Berlin o. Jg.

HOLTZ, G., Die Faszination der Zwänge, Vandenhoeck und Ruprecht, Göttingen 1984

HORKHEIMER, M., ADORNO, Th. W., Dialektik der Aufklärung, S. Fischer Vlg., Frankfurt 1969

HÜPPAUF, B., Mythisches Denken und Krise der deutschsprachigen Literatur und Gesellschaft, In: Bohrer 1983

JANSSEN-JURREIT, M., Sexismus, Fischer Vlg., Frankfurt 1979

JOHNSTON, J., Lesben Nation, Amazonen Frauenverlag, Berlin 1977

KANT, I., Beantwortung der Frage: Was ist Aufklärung? In: Bahr, E. (Hg.), Was ist Aufklärung?, Reclam Vlg., Stuttgart 1974

KNEGENDORF, B., Das Menstruationstabu — vom Segen und Fluch der Menstruation, In: Psychologie und Gesellschaftskritik, 1—2/1985

KOEDT, A., Der Mythos vom vaginalen Orgasmus, Frauenzentrum Berlin, Raubdruck, o. Jg.

KOHUT, H., Narzißmus, Suhrkamp Vlg., Frankfurt 1976

— ders., Überlegungen zum Narzißmus und zur narzißtischen Wut, In: Psyche 27/6, 1973

KÖRBLER, S., »Töchter der Erde«, In: Courage, 9/1981

KRECHEL, U., Selbsterfahrung und Fremdbestimmung, Luchterhand Vlg., Darmstadt/Neuwied 1975

KRELL, G., Frauen sind anders — und das macht Angst, In: Psychologie und Gesellschaftskritik, 26/27, 1983

KRISTEVA, J., Produktivität der Frau, In: alternative 108/109, 1976

LANDWEER, Hilde, Politik der Subjektivität — Praxis ohne Theorie, In: Großmaß, R., Schmerl, Ch., Philosophische Beiträge zur Frauenforschung, Germinal Vlg., Bochum 1981

LAPLANCHE, J., PONTALIS, J. B., Das Vokabular der Psychoanalyse, 2 Bde., Suhrkamp Vlg. Frankfurt 1982

LEHNARDT, K.-H., Volmer, L., Politik zwischen Kopf und Bauch, Druckladen Vlg., Bochum 1979

LEITHÄUSER, Th., et al., Anleitung zur empirischen Hermeneutik, Suhrkamp Vlg., Frankfurt 1979

LENZ, R., Mystifizierung der Ratio — oder Aufklärung der Aufklärung? In: Thurn, Ch. et al., Die Rückkehr des Imaginären, Trikont (Dianus) Vlg., München 1981

LINNHOFF, U., Die neue Frauenbewegung, Kiepenheuer & Witsch Vlg., Köln 1974

LORENZER, A., Die Wahrheit der psychoanalytischen Erkenntnis, Suhrkamp Vlg., Frankfurt 1974

LUQUET-PARAT, C. J., Der Objektwechsel, In: Chasseguet-Smirgel, 1981b
LÜTHI, K., Feminismus und Romantik, Herman Böhlaus Nachf. Vlg., Wien-Köln-Graz 1985
MACDOUGALL, J., Über die weibliche Homosexualität, In: Chasseguet-Smirgel 1981b
MAHLER, M., Symbiose und Individuation, Ernst Klett Vlg., Stuttgart 1972
MARCUSE, H., Zeitmessungen, Suhrkamp Vlg., Frankfurt 1975
— ders., Triebstruktur und Gesellschaft, Suhrkamp Vlg., Frankfurt 1982
MEMMI, A., Der Kolonisator und der Kolonisierte, Synd. Vlg., 1980
MENSCHIK, J., Feminismus, Pahl-Rugenstein Vlg., Köln 1979
MILLETT, K., Sexus und Herrschaft, Kiepenheuer & Witsch Vlg., Köln 1982
MITSCHERLICH, A., Gesammelte Schriften, Bd. III, Suhrkamp Vlg., Frankfurt 1983
— ders., Der psychoanalytische Ansatz in der Sozialpsychologie, In: ders., Gesammelte Schriften, Bd. V
MITSCHERLICH, A., MITSCHERLICH, M., Die Unfähigkeit zu trauern, Piper & Co Vlg., München/Zürich 1977
MITSCHERLICH, M., Die friedfertige Frau, S. Fischer Vlg., Frankfurt 1985
MOELLER-GAMBAROFF, M., Emanzipation macht Angst, In: Kursbuch 44/1977
MÜHLMANN, W., Rassen, Ethnien, Kulturen. Moderne Ethnologie, Luchterhand Vlg., Neuwied/Berlin 1964
MY OWN, B., Ursa Maior: Sommersonnenwendefest, In: Rush 1978
NEUMANN, E., Die Große Mutter. Der Archetyp des Großen Weiblichen, Rhein Vlg., Zürich 1956
NEUMANN, F. (Hg.), Handbuch politischer Theorien und Ideologien, Rowohlt Vlg., Reinbeck/Hamburg 1977
NEUSÜSS, A., Utopie — Begriff und Phänomen des Utopischen, Luchterhand Vlg., Berlin 1968
NEUWIRTH, B., Anmerkungen zur Matriarchatsdiskussion, In: Dokumentation zum 5. Historikerinnentreffen, Vorbereitungsgruppe 5. Historikerinnentreffen (Hg.), Wien 1985
PERINCIOLI, Ch., Reise in die Zukunft, In: Lutz, R., Frauenzukünfte, Beltz Vlg., Weinheim/Basel 1984
PIERCY, M., Die große kalte Wut, In: Becker, B. et al., Women's Liberation, Vlg. Roter Stern, Frankfurt 1977
PLOIL, E., Autonome Frauenbewegung und offizielle Frauenpolitik vor dem Hintergrund matriarchalen und patriarchalen Denkens, Dissertation Salzburg 1984

POST, W., Euroentrismus wider Willen, In: der überblick, 2/85
PROJEKTGRUPPE AUSSTELLUNG (Hg.), Zwischen Mutterkreuz und Minirock, Broschüre zur Ausstellung, Salzburg 1985
RANKE-GRAVES, R., Griechische Mythologie, 2 Bde., Rowohlt Vlg., Reinbeck/Hamburg 1982
— ders., Die Weiße Göttin, Medusa Vlg., Berlin 1981
REVERS, W., Ideologische Horizonte der Psychologie, Pustet Vlg., München 1962
RHEINZ, H., In den Kreis gerufen, In: Courage 6/1979
RIB, S., Hexenkräfte gegen Regierungsgewalt, In: Courage 6/1979
RICH, A., Von Frauen geboren, Vlg. Frauenoffensive, München 1979
RIESMAN, D., die einsame Masse, Rowohlt Vlg., Reinbeck/Hamburg 1982
RODEWALD, R., Magie, Heilen und Menstruation, Vlg. Frauenoffensive, München 1985
RUSH, A. K., Mond Mond, Vlg. Frauenoffensive, München 1978
SCHENK, H., Die feministische Herausforderung, C. H. Beck Vlg., München 1980
SCHMERL, Ch., RITTER, C., Einige Gedanken zur Matriarchatsdebatte in der Frauenbewegung, In: Großmaß, R., Schmerl, Ch., Philosophische Beiträge zur Frauenforschung, Germinal Vlg., Bochum 1981
SCHÜLEIN, J. A., Von der Studentenrevolte zur Tendenzwende, In: Kursbuch 48/1977
SCHWARZER, A., So fing es an! Emma Frauenverlag, Köln 1981
SHINELL, G., Women's Collective Spirit: Exemplified and Envisioned, In: Spretnak 1982
SHUTTLE, P., REDGROVE, P., Die weise Wunde Menstruation, Fischer Vlg., Frankfurt 1982
SJÖÖ, M., MOR, B., Wiederkehr der Göttin, Labyrinth Vlg., Braunschweig 1985
SPRETNAK, Ch., The Politics of Women's Spirituality, Anchor Press, Garden City/New York 1982
— dies., Frauen und ganzheitliches Denken, In: Lutz, R., Frauenzukünfte, Beltz Vlg., Weinheim/Basel 1984
STARHAWK, Ethics and Justice in Goddess Religion, In: Spretnak 1982
— dies., Bewußtsein, Politik, Magie, In: Lutz, R., Frauenzukünfte, Beltz Vlg., Weinheim/Basel 1984
— dies., Witchcraft as Goddess Religion, In: Spretnak 1982
STARRETT, B., Ich träume weiblich, Vlg. Frauenoffensive, München 1978
— dies., The Metaphors of Power, In: Spretnak 1982
STEFAN, Michael, Frauenherrschaft Männerherrschaft Gleichberechtigung, Selbstverlag, o. O., o. J.
STÖRIG, H. J., Kleine Weltgeschichte der Philosophie, 2 Bde., Fischer Vlg., Frankfurt 1978

THEWELEIT, K., Männerphantasien, 2 Bde., Rowohlt Vlg., Reinbeck/Hamburg 1980

TOROK, M., Die Bedeutung des »Penisneides« bei der Frau, In: Chasseguet-Smirgel 1981b

TREUSCH-DIETER, G., Ferner als die Antike, In: Frauen-Macht, Konkursbuch 12, 1980

VAERTING, M., Frauenstaat – Männerstatt, Frauenzentrum Berlin, Raubdruck, o. Jg.

VINNAI, G., Liebeselend und verinnerlichte Ökonomie, In: Jokisch, R., Mann-Sein, Rowohlt Vlg., Reinbeck/Hamburg 1982

VOGT, R., Theorien über den Mythos, In: Psyche 9/85

VOLMERG, B. et al., Kriegsängste und Sicherheitsbedürfnis, Fischer Vlg., Frankfurt 1983

WESEL, U., Der Mythos vom Matriarchat, Suhrkamp Vlg., Frankfurt 1980

WICHTERICH, Ch., Von Mutter-Natur zu Maschine-Natur, In: Beiträge zur feministischen Theorie und Praxis, 12/84

WINNICOTT, D., Übergangsobjekte und Übergangsphänomene, In: ders., Vom Spiel zur Kreativität, Klett-Cotta-Vlg., Stuttgart 1985

WISSELINCK, E., Frauen denken anders, Sophia Vlg., Straßlach 1984

WOLF, Ch., Voraussetzungen einer Erzählung: Kassandra, Luchterhand Vlg., Darmstadt/Neuwied 1983

WOLFF, Ch., Psychologie der lesbischen Liebe, Rowohlt Vlg., Reinbeck/Hamburg 1973

ZINSER, H., Der Mythos des Mutterrechts, Ullstein Vlg., Frankfurt/Wien/Berlin 1981

ZEITGESCHICHTE

Karin Lehner

VERPÖNTE EINGRIFFE

Sozialdemokratische Reformbestrebungen zu den
Abtreibungsbestimmungen in der Zwischenkriegszeit

Die Sozialdemokraten waren die einzige wesentliche gesellschaftliche Gruppe, die bereits in der Zwischenkriegszeit eine Reform der frauenfeindlichen Abtreibungsbestimmungen auf ihre Fahnen geheftet hatte. Diese Bemühungen um eine gesellschaftliche Neubewertung der »verpönten Eingriffe« war allerdings weniger von der Einsicht in das »Recht der Frau auf ihren Unterleib« getragen, als von bevölkerungspolitischen Überlegungen.

264 Seiten, 60 Abbildungen
ISBN 3-85452-207-X

PICUS VERLAG WIEN

ZEITGESCHICHTE

Monika Bernold · Andrea Ellmeier
Johanna Gehmacher · Ela Hornung
Gertraud Ratzenböck · Beate Wirthensohn

FAMILIE: ARBEITSPLATZ ODER ORT DES GLÜCKS?

Historische Schnitte ins Private

Die sechs Autorinnen untersuchen aus unterschiedlichen Blickwinkeln die Durchsetzung der modernen »Familie« als gesamtgesellschaftliche Norm entlang einzelner historischer Schnittlinien. Ausgangspunkt ist dabei ihr gemeinsames Interesse, dem Konstrukt »Familie« die oft unterschlagene historische Dimension einzuschreiben.

Ca. 260 Seiten, ca. 60 Abbildungen
ISBN 3-85452-212-6

Herbst 1989

PICUS VERLAG WIEN

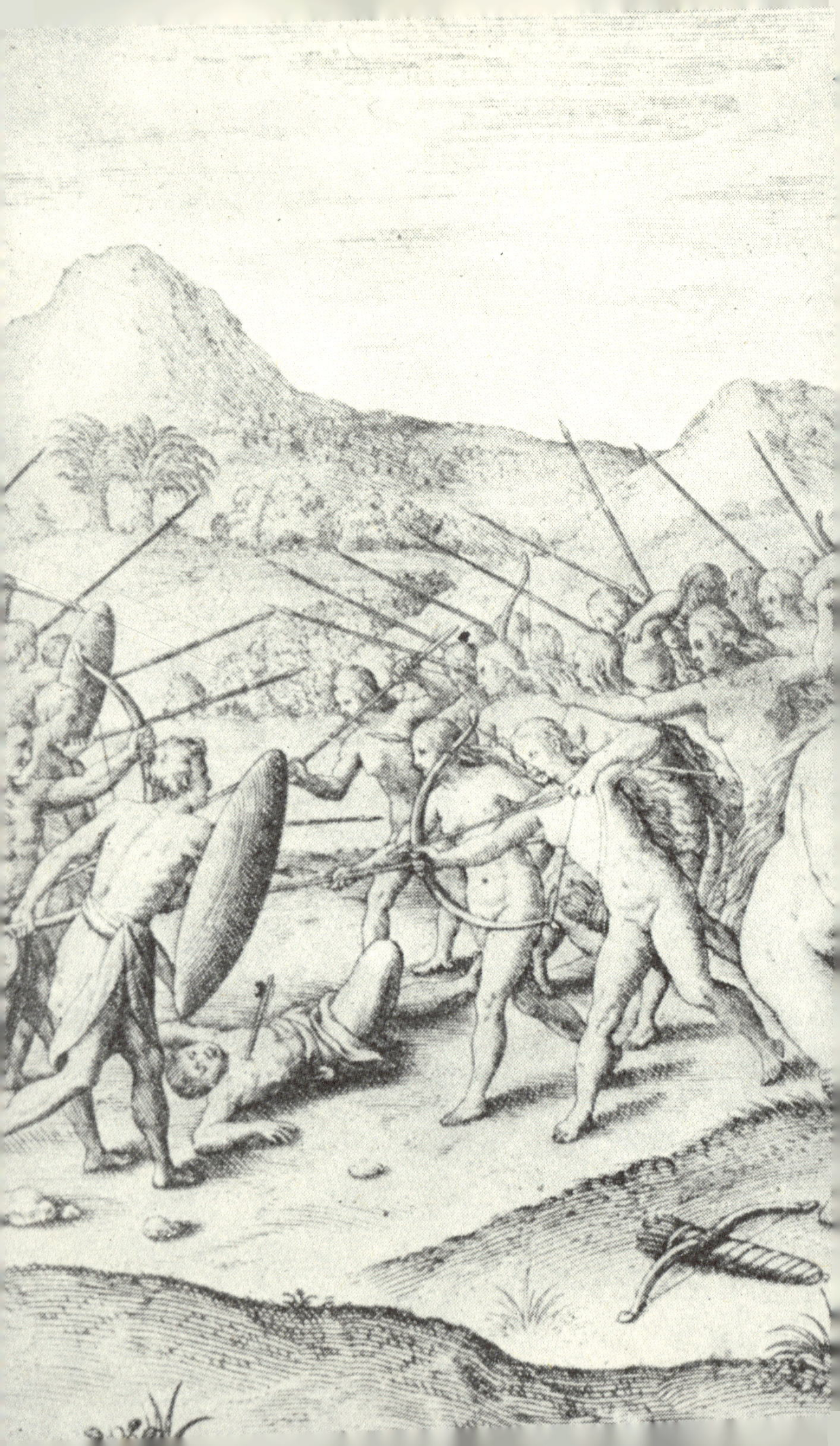